主观题
108宝典

2020年
国家法律职业资格考试
主观题

U0727475

商法宝典

汪华亮　编著

中国政法大学出版社

2020·北京

图书在版编目（ＣＩＰ）数据

2020 年国家法律职业资格考试主观题商法宝典/汪华亮编著. —北京：中国政法大学出版社，2020.4
ISBN 978-7-5620-9569-9

Ⅰ.①2… Ⅱ.①汪… Ⅲ.①商法－中国－资格考试－自学参考资料 Ⅳ.①D923.99

中国版本图书馆 CIP 数据核字(2020)第 064151 号

出 版 者	中国政法大学出版社
地　　址	北京市海淀区西土城路 25 号
邮寄地址	北京 100088 信箱 8034 分箱　邮编 100088
网　　址	http://www.cuplpress.com（网络实名：中国政法大学出版社）
电　　话	010-58908285(总编室) 58908433（编辑部） 58908334(邮购部)
承　　印	北京鑫海金澳胶印有限公司
开　　本	787mm×1092mm　1/16
印　　张	9.5
字　　数	160 千字
版　　次	2020 年 4 月第 1 版
印　　次	2020 年 4 月第 1 次印刷
定　　价	66.00 元

序　言

我们要看什么样的案例？

就商法而言，法考主观题考试，考的是"分析和解决实际问题的能力"，题型是"案例分析题"。基于这样的定位，我们认为，以下几点非常重要：

一、真案例。早期的商法案例分析题，具有明显的"人造"痕迹，也就是说，为了考查某个预设的知识点，编造了素材和情节，最后形成试题。但是，在最近几年的司考和法考中，商法案例分析题都是以两三个真实案例为原型，经过适当加工处理后形成的。其中，有一些案例原型是我们上课时举过的例子，考生会有似曾相识的感觉。所以，阅读和分析真案例，对于复习备考商法主观题考试，非常重要。

二、长案例。据一些考生反馈，他们在决定选做商法或行政法案例分析题的时候，来不及细看题目，直接根据案情的长短来作决定，或者说，哪个短选哪个。然后，案情长短和题目难易以及考生的熟悉程度，并没有必然的联系。也就是说，很多考生的选择是盲目的，甚至不少考生是在有意识地作出盲目的选择。为什么？因为考生普遍恐惧长案例。怕什么练什么，而不是怕什么躲什么。所以，阅读和分析长案例，对于复习备考商法主观题考试，非常重要。

三、难案例。我们清晰地观察到，大概从2015年开始，商法案例分析题出现了有争议的问题，有的甚至还配有两种以上的答案。这样的题目，往往以某个疑难案例为原型。在法官裁判过程中，并非简单运用三段论，而是经过法律解释和论证说理得出结论。如果说客观题考试是"初赛"，那么主观题考试就是"复赛"。"复赛"的难度当然要增加，考生不仅要能够解决确定性的简单的问题，还要有能力解决争议性的复杂的问题。所以，阅读和分析难案例，对于复习备考商法主观题考试，非常重要。

基于以上认识，我们精选了大约50个真案例、长案例、难案例，并且用以下方式呈现给读者：

一、坚持文字表述，避免使用图表。原因很简单，法考试题是文字，而不是图表。考生必须习惯阅读和处理文字信息，并且用文字思考和表达。如果说，客观题复习中，有部分考生养成了对图表的依赖，那么现在必须"断奶"。

二、坚持保留论证说理，避免直接给出结论。原因也很简单，法考主观题，需要考生进行分析推理，而不是简单引用法条。然而，大部分考生都有"可以意会无法言传"的困惑。如何解决这个困惑？唯有多读和多练。因此，对于判决书中精彩的论证说理，我们几乎原封不动地保留，考生看得多了，哪怕是照猫画虎，也能在考试中写出像样的分析过程。

三、坚持重述重要考点，避免孤立推送案例。原因同样很简单，很多考生，即便已经通过客观题考试，仍然不熟悉考点。因此，我们以考点为线索，将案例串起来呈现给大家。在列举考点的时候，尊重主观题考试的特点，尽量避免与客观题考点雷同。

此外，本书还将部分重点条文，按照原始顺序罗列出来，便于读者训练查阅能力。在这样的安排下，我们相信，考生会从本书中受益良多。此外，对于需要先参加客观题考试的读者，我们的建议是，主观前置，也就是说，应当尽可能在 7 月份之前将本书过一遍。

目　录

CONTENTS

第一部分
核心考点与案例训练

第一章　公司法

考点一、公司独立人格

核心考点：

1. 公司独立人格，体现在独立财产和独立责任两个方面。就独立财产而言，强调公司财产与其他民事主体的财产相互独立，尤其强调公司财产与股东财产独立。就独立责任而言，强调股东的有限责任，即股东以认缴出资额或认购股份额为限对公司债务负责。

在这一问题上，试题往往会这样设计：（1）股东以某项财产（如专利权）出资后，该财产归属于谁，股东是否可以继续使用该项财产？（2）当公司出现巨额亏损和负债的时候，债权人是否有权要求股东承担责任？考生在回答的时候，以公司独立人格为出发点，兼顾可能的例外情形具体分析。

2. 法人人格否认。公司获得独立人格，独立承担责任，股东承担有限责任，这正是现代公司法的基石。但是，公司法人人格制度也存在被滥用的可能性，在此情形下，法院可以对公司人格加以否定，直接追索股东责任。《公司法》第20条第3款规定："公司股东滥用公司法人独立地位和股东有限责任，逃避债务，严重损害公司债权人利益的，应当对公司债务承担连带责任。"《民法总则》第83条第2款也有类似规定。

在这一问题上，试题往往会这样设计：（1）在具体描述案情之后设问，债权人是否有权要求某股东承担无限连带责任？这实际上是在考查法人人格否认制度的适用条件。[1]这

---

〔1〕 考生一般从以下三个角度去判断：一是人格混同，主要是指财产混同，包括：（1）股东无偿使用公司资金或者财产，不作财务记载的；（2）股东用公司的资金偿还股东的债务，或者将公司的资金供关联公司无偿使用，不作财务记载的；（3）公司账簿与股东账簿不分，致使公司财产与股东财产无法区分的；（4）股东自身收益与公司盈利不加区分，致使双方利益不清的；（5）公司的财产记载于股东名下，由股东占有、使用的。二是过度控制，包括：（1）母子公司之间或者子公司之间进行利益输送的；（2）母子公司或者子公司之间进行交易，收益归一方，损失却由另一方承担的；（3）先从原公司抽走资金，然后再成立经营目的相同或者类似的公司，逃避原公司债务的；（4）先解散公司，再以原公司场所、设备、人员及相同或者相似的经营目的另设公司，逃避原公司债务的。三是资本显著不足，即公司设立后在经营过程中，股东实际投入公司的资本数额与公司经营所隐含的风险相比明显不匹配。

里还需要注意，适用法人人格否认制度的后果是，债权人有权要求相应的股东对公司债务承担连带责任，但不能扩及其他所有股东。（2）结合民事诉讼法，就法人人格否认之诉的程序问题设问。对此，考生需要结合法条和《九民纪要》的规定加以回答。[1] 这种实体法和程序法结合的问题，具有相当的难度。（3）偶尔，试题还会涉及一种特殊情形：横向人格混同。具体而言，关联公司之间在人员、业务、资产方面交叉混同难以区分的，债权人有权参照《公司法》第 20 条第 3 款请求其承担连带责任。注意，纵向混同是追究股东责任，横向混同是追究关联公司责任。下图展示了两种混同之间的区别：

3. 分公司。分公司具有民事主体资格，可以以自己的名义订立合同，也可以以自己的名义独立参加诉讼。但是，分公司不具有法人资格，其财产视为公司财产，其民事责任由公司承担。

在这一问题上，试题可能会这样设计：（1）从实体法角度，分公司订立的合同是否有效，对方当事人是否有权要求本公司承担合同责任？（2）从程序法角度，尤其是执行程序的角度，考查分公司的债权人或本公司的债权人如何申请执行的问题。[2]

4. 子公司。公司可以设立子公司，子公司具有法人资格，依法独立承担民事责任。

在这一问题上，试题可能会涉及法人人格否认问题，包括母公司对子公司过度控制、母公司与子公司财产混同等。但是需要注意，母公司与子公司的关系，并不必然导致法人人格否认的适用。

案例训练：

1. 横向人格混同

川交工贸公司拖欠徐工机械公司货款 10 511 710.71 元。川交机械公司股东为王某礼、

---

[1] 从程序上讲，应区分几种情形：（1）债权人对债务人公司享有的债权已经由生效裁判确认，其另行提起公司人格否认诉讼，请求股东对公司债务承担连带责任的，列股东为被告，公司为第三人；（2）债权人对债务人公司享有的债权提起诉讼的同时，一并提起公司人格否认诉讼，请求股东对公司债务承担连带责任的，列公司和股东为共同被告；（3）债权人对债务人公司享有的债权尚未经生效裁判确认，直接提起公司人格否认诉讼，请求公司股东对公司债务承担连带责任的，人民法院应当向债权人释明，告知其追加公司为共同被告。债权人拒绝追加的，人民法院应当裁定驳回起诉。此外，从举证责任上讲，原则上由债权人对适用法人人格否认负举证责任，但是对于一人公司，应当实行举证责任倒置，由被告股东证明自己与公司财产独立，否则承担连带责任。

[2] 作为被执行人的法人分支机构，不能清偿生效法律文书确定的债务，申请执行人申请变更、追加该法人为被执行人的，人民法院应予支持。法人直接管理的责任财产仍不能清偿债务的，人民法院可以直接执行该法人其他分支机构的财产。作为被执行人的法人，直接管理的责任财产不能清偿生效法律文书确定债务的，人民法院可以直接执行该法人分支机构的财产。

倪某。瑞路公司股东为王某礼、倪某。川交工贸公司股东为张某蓉（占90%股份）、吴某（占10%股份），其中张某蓉系王某礼之妻。在公司人员方面，三个公司经理均为王某礼，财务负责人均为凌某，出纳会计均为卢某，工商手续经办人均为张某；三个公司的管理人员存在交叉任职的情形。在公司业务方面，三个公司在工商行政管理部门登记的经营范围均涉及工程机械且部分重合，三个公司均从事相关业务，且相互之间存在共用统一格式的《销售部业务手册》、《二级经销协议》、结算账户的情形；三个公司在对外宣传中区分不明。在公司财务方面，三个公司共用结算账户，凌某、卢某、汤某、过某的银行卡中曾发生高达亿元的往来，资金的来源包括三个公司的款项，对外支付的依据仅为王某礼的签字。法院认为，川交工贸公司与川交机械公司、瑞路公司在人员、业务、资产等方面出现混同，可以参照《公司法》第20条第3款的规定，由川交机械公司、瑞路公司对川交工贸公司的债务承担连带清偿责任。（案例来源：最高人民法院指导案例第15号）

2. 纵向人格混同

2010年，李某明在甲公司工作期间发生工伤事故，造成右上肢截肢，经法定程序认定为工伤。经仲裁和诉讼程序，法院终审判决甲公司赔偿李某明55万余元，但甲公司无财产可供执行。法院另查明，陈某良、陈某胜是甲公司股东，二人为父子关系。2011年4月，陈某良、陈某胜将甲公司经营地址变更，面积由数千平方米缩减至数十平方米。2011年3月，陈某胜与他人在甲公司原地址成立乙公司，其经营范围与甲公司一致，陈某胜任乙公司法定代表人，并持股90%。法院认为，陈某良、陈某胜的上述行为已经具备滥用法人独立地位和股东有限责任以逃避债务的外观，且陈某良、陈某胜未能证明其行为的合理性，故判决陈某良、陈某胜对甲公司欠李某明的55万余元债务承担连带责任。

考点二、公司权利能力和行为能力

核心考点：

1. 法定代表人越权行为效力问题。公司的法定代表人，根据章程规定，由董事长、执行董事或者经理担任。公司法定代表人变更，应当办理变更登记。法定代表人超越权限订立合同，属于表见代表行为，除相对人知道或者应当知道以外，该代表行为有效。

在这一问题上，试题可能会从两个角度设计：（1）法定代表人超越权限订立合同，合同效力如何？答案取决于相对人是否为善意。若相对人为善意，则合同有效；若相对人知道或应当知道，则合同无效。（2）若合同有效，公司因该合同遭受的损失如何承担？由于法定代表人超越了公司章程、股东会决议等对其职权的限制，存在明显过错，应由该法定代表人对公司承担赔偿责任。

2. 超越经营范围订立的合同效力问题。经营范围即公司的权利能力范围和行为能力范围，按照传统民法理论，超越经营范围实施的法律行为无效。但是，我国《合同法》及其司法解释根据鼓励交易原则，对此问题作出了不同的规定：当事人超越经营范围订立合同，人民法院不因此认定合同无效，但违反国家限制经营、特许经营以及法律、行政法规禁止经营规定的除外。

这一问题比较简单，考生按照上述思路回答即可。

3. 公司对外投资和担保行为。根据《公司法》第15条、第16条：（1）公司可以向其他企业投资；但是，除法律另有规定外，不得成为对所投资企业的债务承担连带责任的出资人。（2）公司向其他企业投资或者为他人提供担保，依照公司章程的规定，由董事会或者股东会、股东大会决议；公司章程对投资或者担保的总额及单项投资或者担保的数额有限额规定的，不得超过规定的限额。（3）公司为公司股东或者实际控制人提供担保的，必须经股东会或者股东大会决议。该股东或者该实际控制人支配的股东，不得参加上述事项的表决。该项表决由出席会议的其他股东所持表决权的过半数通过。

上述基本规则非常明确。问题在于，法定代表人未经授权擅自为他人提供担保的，保证合同或其他担保合同效力如何？基本规则是：应当区分订立合同时债权人是否善意分别认定合同效力：债权人善意的，合同有效；反之，合同无效。需要注意的是：（1）善意的认定。善意是指债权人不知道或者不应当知道法定代表人超越权限订立担保合同。一种情形是，为公司股东或者实际控制人提供关联担保（也即是通常所说的对内担保），《公司法》第 16 条明确规定必须由股东（大）会决议，未经股东（大）会决议，构成越权代表。在此情况下，债权人主张担保合同有效，应当提供证据证明其在订立合同时对股东（大）会决议进行了审查，决议的表决程序符合《公司法》第 16 条的规定，即在排除被担保股东或者受被担保实际控制人支配的股东表决权的情况下，该项表决由出席会议的其他股东所持表决权的过半数通过，签字人员也符合公司章程的规定。另一种情形是，公司为公司股东或者实际控制人以外的人提供非关联担保（也就是通常所说的对外担保），根据《公司法》第 16 条的规定，此时由公司章程规定是由董事会决议还是股东（大）会决议。无论章程是否对决议机关作出规定，也无论章程规定决议机关为董事会还是股东（大）会，根据《民法总则》第 61 条第 3 款关于"法人章程或者法人权力机构对法定代表人代表权的限制，不得对抗善意相对人"的规定，只要债权人能够证明其在订立担保合同时对董事会决议或者股东（大）会决议进行了审查，同意决议的人数及签字人员符合公司章程的规定，就应当认定其构成善意，但公司能够证明债权人明知公司章程对决议机关有明确规定的除外。（2）形式审查标准。债权人对公司机关决议内容的审查一般限于形式审查，只要求尽到必要的注意义务即可，标准不宜太过严苛。公司以机关决议系法定代表人伪造或者变造、决议程序违法、签章（名）不实、担保金额超过法定限额等事由抗辩债权人非善意的，一般不予支持。但是，公司有证据证明债权人明知决议系伪造或者变造的除外。（3）无须决议的情形。存在下列情形的，即便债权人知道或者应当知道没有公司机关决议，也应当认定担保合同符合公司的真实意思表示，合同有效：①公司是以为他人提供担保为主营业务的担保公司，或者是开展保函业务的银行或者非银行金融机构；②公司为其直接或者间接控制的公司开展经营活动向债权人提供担保；③公司与主债务人之间存在相互担保等商业合作关系；④担保合同系由单独或者共同持有公司 2/3 以上有表决权的股东签字同意。（4）法律后果。担保合同有效，债权人请求公司承担担保责任的，依法予以支持；担保合同无效，债权人请求公司承担担保责任的，不予支持，但可以按照《担保法》及有关司法解释关于担保无效的规定处理。公司举证证明债权人明知法定代表人超越权限或者机关决议系伪造或者变造，债权人请求公司承担合同无效后的民事责任的，不予支持。（5）个人责任。法定代表人的越权担保行为给公司造成损失，公司请求法定代表人承担赔偿责任的，依法予以支持。公司没有提起诉讼，股东依据《公司法》第 151 条的规定请求法定代表人承担赔偿责任的，依法予以支持。（6）上市公司。债权人根据上市公司公开披露的关于担保事项已经董事会或者股东大会决议通过的信息订立的担保合同，应当认定有效。

在《九民纪要》发布之前，这一问题争议很大，所以考试一直采取回避态度。但是在以后的考试中，很有可能涉及，主要角度是：（1）判断保证合同或其他担保合同的效力。考生应根据案情按照上述分析答题，尤其要注意相对人善意的认定。（2）在保证合同或其他担保合同无效的情况下，考查民事责任的承担。这实际上是民法问题，考生需要结合民法判断。（3）尤其需要注意，基于债权人的形式审查义务，公司决议本身的无效或者被撤销，并不一定导致保证合同或其他担保合同无效。

案例训练：

1. 违规以上市公司名义为他人担保公司不承担民事责任案

出借人姜某与借款人中鑫公司签订借款协议，借款协议担保人处加盖有上市公司运盛医疗的印章以及该公司原法定代表人钱某的印章。此前，运盛医疗已经对外发布了原法定代表人钱某辞职公告和法定代表人变更信息。运盛医疗章程规定，公司对外担保由董事会审议，并应当取得董事会全体成员 2/3 以上签署同意；而本案中运盛医疗在提供担保前并未经董事会审议、授权，事后亦未追认。因中鑫公司未还款，姜某向法院起诉要求被告还款，同时要求运盛医疗、钱某对上述债务承担连带还款责任。法院生效裁判认为，姜某在签订系争担保协议时，对运盛医疗的章程、董事会决议、法定代表人身份等未尽其基本的审查义务，该担保协议对运盛医疗不发生效力。对姜某要求运盛医疗承担担保责任的诉讼请求，予以驳回。因无证据证明运盛医疗对此有过错，故姜某主张运盛医疗承担赔偿责任的依据不足，予以驳回。[1]

2. 公司为股东之间股权转让款支付提供担保无效案

嘉茂公司股东登记为甲、乙及案外人丙、丁，乙为公司法定代表人。2015 年 7 月 20 日，甲、乙、丙、丁、嘉茂公司签订《股权转让协议书》，约定甲将其占嘉茂公司 42% 的股份以人民币 4000 万元的价格全部转让给乙、丙、丁，并对具体转让事宜进行了约定。2017 年 4 月 19 日，甲与乙、嘉茂公司签订《补充协议书》，约定嘉茂公司自愿对乙所欠甲的全部股权转让款本息承担连带给付责任。后因乙未按约定支付股权转让款，甲向湖南省株洲市中级人民法院提起诉讼，请求判令乙支付股权转让款及利息暂合计 2648.9199 万元，嘉茂公司承担连带给付责任。湖南省高级人民法院二审认为，甲作为转让股东明知公司股权状况，未提供证据证明其有理由相信该行为已经公司股东会决议同意，其自身存在明显过错，不属于善意相对人，判决嘉茂公司不承担连带给付责任。[2]

---

[1] 赵旭东教授点评：本案的典型意义在于，明确要求债权人在接受上市公司为他人债务提供担保时，必须审查、了解行为人是否享有相应的代表或者代理权限，即必须审查是否经股东大会、董事会或者公司授权。债权人根据上市公司公开披露的关于担保事项已经董事会或者股东大会决议通过的信息订立的担保合同，应当认定有效。

[2] 王利明教授点评：根据《公司法》第 16 条的规定，公司法定代表人不能单独决定公司担保行为事项，该事项必须以公司股东（大）会、董事会等公司机关的决议作为授权的基础。公司法定代表人未经授权擅自为他人提供担保的，构成越权代表，在判断越权代表行为的效力时，人民法院应当根据《合同法》第 50 条关于法定代表人越权代表的规定，区分订立合同时债权人是否善意分别认定合同效力：债权人为善意的，则合同应当有效；反之则应当认定合同无效。而债权人善意的标准就是债权人是否对决议进行了形式审查。本案中，甲和乙都是嘉茂公司股东，同时该公司还有其他两位股东。甲要求嘉茂公司对乙应支付其的股权转让款进行担保，属于公司为股东担保，必须经公司股东会同意，然而公司并没有召开股东会，这显然违反了《公司法》第 16 条第 2 款的规定。由于甲明知没有召开股东会，也明知乙是越权对公司进行担保，此种情形下，乙虽然形式上是公司的法定代表人，但该越权代表行为不应当对公司发生效力，公司也不应当对该行为承担法律责任。

考点三、股东资格

核心考点：

1. 股东资格的取得。可以通过公司设立或增资时的认缴出资或认购股份而原始取得股东资格，也可以通过转让、继承、公司合并等方式继受取得股东资格。此外，善意取得也被视为一种原始取得方式。

在这一问题上，可能的考查角度是：（1）股权善意取得问题。应参照《物权法》上善意取得的要件判断，尤其注意善意的认定。（2）通过认缴出资原始取得股权，不以实际缴资为要件。换句话说，即便未实际履行出资义务，依然可以取得股权。（3）股权关系和债权关系的区分。假设甲投入一笔资金于某公司，那么甲取得公司的股权还是债权？在分析此类问题的时候，一是看当事人的真实意思，二是看甲实际上在行使何种权利，三是看是否有股权登记等权利外观。

2. 股东资格的确认。对有限公司而言，对内以股东名册为准，记载于股东名册的股东可以主张行使股东权利；对外以公司登记为准，未经登记或者变更登记的，不得对抗善意第三人。需要强调的是，不论是股东名册还是公司登记，都只是权利外观，必须以出资、受让股权等基础性法律关系为基础。如果基础法律关系不存在或者为虚假、无效，则可以推翻股东名册或者工商登记的记载。反之，如果基础性法律关系具备且无瑕疵，即使未经股东名册或者工商登记记载，仍然可以认定股权关系存在，并且据此请求公司完善股东名册及工商登记等外观。

在这一问题上，可能的考查角度是：（1）当股东名册与公司登记不一致时，如何认定股东资格和股权归属？此时应区分内部关系还是外部关系，具体分析。（2）当基础性法律关系与权利外观不一致时，如何认定股东资格和股权归属？此时应以基础性法律关系为准，但是要兼顾善意第三人的保护。例如，甲将股权转让给乙，但是未办理变更登记，后甲又将股权质押给丙，假设丙不知情，其能否取得股权质权？答案应该是肯定的。一方面，在甲乙之间判断股权归属的时候，应当以基础性法律关系为准，认定股权归乙。另一方面，涉及善意第三人丙的时候，应当肯定丙能够善意取得股权质权。

3. 隐名出资问题。有限公司的实际出资人与名义出资人订立合同，约定由实际出资人出资并享有投资权益，以名义出资人为名义股东，在实践中较为常见，我们将其称为隐名出资问题。其关系结构如下：

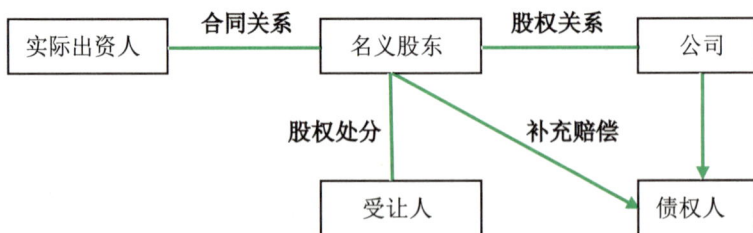

关于这一问题，常见的考查角度有：（1）代持股合同是否有效？该合同的效力依《合同法》和其他法律判断，《公司法》并不禁止。例如，代持保险公司股权、代持上市公司股份的合同，因为违反了法律强制性规定或者损害公共利益，被法院判决无效。（2）股权归属于谁？因为具备完整的权利外观，名义股东具备股东资格，享有股东权利。例如，在股东会上，名义股东拥有表决权，实际出资人只能基于代持股合同向名义股东发出指示。如果名义股东违背实际出资人的指示投票，实际出资人只能追究其违约责任。再如，公司应当向名义股东分配投资收益，但实际出资人有权基于合同关系请求名义股东返还。又如，实际出资人即便认为公司账簿存在虚假记载，也无权以自己的名义直接提出查账请求，而只能要求名义股东去查阅账簿。（3）实际出资人如何"浮出水面"？若实际出资人请求公司改变股东名义（变更股东、签发出资证明书、记载于股东名册、记载于公司章程并办理公司登记机关登记），应经其他股东半数以上同意。即便未经其他股东半数以上同意，实际出资人能够提供证据证明有限责任公司过半数的其他股东知道其实际出资的事实，且对其实际行使股东权利未曾提出异议的，对实际出资人提出的登记为公司股东的请求，也应予以支持。（4）名义股东擅自处分股权，后果如何？名义股东转让、质押或以其他方式处分股权，为有权处分，股权质押或者转让合同有效，善意第三人可以取得股权或者股权质权。名义股东处分股权造成实际出资人损失，实际出资人有权请求名义股东承担赔偿责任，该责任在性质上属于违约责任。（5）因出资瑕疵或其他原因导致的对外责任，由谁承担？由名义股东承担，后有权向实际出资人追偿。

4. 股东除名。股东除名，即解除股东资格，是对股东最严厉的惩罚，因此，条件必须严格控制，程序必须规范严谨。一方面，要确保严重损害公司利益的股东的强制退出机制畅通，另一方面，要平等保护每一位股东的基本权利。

关于这一问题，常见的考查角度包括：（1）适用条件。法定条件包括完全未履行出资义务或抽逃全部出资两种情形。但是，如果公司章程另有规定，且该规定不违反法律、不损害公共利益或他人利益的，依其规定。（2）前置程序。公司应履行催告义务，并经过合理期间。在合理期间内仍未缴纳或者返还出资的，方可解除该股东的股东资格。（3）决议程序。公司必须召开股东会作出决议，而不得由董事会或者监事会作出决议。在股东会上，被解除资格的股东无表决权。（4）善后措施。解除股东资格之后，应当依法减资或由其他股东或者第三人承担缴资义务。在此之前，被除名股东仍然承担未履行出资义务或者抽逃出资行为的法律责任。

案例训练：

1. 虚假增资与股权变动

2004 年，黄某与陈某等股东共同设立制品公司，黄某出资 80 万元，持股 20%。2006 年，工商局根据制品公司申请，将制品公司注册资本由 400 万元变更登记为 1500 万元，黄某持股比例变更为 5.33%；"新股东"建筑公司"增资" 1100 万元，持股比例为 73.33%。2012 年，黄某诉请确认其持股比例仍为 20%。经鉴定，制品公司有关增资的股东会决议上黄某签名非本人所为，制品公司并未就增资问题召开过股东会会议。

法院认为：（1）制品公司系黄某与陈某等共同出资设立，设立时黄某依法持有制品公司 20%股权。在黄某未对其股权作出处分的前提下，除非制品公司进行了合法的增资，否则黄某持股比例不应降低。（2）制品公司章程明确约定公司增资应由股东会作出决议，经笔迹鉴定，制品公司及建筑公司股东会决议上均非黄某本人签名，不能依据书面的股东会决议来认定黄某知道增资情况。故在无证据证明黄某明知且在股东会上签名同意制品公司增资至 1500 万元的情况下，对制品公司设立时的股东内部而言，该增资行为无效，且对于黄某无法律约束力，不应以工商变更登记后的 1500 万元注册资本金额来降低黄某在制品公司的持股比例，而仍应依 20% 的股权比例在股东内部进行股权分配，故判决黄某自设立后至股权转让前持有制品公司 20% 股权。[1]

2. 实际出资人不得对抗名义股东债权人的强制执行

鑫通公司对青海交行负债。青海交行申请执行登记在鑫通公司名下的百通小贷公司 20% 股权，法院予以冻结。案外人百通材料公司提出执行异议称，涉案股权虽登记在鑫通公司名下，但系其实际出资认缴，鑫通公司代其持股，不享有股东权利，也不承担股东义务，股权归其所有，要求法院解除股权冻结，停止执行。该院裁定驳回百通材料公司执行异议。百通材料公司不服，提起案外人执行异议之诉，要求撤销裁定，停止执行案涉股权。

本案的争议焦点是：百通材料公司关于其系案涉股权实际出资人的事实，能否排除人民法院的强制执行。

法院终审判决认为，百通材料公司就案涉股权不享有足以排除强制执行的民事权益，不能排除人民法院的强制执行，具体理由如下：[2]

第一，根据公示公信原则，对股权的强制执行，涉及内部关系的，基于当事人的意思自治来解决。涉及外部关系的，根据工商登记来处理。《公司法》第 32 条第 3 款规定："公司应当将股东的姓名或者名称及其出资额向公司登记机关登记；登记事项发生变更的，应当办理变更登记。未经登记或者变更登记的，不得对抗第三人。"根据这一规定，经过公示体现出来的权利外观，导致第三人对该权利外观产生信赖，即使真实状况与第三人的信赖不符，只要第三人的信赖合理，第三人的信赖利益就应当受到法律的优先保护。因此，当登记股东因其未能清偿到期债务而成为被执行人时，该股份的实际出资人不得以此对抗登记股东的债权人对该股权申请强制执行。本案中，百通材料公司虽然是案涉股权的实际出资人，但是鑫通公司却是案涉股权的登记股东，青海交行是鑫通公司的债权人，基于上述法律规定，百通材料公司就案涉股权不享有对抗青海交行申请强制执行的权利。

第二，实际出资人百通材料公司让登记股东鑫通公司代持股权，其一定获得某种利益。根据风险与利益相一致的原则，百通材料公司在获得利益的同时，也应当承担相应的风险，该风险就包括登记股东代持的股权被登记股东的债权人申请强制执行，本案就属于这种情况。当然，该风险还包括登记股东转让代持的股权或者将该股权出质。

第三，从司法的引导规范功能来看，案涉股权登记在被执行人鑫通公司名下，依法判决实际出资人百通材料公司不能对抗被执行人鑫通公司的债权人对该股权申请强制执行，还有利于净化社会关系，防止实际出资人违法让他人代持股份或者规避法律。

法院终审判决驳回百通材料公司的诉讼请求。

3. 被解除股东不享有表决权

2002 年 8 月 8 日，象云公司转入家兴公司验资账户 700 万元，通威公司转入家兴公司验资账户 300 万元。当日，某会计师事务所有限公司出具验资报告，载明，截至 2002 年 8 月 8 日，家兴公司（筹）已收到全体股东缴纳的注册资本合计 1000 万元，均以货币资金出

---

[1] 从本案中可以总结出"答题要点"：未经公司有效的股东会决议通过，以虚假增资方式稀释公司原有股东股份的，即使已办公司登记，仍应认定无效，公司原有股东股权比例应保持不变。

[2] 本书保留部分精彩判决书的说理部分，目的在于引导考生有意识地训练法律思维和语言表达，避免在主观题考试中无话可说或满篇白话。

资。2002年8月13日，家兴公司设立，性质为有限责任公司，注册资本为1000万元，公司成立时缴清。依据公司章程，家兴公司的股东为象云公司（认缴出资额为700万元）、通威公司（认缴出资额为300万元），蔡某任执行董事、法定代表人。2002年8月20日，家兴公司以往来款的名义向象云公司支付700万元，但二者之间并无业务往来。

2013年8月23日，家兴公司及通威公司共同向象云公司发出《催促支付注册资金和违约金的函》，载明：因象云公司未实际出资，要求象云公司在收到本函后30日内支付认缴出资的注册资金700万元及违约金。2013年8月27日，象云公司回函，载明：象云公司已于家兴公司注册成立之前便将注册资金实际支付到家兴公司账户，之后家兴公司一直由蔡某实际控制，资金是否被某些人挪作他用或者侵占不得而知。

2013年10月17日，家兴公司向象云公司发出《临时股东会议通知函》，载明：股东通威公司鉴于象云公司一直未缴纳注册资金700万元，经家兴公司和通威公司多次书面催告在合理期限内仍未缴纳出资的事实，于2013年10月15日书面提议召开家兴公司临时股东会议，议题是讨论、表决解除象云公司股东资格……通知象云公司参加即将举行的会议，会议时间为2013年11月5日下午3点，地点为惠南镇城东路733号7楼，议题为讨论并表决解除象云公司的股东资格。

2013年11月5日下午3时，股东会如期召开，该次股东会由蔡某主持，通威公司清算组授权代表王某、象云公司授权代表陈某参加，会议内容为讨论解除象云公司股东资格的议案。在该次股东会召开过程中，蔡某表示，由于象云公司未履行出资义务且涉及其利益，没有表决权。陈某表示，象云公司作为大股东，应当有表决权。由于通威公司同意解除象云公司的股东资格，该次会议形成《股东会决议》，内容为：因象云公司未履行出资义务，经多次催缴给予合理期限后，仍拒绝出资，已构成严重违约，决定解除其股东资格。该决议加盖通威公司公章以及清算小组公章，并由王某签名，并注明：因会议议题与象云公司有利害关系，该公司不参加表决。

现象云公司以表决程序违法为由起诉，要求法院撤销上述股东会决议或确认该决议无效。

法院认为，关于有限责任公司的股东表决回避制度，我国《公司法》虽未涉及，但《公司法》关于上市公司组织机构的特别规定中涉及到，上市公司董事与董事会会议决议事项所涉及的企业有关联关系的，不得对该项决议行使表决权，也不得代理其他董事行使表决权。结合本案，象云公司为持有家兴公司70%股权的控股股东，系争决议事项涉及到象云公司股东资格问题，从表决权比例来看，如果由象云公司参与表决，则该次股东会的召开并无必要，从会议议题来看，如果由象云公司对自己是否具备股东资格进行表决，则该种表决形同虚设，亦不符合《公司法解释（三）》作出相关规定的初衷。据此，本院认为，该次股东会要求象云公司就表决事项进行回避不违反法律、行政法规的规定和公司章程。

因系争股东会决议在程序上不违反法律、行政法规和公司章程，其内容不违反法律、行政法规的规定，其解除象云公司股东资格符合法定条件和程序，象云公司要求撤销系争决议或确认系争决议无效的诉讼主张缺乏事实和法律依据，不予支持，法院判决驳回象云公司的诉讼请求。

考点四、股东知情权

核心考点：

主观题考试，主要涉及有限公司股东的知情权，尤其是查阅会计账簿的权利。关于这一问题，常见的考查角度有：

1. 前置程序问题。《公司法》第33条第2款规定："股东要求查阅公司会计账簿的，应当向公司提出书面请求，说明目的。"司法实践中，很多法院将书面请求并遭拒绝视为股东起诉查阅公司会计账簿的前置程序，未履行这一前置程序而直接提起查阅账簿之诉的，法院不予受理。

2. 作为公司拒绝查阅理由的"不正当目的"。为平衡股东知情权和保护公司商业秘密，《公司法解释（四）》列举了几种：（1）股东自营或者为他人经营与公司主营业务有实质性竞争关系业务的，但公司章程另有规定或者全体股东另有约定的除外；（2）股东为了向他人通报有关信息查阅公司会计账簿，可能损害公司合法利益的；（3）股东在向公司提出查阅请求之日前的三年内，曾通过查阅公司会计账簿，向他人通报有关信息损害公司合法利益的；（4）股东有不正当目的的其他情形。"不正当目的"由公司负举证责任。

3. 查阅范围问题。基于保障股东知情权的目的，结合《会计法》规定，会计账簿应当包括总账、明细账、日记账、原始凭证和记账凭证。其中的原始凭证问题，理论上有一些争议，但是主流观点认为应当允许查阅。

4. 原告资格问题。答题时应当注意几点：（1）知情权的主体仅限于股东，所以，原告在起诉时不具有公司股东资格的，法院应当驳回起诉。但是，原告有初步证据证明在持股期间其合法权益受到损害，请求依法查阅或者复制其持股期间的公司特定文件材料的除外，也就是说原股东在特定情形下也可以起诉。（2）诉讼中，原告转让股权的，案件裁判对受让股东具有约束力。当然受让股东也可以申请变更当事人，由法院决定是否准许。（3）在代持股关系中，实际出资人不具备原告资格，名义股东具备原告资格。

5. 知情权的不可剥夺性。理论上认为，知情权是一种固有权，具有不可剥夺性，所以《公司法解释（四）》第9条规定："公司章程、股东之间的协议等实质性剥夺股东查阅或者复制公司文件材料的权利，公司以此为由拒绝股东查阅或者复制的，人民法院不予支持。"但是，这并不意味着不能对股东行使知情权作出任何限制，若章程仅仅规定了一些程序性的规定，比如查阅的时间、地点，而并未给股东行使知情权造成实质性障碍，则应承认其效力。

6. 可辅助性。由于股东知情权与公司商业秘密保护之间存在利益冲突，因此在学术上有人主张股东知情权不得由他人辅助实现，但是《公司法解释（四）》从充分保护股东权利的立场出发，明确规定知情权可以由专业人员辅助实现。该解释第10条规定，股东依据人民法院生效判决查阅公司文件材料的，在该股东在场的情况下，可以由会计师、律师等依法或者依据执业行为规范负有保密义务的中介机构执业人员辅助进行。当然，该解释也兼顾了公司商业秘密的保护，在第11条进一步规定，股东行使知情权后泄露公司商业秘密导致公司合法利益受到损害，公司请求该股东赔偿相关损失的，人民法院应当予以支持。辅助股东查阅公司文件材料的会计师、律师等泄露公司商业秘密导致公司合法利益受到损害，公司请求其赔偿相关损失的，人民法院应当予以支持。

7. 董事、高级管理人员的赔偿责任。公司董事、高级管理人员等未依法履行职责，导致公司未依法制作或者保存《公司法》规定的公司文件材料，给股东造成损失，股东有权依法请求负有相应责任的公司董事、高级管理人员承担民事赔偿责任。

案例训练：

1. 知情权的范围

北方食品公司是一家中外合资经营企业，捷成公司是北方食品公司的外方股东，李某为捷成公司委派至北方食品公司的法定代表人。2009 年，捷成公司以特快专递的形式向北方食品公司发出通知，要求查阅并且复制北方食品公司董事会会议决议、财务会计报告，查阅北方食品公司会计账簿和相关原始凭证。北方食品公司未予答复。一个月后，捷成公司以北方食品公司为被告提起诉讼，提出上述主张。

最高人民法院再审认为：（1）对于股东要求查阅、复制公司章程、股东会会议记录、董事会会议决议、监事会会议决议和财务会计报告的，《公司法》第 33 条没有规定股东在符合特定条件的情况下才可以主张该权利，即没有特别限制；对于股东要求查阅公司会计账簿的，由于会计账簿能够体现公司深层次的经营管理活动，为了防止股东有"不正当目的"，维护公司的正常经营秩序，《公司法》第 33 条则明确要求股东应当向公司提出书面请求，说明目的，股东不得有可能损害公司合法利益的"不正当目的"。本案中，捷成公司是合资企业北方食品公司的外方股东，因此，其有权查阅并复制北方食品公司的董事会会议决议、财务会计报告等资料；对于查阅会计账簿，捷成公司曾向北方食品公司提出书面请求，北方食品公司未予回复，且北方食品公司并没有举出证据证明捷成公司有"不正当目的"，应予支持。捷成公司是否委派人员担任北方食品公司的经营管理人员，并非捷成公司主张股东知情权的预设条件。（2）虽然我国《公司法》没有明确规定股东可以查阅会计凭证，然而基于利益平衡以及确保信息真实的考虑，知情权范围不宜限定在一个不可伸缩的区域，尤其对于人合性较高的有限责任公司，严格限定知情权范围并不利于实现知情权制度设置的目的。关于捷成公司查阅北方食品公司会计凭证的诉讼请求，应予支持。

2. 知情权的主体

2015 年 12 月，袁某、宋某、纪某、倪某共同设立甲棉纺有限公司，注册资本 200 万元，袁某任法定代表人，其中袁某认缴 100 万元，宋某认缴 60 万元，纪某和倪某各认缴 20 万元，均应在公司成立后 2 年内以货币方式缴清。甲公司章程还规定，在完全缴清出资款之前，股东不享有分红权、表决权和查阅会计账簿的权利。

截至 2017 年底，袁某和倪某缴清了各自认缴的全部出资，宋某和纪某分文未缴。宋某认为，公司财务会计报告有问题，书面要求查阅公司成立以来的会计账簿，但是袁某以会计账簿涉及公司商业秘密、宋某未履行实际出资义务为由拒绝。2018 年 4 月，宋某以甲公司为被告起诉，请求查阅和复制公司成立以来的会计报告，查阅公司成立以来的会计账簿。不久，吴某也以甲公司为被告起诉，提出了与宋某相同的诉讼请求，理由是，倪某所缴 20 万元出资系吴某所有，倪某与吴某之间存在代持股关系。

法院认为，首先，《公司法解释（四）》第 7 条第 2 款规定，公司有证据证明前款规定的原告在起诉时不具有公司股东资格的，人民法院应当驳回起诉，但原告有初步证据证明在持股期间其合法权益受到损害，请求依法查阅或者复制其持股期间的公司特定文件材料的除外。也就是说，知情权是股东的固有权，原则上与股东的身份不可分离。本案中，吴某并非甲公司的股东，即便其所述代持股事实存在，也不享有知情权，所以法院应当裁定驳回吴某的起诉。其次，就宋某而言，其起诉时具备股东资格，法院应就其诉讼请求进行实体审查。《公司法》第34条规定，股东有权查阅、复制公司章程、股东会会议记录、董事会会议决议、监事会会议决议和财务会计报告。股东可以要求查阅公司会计账簿。股东要求查阅公司会计账簿的，应当向公司提出书面请求，说明目的。公司有合理根据认为股东查阅会计账簿有不正当目的，可能损害公司合法利益的，可以拒绝提供查阅，并应当自股东提出书面请求之日起15日内书面答复股东并说明理由。公司拒绝提供查阅的，股东可以请求人民法院要求公司提供查阅。由此可知，在公司不能证明股东查阅账簿有不正当目的的情况下，无权以保护公司商业秘密为由拒绝其请求。《公司法解释（四）》第9条规定，公司章程、股东之间的协议等实质性剥夺股东依据公司法第33条、第97条规定查阅或者复制公司文件材料的权利，公司以此为由拒绝股东查阅或者复制的，人民法院不予支持。由此可知，股东知情权与股东是否履行了出资义务无关，公司章程也不得以此为由实质性剥夺股东的知情权。因此，法院判决支持宋某的诉讼请求。

考点五、利润分配

核心考点：

1. 利润分配的顺序。基于资本维持原则，《公司法》禁止公司在无利润或亏损的情况下分配利润，要求公司以法定公积金的形式强制积累。具体而言，公司分配当年税后利润时，应当提取利润的10%列入公司法定公积金，公司法定公积金累计额为公司注册资本的50%以上的，可以不再提取。公司从税后利润中提取法定公积金后，经股东会或者股东大会决议，还可以从税后利润中提取任意公积金。

关于这一问题，可能的考查角度主要涉及股东会决议效力的判断。例如，公司股东会违反上述规定，作出了利润分配决议，该决议效力如何？此时，应以该决议内容违反法律规定为由，认定其无效。

2. 利润分配的比例。对有限公司而言，股东按照实缴的出资比例分取红利，但是全体股东另有约定的除外。对股份公司而言，股东按照持有的股份比例分配，但是章程另有规定的除外。

关于这一问题，可能的考查角度主要集中在有限公司利润分配比例的任意性上。实践中，经常有公司章程、股东会决议、股东之间协议等方式约定不按实缴出资比例分配利润，只要该约定经全体股东同意，一般应认定有效。但是，如果未经全体股东同意，哪怕已经2/3以上表决权甚至99%表决权的股东同意，也应认定为无效。

3. 利润分配时间。根据《公司法解释（五）》第4条，分配决议中有规定的，以分配决议为准；分配决议中没有规定的，以公司章程为准；分配决议和公司章程中均没有规定，或者有规定但时限超过一年的，则应当在一年内分配完毕。

关于利润分配时间问题，考查角度可能与公司决议效力相关。如果分配决议中载明的分配时间超过了章程的规定，那么，公司决议内容违反章程规定，符合决议可撤销情形，股东有权依法起诉撤销该决议中关于分配时间的部分。分配时间被撤销后，则应当依照章程规定的时间进行分配。

4. 利润分配请求权。从法考主观题角度而言，关于股东的利润分配请求权，有以下问题需要注意：（1）原告资格。一般情况下，原告仅限于股东，但对股东没有持股比例和时间的限制；有限公司股东的认定，应以"内部事项"标准进行，也就是说，以股东名册为准。（2）利润分配请求权能否单独转让？对于这一问题，应当区分具体的利润分配请求权和抽象的利润分配请求权。若公司作出具体有效的利润分配决议，股东依该决议享有具体的利润分配请求权，这种权利与普通债权无异，可以单独转让（这就意味着，少数情况下，单独受让具体的利润分配请求权的人，即使不是股东，也可以提起利润分配之诉）；若公司尚未作出具体有效的利润分配决议，股东仅享有抽象的利润分配请求权，这种权利是一种期待权，能否转让尚无定论，一般认为不可以转让。（3）公司自治与司法介入。原则上，是否分配利润属于公司自治范围，司法不应干预。但是，如果出现大股东过度压榨小股东的情形，如公司不分配利润，但董事、高级管理人员领取过高薪酬；由控股股东操纵公司购买与经营无关的财物或者服务，用于其自身使用或者消费；隐瞒或者转移利润等，法院应当介入，强制公司分配利润。

案例训练：

1. 利润分配之诉的原告仅限于股东

永键公司、标和公司注册于英属维尔京群岛，太平洋公司注册于开曼群岛，太平洋（无锡）公司注册于中国香港，惠山太平洋公司注册于中国无锡。永健公司持有标和公司20%股权，标和公司持有太平洋公司100%股权，太平洋公司持有太平洋（无锡）公司100%股权，太平洋（无锡）公司持有惠山太平洋公司100%股权。惠山太平洋公司现有可分配利润例如5亿元，永健公司起诉惠山太平洋公司，要分配利润1亿元。

法院认为，本案应适用我国内地法律审理。《公司法》第34条规定，股东按照实缴的出资比例分取红利；公司新增资本时，股东有权优先按照实缴的出资比例认缴出资。但是，全体股东约定不按照出资比例分取红利或者不按照出资比例优先认缴出资的除外。《公司法解释（四）》第13条规定："股东请求公司分配利润案件，应当列公司为被告。一审法庭辩论终结前，其他股东基于同一分配方案请求分配利润并申请参加诉讼的，应当列为共同原告。"第15条规定："股东未提交载明具体分配方案的股东会或者股东大会决议，请求公司分配利润的，人民法院应当驳回其诉讼请求，但违反法律规定滥用股东权利导致公司不分配利润，给其他股东造成损失的除外。"依据上述规定，能够提起公司盈余分配纠纷的原告主体应为公司的股东，且人民法院一般应以公司已作出具体利润分配方案为受理条件。本案中，永键公司并非惠山太平洋公司的股东，其并不具备提起公司盈余分配纠纷原告主体资格，且未并举证证明惠山太平洋公司已作出具体利润分配方案，或惠山太平洋公司存在违反法律规定滥用股东权利导致公司不分配利润，给其他股东造成损失的情形。据此，一审法院裁定驳回永健公司的起诉。永健公司上诉。二审法院裁定驳回上诉，维持原裁定。

2. 司法介入强制公司分配利润

2007年5月，太一热力公司修改公司章程，将公司股东变更为太一工贸公司和居立门业公司，太一工贸公司持股比例60%，居立门业公司持股比例40%，并办理了变更登记。各股东的认缴出资均已按期实缴。太一热力公司从未就利润分配问题做出过股东会决议。

居立门业公司起诉太一热力公司和李某，请求法院判令太一热力公司对盈余的7000余万元利润按40%的比例向居立门业公司进行分配，李某承担连带责任。

2015年2月9日，受法院委托，某会计师事务所出具甘茂会审字［2015］第52号《审计报告》，结论为：截至 2014 年 10 月 31 日，太一热力公司可分配利润为 4000 万元。法院另查明，李某同为太一热力公司及其控股股东太一工贸公司法定代表人，还是兴盛建安公司的法定代表人，其未经公司另一股东居立门业公司同意，没有合理事由将 5600 万余元公司资产转让款转入兴盛建安公司账户。

二审法院认为：（1）在公司盈余分配纠纷中，虽请求分配利润的股东未提交载明具体分配方案的股东会或股东大会决议，但当有证据证明公司有盈余且存在部分股东变相分配利润、隐瞒或转移公司利润等滥用股东权利情形的，诉讼中可强制盈余分配，且不以股权回购、代位诉讼等其他救济措施为前提。（2）在确定盈余分配数额时，要严格公司举证责任以保护弱势小股东的利益，但还要注意优先保护公司外部关系中债权人、债务人等的利益，对于有争议的款项因涉及案外人实体权利而不应在公司盈余分配纠纷中作出认定和处理。（3）有盈余分配决议的，在公司股东会或股东大会作出决议时，在公司与股东之间即形成债权债务关系，若未按照决议及时给付则应计付利息，而司法干预的强制盈余分配则不然，在盈余分配判决未生效之前，公司不负有法定给付义务，故不应计付利息。（4）盈余分配义务的给付主体是公司，若公司的应分配资金因被部分股东变相分配利润、隐瞒或转移公司利润而不足以现实支付时，不仅直接损害了公司的利益，也损害到其他股东的利益，利益受损的股东可直接依据《公司法》第 20 条第 2 款[1]的规定向滥用股东权利的公司股东主张赔偿责任，或依据《公司法》第 21 条[2]的规定向利用其关联关系损害公司利益的控股股东、实际控制人、董事、监事、高级管理人员主张赔偿责任，或依据《公司法》第 149 条[3]的规定向违反法律、行政法规或者公司章程的规定给公司造成损失的董事、监事、高级管理人员主张赔偿责任。

综上，二审判决太一热力公司给付居立门业公司盈余分配款 1600 万元；若太一热力公司到期不能履行上述给付义务，由李某承担赔偿责任。

考点六、股东代表诉讼

核心考点：

1. 关于前置程序问题。根据《公司法》第 151 条，股东提起代表诉讼的前置程序为"书面请求交叉起诉"。但是，对这一规定，不能过于机械地理解。就主观题考试而言，若前置程序不具有客观上的可能性，对于股东未经前置程序直接提起的代表诉讼，法院应当受理。另外，在公司不设监事会的情况下，如果股东身兼公司监事身份，也可以不经前置程序直接提起股东代表诉讼。

2. 当事人问题。股东以自己的名义起诉。在股东资格方面，有限公司所有股东都可以起诉，股份有限公司连续 180 日以上单独或者合计持有公司 1% 以上股份的股东可以起诉。一审法庭辩论终结前，符合条件的其他股东，以相同的诉讼请求申请参加诉讼的，应当列

---

[1]《公司法》第 20 条第 2 款："公司股东滥用股东权利给公司或者其他股东造成损失的，应当依法承担赔偿责任。"

[2]《公司法》第 21 条："公司的控股股东、实际控制人、董事、监事、高级管理人员不得利用其关联关系损害公司利益。""违反前款规定，给公司造成损失的，应当承担赔偿责任。"

[3]《公司法》第 149 条："董事、监事、高级管理人员执行公司职务时违反法律、行政法规或者公司章程的规定，给公司造成损失的，应当承担赔偿责任。"

为共同原告。应当列公司为无独立请求权第三人。

就主观题考试而言，需要注意的是，原告资格与股东是否实际缴资、是否参与公司经营管理、是否代他人持股以及何时成为股东均无关系。

3. 在关联交易中的适用。股东代表诉讼，必须具备实体法上的依据，即请求权基础。实践中，很多股东代表诉讼案例，都与关联交易有关。而在关联交易损害公司利益的情况下，公司不太可能直接起诉关联方，因此股东代表诉讼有用武之地。这一结合角度，在主观题考试中尤其需要注意。

4. 诉讼效果的归属。基于权利义务相一致的原则，股东代表诉讼的胜诉利益归属于公司，胜诉或部分胜诉的合理费用也由公司承担。

5. 股东代表诉讼的调解问题。公司是股东代表诉讼的最终受益人，为避免因原告股东与被告通过调解损害公司利益，有必要对股东代表诉讼中的调解进行限制。为此，有必要规定调解协议只有经公司股东会或者股东大会、董事会会议决议通过后才能生效。至于具体应由何种机关决议，则取决于公司章程如何规定。公司章程没有规定的，应当认定公司股东（大）会为决议机关。这一问题有可能和诉讼法上的调解问题结合考查。

6. 股东代表诉讼的反诉问题。法院是否受理被告的反诉，主要取决于被告反诉的理由。如果被告以原告股东恶意起诉侵犯其合法权益为由提出反诉的，法院应当受理。如果被告以公司在涉案纠纷中应当承担侵权或者违约等责任为由对公司提出反诉的，因不符合反诉的要件，法院应当裁定不予受理；已经受理的，裁定驳回起诉。

7. 股东代表诉讼与仲裁条款。多数观点认为，如果公司已经与他人达成有效的仲裁协议，股东就仲裁协议约定的仲裁事项对他人提起股东代表诉讼的，法院不予受理。问题在于，如果公司不按照仲裁协议申请仲裁，股东能否参照《公司法》关于股东代表诉讼的规定，以自己的名义向他人申请仲裁？本书认为，基于对股东代表诉讼制度的目的，应该允许。

案例训练：

1. 特定条件下可以不经过前置程序而直接提起股东代表诉讼

湖南汉业有限责任公司（以下简称汉业公司）注册资本 2500 万元。其中周某出资人民币 250 万元，持股比例 10%；新时代投资有限公司出资人民币 2250 万元，持股比例 90%。汉业公司章程第 15 条规定：董事会由 5 名董事组成，其中 1 名由周某出任，新时代投资有限公司委派 4 名，董事长由新时代投资有限公司指定。汉业公司董事会由李某（董事长）、彭某、李心、庄某、周某组成。另查明，李某、彭某、李心系庄士中国公司董事，庄某系庄士中国公司高层管理人员。

2017 年 7 月，周某提起诉讼，请求法院判令被告庄士中国公司、李某、彭某共同赔偿汉业公司各项损失 9000 万元。

一审法院认为，本案系周某代表汉业公司提起的股东代表诉讼。因周某未履行法律规定的提起股东代表诉讼的前置程序，同时本案客观上也不具备"情况紧急、损失难以弥补"的法定情形，周某无权依据上述规定提出股东代表诉讼。故裁定驳回周某的起诉。周某提出上诉。

二审法院认为，根据《公司法》第 151 条规定，股东先书面请求公司有关机关向人民法院提起诉讼，是股东提起代表诉讼的前置程序。一般情况下，股东没有履行前置程序的，应当驳回起诉。但是，该项前置程序针对的是公司治理的一般情况，即在股东向公司有关机关提出书面申请之时，存在公司有关机关提起诉讼的可能性。如果不存在这种可能性，则不应当以原告未履行前置程序为由驳回起诉。具体到本案中，分析如下：（1）李某、彭某为汉业公司董事，周某以李某、彭某为被告提起股东代表诉讼，应当先书面请求汉业公司监事会或者监事提起诉讼。但是，本案证据无法证明汉业公司设立了监事会或监事，周某对该公司董事李某、彭某提起股东代表诉讼的前置程序客观上无法完成。（2）庄士中国公司不属于汉业公司董事、监事或者高级管理人员，因汉业公司未设监事会或者监事，周某针对庄士中国公司提起代表诉讼的前置程序应当向汉业公司董事会提出，但是，根据查明的事实，汉业公司董事会由李某（董事长）、彭某、李心、庄某、周某组成。除周某以外，汉业公司其他四名董事会成员均为庄士中国公司董事或高层管理人员，与庄士中国公司具有利害关系，基本不存在汉业公司董事会对庄士中国公司提起诉讼的可能性，再要求周某完成对庄士中国公司提起股东代表诉讼的前置程序已无必要。综合以上情况，本院认为，周某主张可以不经股东代表诉讼前置程序直接提起本案诉讼的上诉理由成立。一审裁定驳回起诉不当，应予纠正。裁定撤销一审民事裁定，本案指令一审法院审理。

2. 股东胜诉的利益归属和费用负担

达青公司股东及持股比例为赵某持股20%、郑甲强持股57.5%、添成公司持股2.5%、刘某持股20%，达青公司监事为莫某，法定代表人、执行董事及总经理为郑甲强。铭可达集团公司股东及持股情况为：郑乙强持股75.5%、郑甲强持股24.5%，郑甲强系铭可达集团公司法定代表人兼董事长。

铭可达物流公司成立于2000年2月1日，由达青公司独资设立，注册资本1.6亿元。2015年3月10日，达青公司与铭可达集团公司签订《股权转让协议书》，达青公司将其持有的铭可达物流公司100%的股权以人民币1元转让给铭可达集团公司。2015年4月3日，铭可达物流公司的股东变更为铭可达集团公司，持股比例100%。该1元股权转让款未实际支付。

赵某、添成公司书面请求达青公司的执行董事郑甲强、监事莫某代表达青公司提起诉讼，该两人未于收到请求之日起30日内提起诉讼。2017年7月，赵某、添成公司起诉请求：判令铭可达集团公司、郑甲强将铭可达物流公司100%的股权返还给达青公司；判令铭可达集团公司、郑甲强及达青公司、铭可达物流公司承担赵某、添成公司因本案诉讼支出的律师费、保全费、保全担保费等共计96 000元；判令铭可达集团公司、郑甲强承担本案全部诉讼费用。

法院生效判决认为：本案系损害公司利益责任纠纷。现就争议焦点问题逐一分析如下：（1）关于赵某、添成公司是否具备原告诉讼主体资格问题。涉案达青公司工商登记资料显示赵某、添成公司系分别持有达青公司20%、2.5%股权份额的股东。股东是否已经实际履行出资义务，不影响其股东资格的确定。铭可达集团公司、郑甲强以赵某、添成公司是名义股东、不存在利益损害、未实际出资、未参与公司事务等为由，主张赵某、添成公司不具备诉讼主体资格，于法无据，本院不予采纳。（2）关于赵某、添成公司提起本案诉讼是否已过诉讼时效期间问题。本案中，赵某、添成公司系为了达青公司的利益而以自己的名义向铭可达集团公司、郑甲强提出返还铭可达物流公司100%股权的主张。赵某、添成公司该请求并非基于债的关系而产生，不属债权请求权，不受诉讼时效限制。（3）关于铭可达集团公司是否应向达青公司返还持有的铭可达物流公司股权问题。达青公司于2015年3月

10 日与铭可达集团公司签订《股权转让协议书》，以 1 元价格将所持铭可达物流公司 100% 股权转让给铭可达集团公司。达青公司转让涉案股权时，郑甲强系达青公司的法定代表人、总经理、执行董事及大股东；同时又是铭可达集团公司的董事长、法定代表人及股东；还是铭可达物流公司的法定代表人。郑甲强作为达青公司法定代表人，在从事将涉案股权无偿转让给其担任法定代表人的铭可达集团公司的关联交易时，并未告知或征得达青公司股东赵某、添成公司的同意，违反了其作为达青公司高级管理人员依法应当遵守的忠实勤勉义务；郑甲强与铭可达集团公司恶意串通，损害达青公司利益的行为，依法应当认定为无效。铭可达集团公司依该无效行为所获取的原达青公司名下的铭可达物流公司 100% 股权，依法应予返还。（4）关于担保费问题。赵某、添成公司申请查封了铭可达集团公司名下铭可达物流公司的 100% 股权，因此产生的担保费 96 000 元有转账凭证及增值税发票为证，属于股东因参加诉讼支付的合理费用，根据《公司法解释（四）》第 26 条〔1〕，应由达青公司承担。

法院生判决：（1）铭可达集团公司应于判决生效之日起一个月内将所持有铭可达物流公司的 100% 股权返还至达青公司名下；（2）达青公司应于判决生效之日起一个月内向赵某、添成公司支付担保费 96 000 元。案件受理费由铭可达集团公司、郑甲强共同负担。

考点七、股东义务

核心考点：

1. 滥用股权。股东正当行使股权和滥用股权的界限非常模糊。通常，滥用股权主要包括滥用财产管理权、滥用表决权和滥用经营管理权等形式。其法律后果，主要表现在对公司和对股东两方面，公司股东滥用股东权利给公司或者其他股东造成损失的，应当依法承担赔偿责任。

在主观题考试中，常见的考查角度有：（1）滥用股权的认定。考生应结合案情，主要从动机和后果两个方面考虑。如果股东行使股权存在恶意，客观上又造成公司或其他股东损失，应认定为滥用股权。（2）股东会决议效力的判断。如果股东滥用表决权通过了股东会决议，可以认为该决议内容违法，因此认定该决议无效。（3）赔偿责任。应区分是公司还是股东遭受损失，以判断赔偿请求权的主体。若公司遭受损失，股东利益必然间接受损，股权价值相应降低，股东不应以此为由直接主张赔偿责任。

2. 关联交易。关联交易就是公司与关联方之间的交易。关联关系，是指公司控股股东、实际控制人、董事、监事、高级管理人员与其直接或者间接控制的企业之间的关系，以及可能导致公司利益转移的其他关系。关联交易可以节约交易成本，提高效率，但是关联交易的交易条件可能不公平，损害公司、股东甚至债权人的利益。

就主观题考试而言，考生需要注意：（1）关联交易损害公司利益的责任问题。公司的控股股东、实际控制人、董事、监事、高级管理人员不得利用其关联关系损害公司利益。否则，给公司造成损失的，应当承担赔偿责任。判断管理交易是否损害公司利益，最核心的标准是看交易条件是否公平合理，是否构成了利益输送，如果这一标准具备，被告仅以

〔1〕《公司法解释（四）》第 26 条："股东依据公司法第 151 条第 2 款、第 3 款规定直接提起诉讼的案件，其诉讼请求部分或者全部得到人民法院支持的，公司应当承担股东因参加诉讼支付的合理费用。"

该交易已经履行了信息披露、经股东会或者股东大会同意等法律、行政法规或者公司章程规定的程序为由抗辩的，法院不予支持。（2）关联交易合同的效力问题。《公司法》并不禁止关联交易，因此，不能仅以关联交易为由而否认合同的效力。但是，如果关联交易存在恶意串通损害第三人利益、违反法律或行政法规的强制性规定等情形，应依据民法认定其无效；若存在显失公平等情形，当事人可依据民法请求法院撤销。（3）在上述两种情况下，公司直接起诉关联方的可能性不大，所以，股东代表诉讼有用武之地。

3. 深石原则。所谓深石原则，是指在存在控制与从属关系的关联企业中，为了保障从属公司债权人的正当利益免受控股公司的不法侵害，法律规定，在从属公司进行清算、和解和重整等程序中，根据控制股东是否有不公平行为，而决定其债权是否应劣后于其他债权人或者优先股东受偿的原则。自著名的深石公司案件之后，该原则在英美法上广泛使用，我国台湾地区"公司法"也有明文规定。最高人民法院于 2003 年 11 月 4 日公布的《关于审理公司纠纷案件若干问题的规定（一）（征求意见稿）》第 52 条规定："控制公司滥用从属公司人格的，控制公司对从属公司的债权不享有抵销权；从属公司破产清算时，控制公司不享有别除权或者优先权，其债权分配顺序次于从属公司的其他债权人。"后来，因为争议较大，尤其是与债权平等原则冲突，深石原则并未写入司法解释正式文本。但是，《企业破产法解释（二）》第 46 条实际上有限度地确认了深石原则，该条规定："债务人的股东主张以下列债务与债务人对其负有的债务抵销，债务人管理人提出异议的，人民法院应予支持：（一）债务人股东因欠缴债务人的出资或者抽逃出资对债务人所负的债务；（二）债务人股东滥用股东权利或者关联关系损害公司利益对债务人所负的债务。"

若主观题涉及深石原则，考生可以在不同的学说中择一回答，但应能自圆其说。支持深石原则的理论依据主要是公平原则，反对深石原则的理论依据主要是债权平等原则。

案例训练：

1. 控股股东恶意增资的赔偿责任

泰富公司于 1995 年 7 月 12 日设立，注册资本 2100 万元。董某出资 315 万元，持有泰富公司 15% 的股权；致达公司出资 1785 万元，持有泰富公司 85% 的股权。2005 年 5 月到 12 月间，泰富公司以解决公司流动资金为由，四次召开股东会，形成决议：（1）致达公司同意向泰富公司增资 1900 万元；（2）致达公司同意引进创立投资公司作为战略投资者向泰富公司增资 1000 万元。董某认为上述决议属于恶意增资，创立投资公司为关联公司，均投反对票。之后，泰富公司以公司原注册资本 2100 万元为增资时的净资产完成了增资行为。2006 年 3 月 8 日，经工商部门登记核准，富泰公司注册资本为 5000 万元，致达公司出资 3685 万元，占 73.7% 的股权；创立投资公司出资 1000 万元，占 20% 的股权；董某出资 315 万元，占 6.3% 的股权。泰富公司增资前后均未对公司净资产进行审计、评估。

董某诉请要求泰富公司和致达公司共同赔偿直接经济损失 1350 万元。审理中，经法院委托评估，以 2005 年 12 月 31 日为基准，泰富公司净资产为 155 360 385.30 元，现金流充足，经营状况良好。

法院认为，被告泰富公司的股东会决议召集的程序合法，其内容也是根据"资本多数决"的表决原则作出的。但是应当注意的是，被告致达公司在实施被告泰富公司增资的股东会决议时，应该公平维护小股东的权益。损害小股东的利益，应当承担相应的民事责任。被告泰富公司的审计、评估报告显示，被告泰富公司股东会作出引进战略投资者、进行增资决定时，公司的经营状况良好，经营利润丰厚，公司净资产已达 155 360 385.30 元。审理中，两被告均未能对公司的增资决策作出合理解释。客观上，被告泰富公司的增资决定，并未按照当时公司的净资产额进行，而是按照大大低于当时公司净资产额的公司注册资本进行增资，显著降低了泰富公司的小股东即本案原告所持股权的价值，侵害了原告的权益，造成了原告的损失。被告致达公司是掌握被告泰富公司控制权的大股东，凭借其控制的多数表决权，将自己的增资意志拟制为公司的意志，对该决议的通过起到了决定性作用，且在实施股东会决议时未能客观、公正地对被告泰富公司的净资产进行必要的审计、评估，致使原告的股权价值蒙受了巨额损失。被告致达公司的行为属于滥用股东权利，违反了大股东对小股东的信义义务，故被告致达公司对原告因此所受的损失应承担赔偿责任；被告泰富公司不应承担赔偿责任。

2. 关联交易的认定及诉讼时效问题

余某是富连江公司的实际负责人，又对弘健公司具有重大影响。在余某的主导下，富连江公司以 4395 万元的价格从弘健公司购买成本为 939.8 万元的设备。在富连江公司的实际负责人变更之后，富连江公司起诉余某，要求赔偿损失。

法院认为，本案争议的焦点为余某是否与弘健公司形成关联关系、余某是否利用该关联关系损害了富连江公司的利益、本案起诉是否超过诉讼时效。法院对此分别评述如下：（1）关于关联关系的认定。虽然弘健公司的工商登记资料并未载明余某 2009 年至 2010 年间在弘健公司担任过职务，但从余某代表母公司就成立弘健公司签订协议、代表弘健公司收购其他公司股权、代表弘健公司担任其他公司董事长、其办公场所设在弘健公司，其家族企业于 2011 年 8 月成为弘健公司主要股东，其兄弟于 2011 年 10 月成为弘健公司法定代表人等事实看，即便不能认定余某直接或间接控制了弘健公司，也可认定余某对弘健公司的财务及经营政策有重大影响力。因此，余某与弘健公司构成关联关系。（2）关于余某是否利用其与弘健公司的关联关系损害富连江公司利益问题。首先，就程序而言，余某作为富连江公司 2009 年至 2010 年期间的实际负责人，其在涉及公司的重大交易时，未经董事会表决通过或董事长同意，程序不当。尤其是富连江公司与弘健公司进行本案所涉的四笔交易时，基于余某与弘健公司的关联关系，余某应自动回避。但现已查明，余某在涉案四笔交易过程中，不仅未履行回避义务，相反，还直接批准了交易事项。因此，余某在前述交易过程中违反了法定程序。其次，就实体而言，依余某最终批准的合同条款，富连江公司将弘健公司以 939.8 万元采购的设备，以 4395 万元的价款予以购买，该差额达到 3455.2 万元。余某既不能对该巨额差额进行合理说明，该差额也与市场惯例不相符合。因此，该差额应视为富连江公司的损失。综上，由于余某在涉案四笔交易过程中，既违反法定程序，也客观上造成了富连江公司的损失，因此，应认定余某该行为属于违反《公司法》第 21 条第 1 款 "公司的控股股东、实际控制人、董事、监事、高级管理人员不得利用关联关系损害公司利益" 规定的行为。（3）关于本案的诉讼时效问题。一般而言，就公司的控股股东、实际控制人等高级管理人员利用关联关系损害公司利益之事由而言，基于该控制人对公司的支配地位，普通股东（或董事）往往难以及时发现该事由或代表公司主张权利，只有当公司控制人发生重大变化时，公司才可能知晓并主张权利。富连江公司陈述本公司实际控制人发生变化后，方知余某利用关联交易损害公司利益事由，具有可信性，予以采信。依照诉讼时效从 "权利人知道或应当知道权利受损害之日起计算" 之规定，从 2011 年 5 月 30 日富连江公司实际控制人发生变化之日起计算，本案并未超过诉讼时效期间。法院据此判决余某对富连江公司承担赔偿责任。

考点八、董监高的义务和责任

核心考点：

1. 抽象的忠实与勤勉义务。董事、监事、高级管理人员应当遵守法律、行政法规和公司章程，对公司负有忠实义务和勤勉义务。但是，忠实义务和勤勉义务的内涵与外延都不是非常清晰，主观题考试主要涉及《公司法》所列举的具体的忠实义务。

2. 具体的忠实义务。就主观题考试而言，下列三种违反具体的忠实义务的行为相对比较重要：（1）违反公司章程的规定，未经股东会、股东大会或者董事会同意，将公司资金借贷给他人或者以公司财产为他人提供担保；（2）违反公司章程的规定或者未经股东会、股东大会同意，与本公司订立合同或者进行交易；（3）未经股东会或者股东大会同意，利用职务便利为自己或者他人谋取属于公司的商业机会，自营或者为他人经营与所任职公司同类的业务。上述三种行为的后果是，所得收入归公司所有。若给公司造成损失的，还应承担赔偿责任。

其中，董事、高管的自我交易行为（违反公司章程的规定或者未经股东会、股东大会同意，与本公司订立合同或者进行交易），效力如何？对于这一问题，司法实践中的裁判较为混乱，有的认为有效，有的认为无效，有的认为需要区分具体情况。初步统计发现，主张无效的案例略多，但是晚近的案例更多倾向于主张有效。本书认为，不能因为违反《公司法》的这一规定而认定无效。理由是：（1）有些情况下，自我交易行为是互利共赢的，没有必要加以否认。（2）在更多的情况下，自我交易行为可能会损害公司利益。但是，《公司法》已经规定了归入权，并且规定了损害赔偿责任，这样的规则足以维护公司利益。（3）将《公司法》上的程序性强制规范作为效力性强制规范，将会导致大量的交易无效，不符合《公司法》和《合同法》的目的。当然，如果自我交易行为存在《合同法》所规定的无效、可撤销事由，那就另当别论。

案例训练：

1. 董事违反竞业禁止义务

联达动力公司经营范围为：技术开发、技术服务、技术转让、技术咨询、技术推广、技术培训；销售计算机、软件及辅助设备、电子产品；计算机系统服务等。郭某等五人为董事。联达动力公司章程中规定：董事辞职生效或者任期届满，其对公司和股东承担的忠实义务，在任期结束后并不当然解除，在任期结束后两年内仍然有效；其对公司商业秘密的保密义务直到该秘密被公开方可解除，不以两年为限。

郭某在联达动力公司工作期间，负责"联达健康宝"实施方案的领导工作，项目实施目标为实现线上挂号。2015年5月31日，联达动力公司股东会同意郭某的辞职申请。2015年6月19日，联达动力公司董事人员名单在工商局做了变更登记。2015年7月1日，近颐公司注册成立，投资人包括郭某等，郭某担任近颐公司的法定代表人、执行董事与经理职务。近颐公司经营范围为技术推广服务；软件开发；计算机系统服务；销售计算机、软件及辅助设备、电子产品；设计、制作、代理、发布广告。近颐公司的微信公众号"近医通"主要功能为线上挂号。

联达动力公司起诉请求：郭某停止其违反董事忠实义务的侵权行为；郭某自2015年7月至2017年6月从近颐公司取得的各类收入人民币50万元归联达动力公司所有；郭某赔偿其侵权行为给联达动力公司造成的经济损失50万元。

法院认为：（1）关于郭某的行为是否违反竞业禁止义务的问题。通过对比联达动力公司与近颐公司实际经营内容和经营目的可见，近颐公司推出的产品"近医通"与联达动力公司推出的产品"联达健康宝"的操作界面和所提供服务的主要功能极为相似，从本质上看均系为求医者提供医院线上挂号等服务，功能相似性较高，存在替代关系。因此，郭某的行为违反了《公司法》和联达动力公司章程第88条及第92条规定的相应的忠实义务，构成竞业禁止。（2）关于郭某在违反董事忠实义务期间所得收入及相应损失赔偿数额如何计算的问题。关于公司归入权的行使，不以董事是否在职为前提。联达动力公司有权要求郭某将其离任后两年内在近颐公司所得的收入共计155 232.7元归联达动力公司所有。关于郭某违反董事忠实义务给联达动力公司造成的经济损失及如何计算问题，考虑到联达动力公司确为研发"联达健康宝"项目投入了大量人力、物力、财力，且因郭某违反董事忠实义务给该项目投入市场过程中造成了商业机会和商业利益上的损失，本院结合本案查明的事实及郭某的义务违反程度，酌定为30万元。（3）鉴于联达动力公司起诉时，郭某已超过公司章程规定的"董事对公司和股东承担的忠实义务截止到任期结束后两年"的期限，故对联达动力公司要求郭某停止竞业禁止侵权行为的诉讼主张不予支持。

法院判决：（1）郭某向联达动力公司返还自2015年7月至2017年6月从近颐公司取得的各类收入155 232.7元，并向联达动力公司赔偿损失30万元。

2. 公司内部人员通过关联交易损害公司利益赔偿案

2007年7月30日周某任甘肃中集华骏公司营销部经理，全面主持公司销售和采购供应工作，2010年7月调离。在此期间甘肃中集华骏公司并没有设立副总经理，周某对选择交易对象以及是否签订合同具有决策权，对以什么方式进行资金回收亦有决定权，周某实际上行使的是公司高级管理人员的职权。

2007年9月29日，高某与毛某共同设立兰州同海达公司，法定代表人为高某，注册资本20万元，高某与毛某缴资后全部抽回。2007年11月20日，兰州同海达公司迁入西宁，公司名称变更为青海同海达公司。2008年8月6日，青海同海达公司将其法定代表人变更为高某的母亲卫某。同年8月18日，高某将其所持有的全部公司股份转让给其卫某。至此，青海同海达公司的股东变更为卫某与毛某。

周某与高某于2006年确立恋爱关系，2008年5月7日登记结婚。

2008年2月至2009年7月，甘肃中集华骏公司与青海同海达公司签订了共计38份加工承揽合同，但青海同海达公司拖欠货款未支付。因青海同海达公司无财产可供执行，造成甘肃中集华骏公司损失42万元。而在周某任职期间，公司的其他应收货款均及时回收，唯独与青海同海达公司的交易给公司造成了损失。

甘肃中集华骏公司起诉请求依法判决周某、高某、毛某共同赔偿济损失。

甘肃省高级人民法院认为，周某虽然没有明确担任公司高管的职务，但实际行使了高管的职权，在未向公司披露其与青海同海达公司的关联关系的情况下，利用职权所开展的关联交易给公司造成损失，应当向公司承担赔偿责任。本案系公司关联交易损害责任纠纷，与甘肃中集华骏公司和青海同海达公司之间的合同纠纷系两个法律关系，高某、毛某不是必要的共同诉讼的当事人。对原告请求高某、毛某承担连带责任，本案不予处理。[1]

考点九、发起人责任

核心考点：

1. 设立中公司。其理论要点为"视为合伙，自动接续"。围绕这一点，可以设置的问题有：(1) 以设立中公司作为当事人的合同，是否有效？设立中的公司具有民事主体资格，其为了设立公司目的所签订的合同，并不因为尚未取得营业执照而无效。(2) 该合同对外责任由谁承担？发起人以设立中公司名义对外签订合同，公司成立后合同相对人有权请求公司承担合同责任；但是公司成立后有证据证明发起人利用设立中公司的名义为自己的利益与相对人签订合同，公司以此为由主张不承担合同责任的，法院应予支持，但相对人为善意的除外。

2. 公司未成立的责任问题。分为对外和对内两个角度考虑。对外，债权人有权请求全体或部分发起人对设立公司行为所产生的费用和债务承担连带清偿责任。对内，有约定按约定，无约定按出资比例，无法确定出资比例的平均分担。当然，如果因部分发起人过错导致公司未能成立，则应考虑过错程度分担。

3. 发起人以自己名义对外签订合同。若该合同系为设立公司目的签订，公司成立后，对方当事人有权请求公司或该发起人承担责任。若公司未成立，对方当事人有权请求全体发起人承担连带责任。

案例训练：

1. 公司未能成立时设立费用的分担

2012年2月1日，余甲、刘某、余乙签订《股份合作协议书》，约定：(1) 三方一致同意设立北京赢者力量教育科技有限公司（简称赢者力量公司），注册资本100万元，首期缴付20万元；法定代表人余乙。(2) 余甲出资8万元，占总股份的26%；刘某出资4万元，首年劳动报酬12万元，占总股份的49%；余乙出资8万元，占总股份的25%。(3) 余乙先行垫付筹办费用，公司设立后该费用由公司承担；上述各股东委托刘某出任代理申办公司的各项注册事宜。(4) 协议终止或者清算，按其所持有的股权比例参加剩余财产分配。

协议签订后，余甲、刘某、余乙向赢者力量公司设立在银行的验资账户分别打款8万元、4万元、8万元，目前该账户中本金加利息共有201 060.75元。该账户预留了刘某和余乙的印签，需同时使用才能支取款项。

2012年3月30日，三方签订了《赢者力量4月份经营目标》，但因该目标未能实现，三方决定终止合作，不再设立赢者力量公司。法院另查明，赢者力量公司筹备期间的费用

---

[1] 赵旭东教授点评：长期以来，公司大股东、实际控制人及内部人员，通过与公司不当关联交易进行利益输送、"掏空公司"的现象屡见不鲜，严重损害了公司、其他股东和债权人的合法权益。本案中，周某所担任的公司营销部经理一职，并不属于《公司法》规定的高管人员范围，但在此期间公司并未设立分管销售的副总经理，实际上周某有权选择交易对象及是否签约，对资金回收方式亦有决定权，其事实上行使了公司高管的职权。本案中，人民法院根据周某事实上行使了公司高管职权的行为，对《公司法》规定的公司高管范围进行了正确理解。周某在任职期间与亲属所设立并控股的企业所发生的合同行为明显属于关联交易，且最终给公司造成了损失，依法应当承担赔偿责任。

151 514.37 元由满疆公司垫付，后由余乙于 2012 年 5 月 1 日偿还。

刘某向法院起诉要求：（1）解除三方签订的《股份合作协议书》；（2）判令验资账户中三方出资额 20 万元及利息归其所有。余乙则提起反诉要求：（1）判令验资账户中三方出资额中的 10 万元及利息归其所有；（2）刘某偿还公司筹备期间其应当分担的费用共计 78 230 元。

法院认为：（1）法院对三方均同意解除《股份合作协议书》的意见不持异议。（2）针对筹备期间的费用负担，满疆公司垫付了赢者力量公司筹办期间的费用 151 514.37 元，余乙并已将上述费用偿还，现其主张刘某按照其出资比例予以分担，并无不当；另根据三方出资比例的约定，刘某占总股份的 49%，根据《公司法解释（三）》第 4 条〔1〕，刘某应当按照 49% 的比例承担赢者力量公司筹备期间的费用。（3）根据三方约定，协议终止时，按其所持有的股权比例参加剩余财产分配，故验资账户中的资金，三方应当按照股份比例进行分配，即 49% 归刘某所有；26% 归余甲所有；25% 归余乙所有。

法院判决：（1）解除《股份合作协议书》；（2）验资账户中的资金 49% 归刘某所有、26% 归余甲所有、25% 归余乙所有；（3）刘某向余乙支付赢者力量公司筹备期间的费用 74 242.04 元；（4）驳回刘某其他诉讼请求；（5）驳回余乙其他反诉请求。

2. 以发起人名义签订的合同

2014 年 6 月，甲公司和乙公司签订《赛家商务酒店组建协议》，约定：（1）甲公司出资 660 万、乙公司出资 340 万，成立赛家有限公司（注册资本 1000 万元），负责经营赛家商务酒店；（2）甲公司负责赛家商务酒店所需房屋的租赁、装修和报批手续，乙公司负责酒店日常经营管理；（3）赛家有限公司法定代表人和财务负责人由甲公司委派，其他经营管理人员由乙公司委派；（4）若赛家有限公司注册资本金额不能满足经营需要，甲公司和乙公司按照 66：34 的比例向赛家有限公司提供无息借款。协议还约定了其他事项。

上述协议签订以后，甲公司与毛纺厂签订了租赁合同，承租毛纺厂的一套闲置办公楼，租期 5 年，年租金 180 万元，甲公司支付了第一年租金 180 万元。甲公司又与丙装修公司签订了设计装修合同，约定由丙公司对该办公楼进行装修改造，作为酒店客房使用，甲公司预付了 200 万元装修款，尾款待竣工后决算。

在装修过程中，赛家有限公司获得营业执照，当日，乙公司将其全部出资款 340 万元汇入赛家有限公司账户，但是甲公司称等待装修结算之后再完成注资。因购买酒店耗材和聘用员工，上述 340 万元所剩无几。2014 年 9 月，丙公司完成酒店装修，验收完毕并交付使用，装修决算总价款 628 万元。

因甲公司未能支付装修尾款 428 万元，2014 年 11 月，丙公司向法院起诉，要求甲公司支付尾款 428 万元及利息，乙公司承担连带责任。

法院认为，《公司法解释（三）》第 2 条规定，发起人为设立公司以自己名义对外签订合同，合同相对人请求该发起人承担合同责任的，人民法院应予支持。公司成立后对前款规定的合同予以确认，或者已经实际享有合同权利或者履行合同义务，合同相对人请求

---

〔1〕《公司法解释（三）》第 4 条："公司因故未成立，债权人请求全体或者部分发起人对设立公司所产生的费用和债务承担连带清偿责任的，人民法院应予支持。部分发起人依照前款规定承担责任后，请求其他发起人分担的，人民法院应当判令其他发起人按照约定的责任承担比例分担责任；没有约定责任承担比例的，按照约定的出资比例分担责任；没有约定出资比例的，按照均等份额分担责任。因部分发起人的过错导致公司未成立，其他发起人主张其承担设立行为所发生的费用和债务的，人民法院应当根据过错情况，确定过错一方的责任范围。"

公司承担合同责任的，人民法院应予支持。本案中，甲公司以设立赛家有限公司的目的与丙公司签订设计装修合同，赛家有限公司成立后实际使用该装修过的房屋从事经营活动，丙公司有权选择赛家有限公司或者甲公司承担责任。由于丙公司并未选择赛家有限公司作为被告，而是选择了甲公司作为被告，所以法院应当判决甲公司履行合同，支付尾款 428 万元及其利息。而丙公司要求乙公司承担连带责任，无法无据，应予驳回。

考点十、公司增资、减资、合并、分立

核心考点：

1. 决策程序。增资、减资、合并、分立，均属于特别决议事项，均应当经股东（大）会以特别多数通过决议。在主观题考试中，这一点有可能和公司决议效力结合考查。

2. 增资时有限公司股东的优先认缴权问题。根据《公司法》第 34 条[1]，除全体股东另有约定外，有限公司股东有权优先按照实缴的出资比例认缴出资。在主观题考试中，有两点需要注意：（1）股东的优先认缴权系任意性规范，可以通过全体股东一致同意的约定加以改变。（2）增资不同于股权转让。股权转让时，应当充分保护有限公司的人合性，认可其他股东的优先购买权。但是在增资时，公司战略发展优先于人合性，对于其他股东放弃认缴的新增资本，股东并不享有优先认缴权。这样解释的目的，是为了防止阻碍公司引进外部战略投资者，防止阻碍公司的长远发展。同时，这样解释，也与《公司法》第 34 条的目的相符，该条规定的真正目的，是防止任一股东的股权比例因为增资而被稀释。

3. 对赌协议问题。实践中所称的"对赌协议"，又称估值调整协议，是指在股权性融资协议中包含了股权回购或者现金补偿等内容的交易安排。从签约主体的角度看，有投资方与目标公司的股东或者实际控制人"对赌"，投资方与目标公司"对赌"，投资方与目标公司的股东和目标公司"对赌"等形式。关于对赌协议是否有效问题，既要坚持鼓励投资方对实体企业特别是科技创新企业投资原则，从而在一定程度上缓解企业融资难问题；又要贯彻资本维持原则和保护债权人合法权益原则，平衡投资方、公司股东、公司以及公司债权人之间的利益。

就主观题考试而言，结合《九民纪要》和司法实践，考生可以这样判断：（1）对于投资方与股东或者实际控制人签订的对赌协议的效力，无论涉及补偿条款还是回购条款，实践中均认可其合法有效，并无争议。（2）投资方与目标公司签订的对赌协议的效力，通常也应认定有效，但投资方主张实际履行的，法院应当审查是否符合《公司法》关于"股东不得抽逃出资"及股份回购的强制性规定，判决是否支持其诉讼请求。具体而言，投资方请求目标公司回购股权的，法院应当依据《公司法》第 35 条关于"股东不得抽逃出资"或者第 142 条关于股份回购的强制性规定进行审查。经审查，目标公司未完成减资程序的，人民法院应当驳回其诉讼请求。投资方请求目标公司承担金钱补偿义务的，法院应当依据《公司法》第 35 条关于"股东不得抽逃出资"和第 166 条关于利润分配的强制性规定进行审查。经审查，目标公司没有利润或者虽有利润但不足以补偿投资方的，法院应当驳回或者部分支持其诉讼请求。今后目标公司有利润时，投资方还可以依据该事实另行提起诉讼。

---

[1]《公司法》第 34 条："股东按照实缴的出资比例分取红利；公司新增资本时，股东有权优先按照实缴的出资比例认缴出资。但是，全体股东约定不按照出资比例分取红利或者不按照出资比例优先认缴出资的除外。"

4. 减资中的通知和公告程序问题。减资与抽逃出资的根本区别在于，减资遵循法定程序，抽逃出资未经法定程序。若减资程序违法，损害了债权人利益，则在本质上和抽逃出资无异。因此，公司减资时对已知或应知的债权人应履行通知义务，不能在未先行通知的情况下直接以登报公告形式代替通知义务。公司减资时未依法履行通知已知或应知的债权人的义务，公司股东不能证明其在减资过程中对怠于通知的行为无过错的，当公司减资后不能偿付减资前的债务时，公司股东应就该债务对债权人承担补充赔偿责任。

5. 合并中的债权人保护问题。公司合并，有可能会损害债权人利益，为此，《公司法》规定了两种债权人保护机制：（1）通知和公告程序。公司应当自作出合并决议之日起 10 日内通知债权人，并于 30 日内在报纸上公告。债权人自接到通知书之日起 30 日内，未接到通知书的自公告之日起 45 日内，可以要求公司清偿债务或者提供相应的担保。（2）债权债务概括承受。合并各方的债权、债务，应当由合并后存续的公司或者新设的公司承继。

6. 分立的法律后果。公司分立前的债务由分立后的公司承担连带责任。但是，公司在分立前与债权人就债务清偿达成的书面协议另有约定的除外。

案例训练：

1. 增资中股东的优先认缴权问题

黔峰公司股权比例为大林公司持股 54%，益康公司持股 19%，亿工盛达公司持股 18%，友谊集团持股 9%。友谊集团名下登记的 9% 股权系由捷安公司实际出资、友谊集团代持。对此，其他股东均明知，也未提出过异议。捷安公司相关人员进入了黔峰公司董事会；黔峰公司召开的涉及公司经营管理的股东会时，捷安公司均以自己的名义派员出席会议并行使 9% 的股权；黔峰公司所召开的涉及股权转让等需提交工商部门备案的股东会会议时，捷安公司相关人员则以友谊集团代表的身份出席会议。

2007 年 5 月 28 日，黔峰公司召开临时股东会，对拟引入战略投资者，按每股 2.8 元溢价私募资金 2000 万股。会议表决：（1）股东大林公司、益康公司、亿工盛达公司从有利于公司发展的大局出发，同意以增资方式引进战略投资者，并且放弃优先认缴权。赞成 91%，反对 9%（捷安公司反对）。（2）同意捷安公司按 9% 增持 180 万股，增持条件与私募资金形态相同。赞成 100%。大林公司、益康公司、亿工盛达公司、捷安公司股东代表均在决议上签字，其中，捷安公司代表在签字时特别注明"同意增资扩股，但不同意引入战略投资者"。同日，捷安公司向黔峰公司提交了书面请求，表明其除应按出资比例优先认缴出资外，还要求对其他股东放弃的认缴份额行使优先认购权。5 月 31 日，捷安公司将其 180 万股的认缴资金缴纳到黔峰公司账上，并再次致函黔峰公司及各股东，要求对其他股东放弃的出资份额行使优先认购权，未获其他股东及黔峰公司同意。

捷安公司于 2007 年 6 月 6 日提起诉讼，请求判令确认其为黔峰公司股东并享有股权；确认其对黔峰公司增资扩股部分的 1820 万股新股享有优先认购权。

法院认为：（1）关于捷安公司是否是黔峰公司的股东的问题。当公司内部发生股东资格争议时，不应仅以工商登记为准，还应对取得股东资格的实质性条件如是否出资、是否有成为股东的意思、是否参与公司的经营管理、是否享受股东权益和承担股东义务、其他股东是否明知等事实进行审查，并据此作出认定。一方面，友谊集团确认其于 2000 年收购黔峰公司股份时，由于资金不足，有 9% 的股权是代捷安公司购买，捷安公司已实际支付了对价，并实际享有黔峰公司的股东权益，友谊集团对该 9% 的股权只是名义上的股东。另一方面，捷安公司出资后，以自己的名义委派人员进入黔峰公司董事会，以自己的名义参加黔峰公司股东会，行使 9% 的表决权。以上一系列事实表明，捷安公司不仅对黔峰公司出资，而且以自己的名义参与经营管理，并为其他股东所知悉和认同。因此，应根据真意主义原则，认定捷安公司是黔峰公司的股东，享有该公司 9% 的股权。

（2）关于捷安公司对于其他股东放弃认缴的 1820 万股新股是否享有优先认购权的问题。根据《公司法》第 34 条规定，有限公司新增资本时，股东有权优先按照实缴的出资比例认缴出资，但是全体股东另有约定的除外。据此，捷安公司对于新增资本中的 9% 享有优先认缴权，这一点各方没有争议。对于其他股东放弃的 91% 的新增资本，2007 年 5 月 28 日黔峰公司股东会决议中存在分歧，捷安公司主张优先认购，但其他股东主张引进战略投资者。法院认为，增资与股权转让不同，在增资的时候，公司的战略发展优先于人合性，股东对其他股东放弃认缴的增资份额没有优先认购权。捷安公司确认其对黔峰公司增资扩股部分的 1820 万股新股享有优先认购权的诉讼请求，应予驳回。

2. 增资中的对赌协议问题

2013 年 10 月 20 日，吴甲、吴乙向贵航实业公司出具《未来收益承诺书》，其内容为"贵航实业公司：我方（吴甲、吴乙）为标的公司原股东，根据前期我方与贵公司的友好协商，贵公司拟对标的公司进行增资扩股，为提高标的公司的估值，保障贵公司的投资利益，我方自愿并连带承诺如下：2014-2019 年度，若当年会计年度标的公司实际净利润数低于我方在本承诺书中承诺的标的公司的净利润预计数情形的，则我方将就差额对贵公司进行补偿。差额的计算方式如下：净利润=净利润预测数的当年净利润数-实际净利润数。"

2013 年 12 月 12 日，贵航实业公司为甲方、吴乙为乙方、吴甲为丙方签订《增资扩股协议》：（1）标的公司增资扩股前的注册资本为人民币 30 万元整，实收资本为人民币 30 万元整，乙方持有 70% 的股权，丙方持有 30% 股权；标的公司净资产为人民币 109.55 万元，股东全部权益价值为 223 万元。（2）乙方与丙方同意放弃增资的优先购买权，接受甲方作为新股东；标的公司拟将注册资本由 30 万元整增至 61.22 万元整，增资扩股后甲方出资 31.22 万元，占股 51%；乙方出资 21 万元，占股 34.3%；丙方出资 9 万元，占股 14.7%。（3）甲方在缴付 31.22 万元注册资本的同时向标的公司投入现金 172.78 万元，作为资本溢价部分计入标的公司资本公积金。协议签订之后，贵航实业公司依约支付 204 万元。

2014 年度、2015 年度、2016 年度，标的公司实际净利润均低于《未来收益承诺书》中承诺的数额。因吴乙、吴甲未按《未来收益承诺书》约定支付利润差额，贵航实业公司诉至法院，请求吴乙、吴甲连带支付 2014 年度、2015 年度、2016 年度的利润差额共计 275 万元。吴甲、吴乙向法院提出反诉请求：依法判决撤销吴甲、吴乙与贵航实业公司之前签订的《未来收益承诺书》。

法院认为，双方争议焦点为《未来收益承诺书》是否为显失公平的可撤销的协议。根据《民法总则》第 151 条[1]，显失公平的合同表现为一方当事人利用优势或对方缺乏经验，在订立合同时致使双方的权利和义务极不对等，经济利益上也极不平衡，明显违反公平、诚实信用的原则。本案中，《未来收益承诺书》是否符合显失公平原则，应从以下几方面进行分析：（1）吴甲、吴乙对贵航实业公司的承诺是在贵航实业公司对标的公司进行增

---

[1]《民法总则》第 151 条："一方利用对方处于危困状态、缺乏判断能力等情形，致使民事法律行为成立时显失公平的，受损害方有权请求人民法院或者仲裁机构予以撤销。"

资扩股的前提下才作出的。且贵航实业公司依《增资扩股协议》的约定支付204万元，其中支付31.22万元作为注册资本，172.78万元作为溢价投入标的公司，双方约定的利润数额，并未超出合理范围。双方对权利义务的约定基本对等，不存在明显不公平，其约定亦不违反法律规定及交易习惯。（2）吴乙、吴甲原系经营标的公司的股东，对涉及经营旅游项目不属于缺乏经验，同时，标的公司实际上是由吴甲、吴乙在经营管理，贵航实业公司并未利用其优势地位进行干预和操纵，故吴甲、吴乙辩称贵航实业公司具有优势地位签订的合同导致显失公平的理由不能成立。（3）贵航实业公司的获利在主观上并无恶意，相反，吴甲、吴乙为达到给标的公司增资的目的，自愿承诺保障原告投资利益而后又以利益不均衡为由要求撤销承诺，其行为有违诚实信用原则。（4）除斥期间。根据《民法总则》第152条〔1〕，吴甲、吴乙提出撤销《未来收益承诺书》已超过除斥期间。综上所述，《未来收益承诺书》是真实意思表示，内容未违反《公司法》及其他法律法规的强制性规定，系有效法律行为。根据《未来收益承诺书》约定的预计净利润及对标的公司审计的实际净利润，吴甲、吴乙应支付贵航实业公司的利润差额为275万元。吴甲、吴乙的反诉请求应予驳回。

考点十一、公司解散和清算

核心考点：

1. 司法判决解散公司。在特定情形下，公司无法自行达成解散公司的决议，又不存在行政机关强制解散公司的事由，但是公司继续存续会使股东利益受到重大损失，通过其他途径又不能解决，此时，应当允许股东启动诉讼程序，请求法院判决解散公司。

关于司法判决解散公司，重要的考查角度有：

（1）条件。公司僵局，是指公司治理结构上的困难，包括公司股东僵局和董事僵局两种情形。这既是公司解散诉讼的立案受理条件，同时也是判决公司解散的实质审查条件。《公司法解释（二）》第1条，公司僵局具体包括：①公司持续两年以上无法召开股东会或者股东大会，公司经营管理发生严重困难的；②股东表决时无法达到法定或者公司章程规定的比例，持续两年以上不能做出有效的股东会或者股东大会决议，公司经营管理发生严重困难的；③公司董事长期冲突，且无法通过股东会或者股东大会解决，公司经营管理发生严重困难的；④经营管理发生其他严重困难，公司继续存续会使股东利益受到重大损失的情形。以下情形不属于"公司僵局"：①股东知情权、利润分配请求权等权益受到损害；②公司亏损、财产不足以偿还全部债务；③公司被吊销企业法人营业执照未进行清算。

（2）公司僵局的替代解决方案。对于公司僵局，应当首先寻求替代解决方案，避免公司解散的命运。对此《公司法解释（五）》第5条规定："人民法院审理涉及有限责任公司股东重大分歧案件时，应当注重调解。当事人协商一致以下列方式解决分歧，且不违反法律、行政法规的强制性规定的，人民法院应予支持：（一）公司回购部分股东股份；

---

〔1〕《民法总则》第152条："有下列情形之一的，撤销权消灭：（一）当事人自知道或者应当知道撤销事由之日起一年内、重大误解的当事人自知道或者应当知道撤销事由之日起三个月内没有行使撤销权；（二）当事人受胁迫，自胁迫行为终止之日起一年内没有行使撤销权；（三）当事人知道撤销事由后明确表示或者以自己的行为表明放弃撤销权。当事人自民事法律行为发生之日起五年内没有行使撤销权的，撤销权消灭。"

（二）其他股东受让部分股东股份；（三）他人受让部分股东股份；（四）公司减资；（五）公司分立；（六）其他能够解决分歧，恢复公司正常经营，避免公司解散的方式。"但须注意，替代解决方案的前提，一是当事人协商一致，二是不违反法律或行政法规的强制性规定。例如，公司回购股东股份的，应当及时注销该股份；公司分立的，应当公告债权人清偿债务等。若不能达成替代解决方案，法院仍应判决解散公司。

（3）程序性问题。①原告仅限于单独或者合计持有公司全部股东表决权 10%以上的股东。原告资格取决于原告股东的表决权比例，与其是否实际缴资并没有必然联系。②被告仅限于公司，其他股东可以共同原告或者第三人身份参加诉讼。③解散与清算程序相互独立。股东提起解散公司诉讼，同时又申请法院对公司进行清算的，法院对其提出的清算申请不予受理。④判决的效力。判决解散的，对公司全体股东具有法律约束力。判决驳回的，原告或者其他股东又以同一事实和理由提起解散公司诉讼的，不予受理。

2. 公司清算中的责任问题。关于这一问题，比较重要的考查角度有：

（1）"加速到期"的适用。公司解散时，股东尚未缴纳的出资均应作为清算财产。公司财产不足以清偿债务时，债权人有权主张未缴出资股东以及公司设立时的其他股东或者发起人在未缴出资范围内对公司债务承担连带清偿责任。

（2）清算组责任。清算组成员从事清算事务时，违反法律、行政法规或者公司章程给公司或者债权人造成损失，公司或者债权人有权主张其承担赔偿责任。公司不主张的，符合条件的股东可以依法提起股东代表诉讼。若公司已经清算完毕注销，符合条件的股东可以直接以清算组成员为被告、其他股东为第三人向人民法院提起诉讼。

（3）清算义务人责任。清算义务人（包括有限公司股东，股份公司董事和控股股东，以及所有公司的实际控制人，考试主要针对有限公司股东）怠于履行清算义务，导致公司主要财产、账册、重要文件等灭失，无法进行清算，债权人有权主张其对公司债务承担连带清偿责任。这是一种无限责任，其构成要件十分严格。①清算义务人有怠于履行清算义务的行为，即在法定清算事由出现后，在能够履行清算义务的情况下，因故意拖延、拒绝履行清算义务，或者因过失导致公司清算无法及时顺利进行的行为。股东能够证明其已经为履行清算义务作出了积极努力，未能履行清算义务是由于实际控制公司主要财产、账册、重要文件的股东的故意拖延、拒绝清算行为等客观原因所导致的，不能以其怠于履行清算义务为由，让其承担清算责任。②公司无法进行清算。主要包括以下两种情形：一是实际控制公司主要财产、账册、重要文件的股东怠于履行清算义务，导致其他股东无法履行清算义务；二是公司全部或部分股东怠于履行清算义务，导致人民法院指定的清算组或者在破产清算程序中指定的管理人因公司主要财产、账册、重要文件等灭失而终结清算程序。③因果关系（推定）。清算义务人能够证明其未能及时履行清算义务的行为与公司主要财产、账册、重要文件等灭失之间没有因果关系的，不应承担赔偿责任。

案例训练：

1. 公司处于盈利状态并非判断是否应该解散公司的必要条件

凯莱公司仅有戴某某与林某某两名股东，两人各占 50%的股份，凯莱公司章程规定"股东会的决议须经代表 1/2 以上表决权的股东通过"。2006 年起，林某某与戴某某两人之间的矛盾逐渐显现。从 2006 年 6 月 1 日至起诉时止，凯莱公司未召开过股东会，服装城管委会调解委员于 2009 年 12 月 15 日、16 日两次组织双方进行调解，但均未成功。林某某提起诉讼，请求解散凯莱公司。

法院生效裁判认为：首先，凯莱公司的经营管理已发生严重困难。"公司经营管理发生严重困难"的侧重点在于公司管理方面存有严重内部障碍，如股东会机制失灵、无法就公司的经营管理进行决策等，不应片面理解为公司资金缺乏、严重亏损等经营性困难。本案中，凯莱公司已持续4年未召开股东会，也就无法通过股东会决议的方式管理公司，股东会机制已经失灵，即使尚未处于亏损状况，也不能改变该公司的经营管理已发生严重困难的事实。其次，林某某的股东权长期处于无法行使的状态，其投资凯莱公司的目的无法实现，利益受到重大损失，且凯莱公司的僵局通过服装城管委会调解等其他途径长期无法解决，两审法院也积极进行调解，但均未成功。此外，林某某持有凯莱公司50%的股份，也符合《公司法》关于提起公司解散诉讼的股东须持有公司10%以上股份的条件。法院最终判决解散凯莱公司。（案例来源：最高人民法院指导案例第8号）

2. 公司僵局产生的原因和责任不影响法院判决解散公司

我们略去案件事实部分，直接看最高人民法院的分析：

（1）关于富钧公司是否经营管理发生严重困难。公司经营管理严重困难包括两种情况：一是公司权力运行发生严重困难，股东会、董事会等权力机构和管理机构无法正常运行，无法对公司的任何事项作出任何决议，即公司僵局情形；二是公司的业务经营发生严重困难，公司经营不善、严重亏损。如公司仅业务经营发生严重困难，不存在权力运行严重困难的，根据《公司法解释（二）》第1条第2款的规定，不符合解散公司条件。本案富钧公司为外资企业，董事会是公司最高权力机关，仕丰公司和永利公司均以委派董事的形式对富钧公司进行经营管理，即由董事会直接行使董事会和股东会的双重职能。自2005年4月起，永利公司和仕丰公司因富钧公司的厂房租赁交易、公司治理结构安排、专利权许可使用等问题发生了实质分歧，股东之间逐渐丧失了信任和合作基础。富钧公司董事会不仅长期处于无法召开的状态，而且在永利公司和仕丰公司各自律师的协调下召开的唯一一次临时董事会中，也因为双方股东存在重大分歧而无法按照章程规定的表决权比例要求形成董事会决议。富钧公司权力决策机制长期失灵，无法运行长达7年时间，属于《公司法解释（二）》第1款第（一）、（二）项规定的经营管理严重困难的公司僵局情形。

（2）关于公司解散是否应当考虑公司僵局产生的原因以及过错。公司能否解散取决于公司是否存在僵局，而不取决于公司僵局产生的原因和责任。即使一方股东对公司僵局的产生具有过错，其仍然有权依据该条规定，请求解散公司。至于仕丰公司委派的董事张某，是否存在违反董事竞业禁止义务的过错行为、应否承担赔偿富钧公司损失的民事责任，由富钧公司通过另案解决，与本案无涉。

（3）关于替代解决途径的可行性。公司僵局并不必然导致公司解散，司法应审慎介入公司事务，凡有其他途径能够维持公司存续的，不应轻易解散公司。然而本案经过一、二审法院多轮的调解，永利公司和仕丰公司始终不能就转让股权、公司回购或减资等维系富钧公司存续的解决方案达成合意。《公司法》没有确立解决公司僵局的其他替代性救济措施，现富钧公司的持续性僵局已经穷尽其他途径仍未能化解，如维系富钧公司，股东权益只会在僵持中逐渐耗竭。相较而言，解散富钧公司能为双方股东提供退出机制，避免股东利益受到不可挽回的重大损失。

综上所述，富钧公司经营管理发生严重困难，继续存续会使股东利益受到重大损失，通过其他途径不能解决，仕丰公司作为持有60%股份的股东，提出解散富钧公司的请求，应予准许。

3. 清算义务人责任

2007 年 6 月 28 日，存亮公司与拓恒公司建立钢材买卖合同关系。存亮公司履行了 7 095 006.6 元的供货义务，拓恒公司已付货款 5 699 778 元，尚欠货款 1 395 228.6 元。另，房某某、蒋某某和王某某为拓恒公司的股东，所占股份分别为 40%、30%、30%。拓恒公司因未进行年检，2008 年 12 月 25 日被工商部门吊销营业执照，至今股东未组织清算。现拓恒公司无办公经营地，账册及财产均下落不明。存亮公司诉请判令拓恒公司偿还货款 1 395 228.6 元及违约金，房某某、蒋某某和王某某对拓恒公司的债务承担连带清偿责任。

法院生效裁判认为：有限公司的全体股东，无论其持股多少，也无论其是否参与公司经营，在法律上都属于公司的清算义务人。房某某、蒋某某和王某某作为拓恒公司的股东，应在拓恒公司被吊销营业执照后及时组织清算。因其怠于履行清算义务，导致拓恒公司的主要财产、账册等均已灭失，无法进行清算，房某某、蒋某某和王某某应当对拓恒公司的债务承担连带清偿责任。另外，蒋某某、王某某委托律师进行清算的委托代理合同及律师的证明，仅能证明其欲对拓恒公司进行清算，但事实上并未进行清算，因此不能认定蒋某某、王某某依法履行了清算义务。法院最终判决三名股东对公司债务承担连带清偿责任。（案例来源：最高人民法院指导案例第 9 号）

考点十二、公司治理结构

核心考点：

1. 权力分配。正常情况下，公司会设立股东会、董事会和监事会。小型有限公司可以不设董事会而代之以执行董事，可以不设监事会而代之以一二名监事。三个法人机关分别行使重大事项决策权、经营决策权和监督权，同时允许公司章程作出具体的规定。在主观题考试中，这一问题通常以较为简单的形式出现。

2. 权力运行。所谓权力运行，涉及各种会议的程序问题。在主观题考试中，这一考点经常结合公司决议效力问题考查。其中，以下问题尤为重要：

（1）股东会。这里主要展开有限公司股东会的运行程序。①按照董事会（执行董事）—监事会（监事）—代表 1/10 以上表决权的股东的顺序行使召集权。要注意的是，是否召开股东会属于公司自治问题，如果股东起诉公司，诉请法院强制公司召开股东会，法院不予受理。②一般应在召开 15 日前通知全体股东，章程另有规定或全体股东另有约定的除外。③一般按认缴出资比例行使表决权，章程另有规定的除外。④特别决议事项须经代表 2/3 以上表决权的股东通过。

（2）董事会。①按照董事长—副董事长—半数以上董事共同推举的一名董事的顺序召集和主持董事会。②一人一票。③董事无因解除。公司与董事之间实为委托关系，公司有权依股东会决议无因解除董事职务，但应给予合理补偿。需要注意，职工董事不由股东决议任免，而由职工民主选举任免。④董事会有权决定聘任或者解聘公司经理及其报酬事项，并根据经理的提名决定聘任或者解聘公司副经理、财务负责人及其报酬事项。

（3）监事会。①如果公司设立监事会，则至少包含三分之一的职工代表。②监事不得兼任董事或者高管。

（4）表决权自主。对于公司议案，公司股东或者其派出董事有权独立进行判断，即便表决意见可能构成滥用股东权利损害公司利益，其后果应通过赔偿责任制度来进行规制，也不应在法律上强制公司股东或者其派出董事必须投赞同票或者反对票，否则就损害了公司股东或者其派出董事的独立表决权。

3. 公司决议效力。结合《公司法》和《公司法解释（四）》的规定，公司决议效力状态、诉讼程序以及后果问题，包含以下重要考查角度：

（1）决议有效。①如果公司决议内容和程序均不违反法律、行政法规或公司章程，或仅有轻微程序瑕疵且对决议没有产生实质性影响的，该决议有效。②确认公司决议有效之诉，法院是否受理？对此问题，理论上和实践中均有不同意见。[1] 本书认为，原则上法院不应受理确认公司决议有效之诉，但若该决议的执行遇到障碍，股东在起诉执行该决议的同时请求法院确认决议有效的，应予受理。

（2）决议不成立。这是指公司未形成团体意志，往往是存在特别严重的程序瑕疵，具体情形包括：①公司未召开会议的，但依据《公司法》或者公司章程规定可以不开会而直接作出决定，并由全体股东在决定文件上签名、盖章的除外；②会议未对决议事项进行表决的；③出席会议的人数或者股东所持表决权不符合《公司法》或者公司章程规定的；④会议的表决结果未达到《公司法》或者公司章程规定的通过比例的；⑤导致决议不成立的其他情形。从逻辑上讲，不成立的决议，无须再去判断是否有效。

（3）决议无效。①决议无效事由为内容上的严重瑕疵，即公司决议内容违反法律、行政法规。②确认不成立、无效诉讼，原告可以为股东、董事、监事等。③确认不成立、无效诉讼，原则上没有诉讼时效或者除斥期间的限制，但是基于诚实信用原则和商事效率原则，在决议作出之后过长时间再起诉的，法院可以不予支持。

（4）决议可撤销。①可撤销事由包括内容轻微瑕疵或程序严重瑕疵。在公司决议撤销纠纷中，法院应当审查会议召集程序、表决方式是否违反法律、行政法规或者公司章程，以及决议内容是否违反公司章程。在未违反上述规定的前提下，决议所依据的事实是否属实，理由是否成立，属于公司自治的范围，不属于司法审查内容。另外，如果决议程序瑕疵仅针对某特定股东（例如未及时通知该股东），该股东并未提出异议，其他股东不得提起撤销之诉。②会议召集程序或者表决方式仅有轻微瑕疵，且对决议未产生实质影响的，不予撤销。③撤销之诉的除斥期间为决议作出之日起60日内，该期间不可中断、中止或延长，也不是从股东知道或者应当知道之日起算。④原告仅限于公司股东，起诉时应具备股

[1] 例如，在黑龙江省高级人民法院（2019）黑民再90号民事裁定书中，检察院和法院的意见相左。黑龙江省人民检察院抗诉认为，本案原告请求确认印刷总厂第三届第五次临时股东大会决议及第四届第一次董事会决议有效，其请求不符合法律的相关规定，不属于法院的受案范围。但是黑龙江省人民法院则认为，关于本案是否归属人民法院受案范围问题：原告以印刷总厂为被告提起的请求确认公司决议效力纠纷一案，其性质属确认之诉。依民事诉讼法原理，确认之诉系指原告要求人民法院确认某一法律关系存在或不存在的诉，其即包括确认有关行为有效或者确认有关行为无效的诉。本案中，印刷总厂2015年4月18日第三届第五次股东大会及第四届第一次董事会决议作出后，印刷总厂认为上述决议无效，拒绝履行。双方之间对上述决议是否有效存在争议，原告提起诉讼请求确认决议有效，具有诉的利益，原审法院受理与法有据、并无不当。再如，在湖南省高级人民法院（2018）湘民申920号民事裁定书中，法院认为，根据《公司法》的规定，股东认为股东会议召集程序、表决方式违反法律、行政法规或者公司章程的，有权提起无效或撤销之诉，而《公司法》以及其他法律法规没有规定股东有权提出确认股东会决议有效之诉。在没有其他股东提起确认股东决议无效之诉请的情况下，人民法院不应通过国家强制力过分干预公司自治范畴内的事务。因此，原审认定李钊的起诉不属于人民法院的受案范围，驳回申请人的起诉并无不当。

东资格，但不要求表决时一定是股东，不受表决权之有无、会议出席情况、表决情况、持股比例等影响，若在诉讼中转让股权，则根据"当事人恒定和诉讼承继原则"处理。

（5）内外有别。①内部溯及力：公司决议被法院生效判决否认的，自始没有法律约束力。公司根据决议已办理变更登记的，应当向公司登记机关申请撤销变更登记。②对外无溯及力：公司依据该决议与善意相对人形成的民事法律关系不受影响。

案例训练：

1. 不得诉请强制股东或董事投赞成票或反对票

最高人民法院认为，《公司法》第 42 条规定："股东会会议由股东按照出资比例行使表决权；但是，公司章程另有规定的除外。"第 48 条规定："董事会的议事方式和表决程序，除本法有规定的外，由公司章程规定。董事会应当对所议事项的决定作成会议记录，出席会议的董事应当在会议记录上签名。董事会决议的表决，实行一人一票。"公司股东或者其派出董事依照公司章程或者《公司法》的规定享有参与重大决策并根据自己的意思表决的权利。对于公司议案，公司股东或者其派出董事有权独立进行判断，即便表决意见可能构成滥用股东权利损害公司利益，其后果应通过《公司法》第 20 条规定的股东赔偿责任制度来进行规制，也不应在法律上强制公司股东或者其派出董事必须投赞同票或者反对票，否则就损害了公司股东或者其派出董事的独立表决权。原审据此驳回南华公司要求人民法院判令佛燃公司在港华公司董事会或股东会上就同意提起仲裁事项必须投赞同票的诉讼请求，并无不妥。

2. 撤销公司决议之诉的审查标准

原告李某某系被告佳动力公司的股东，并担任董事兼总经理。2009 年 7 月 18 日，佳动力公司董事长葛某某召集并主持董事会，三位董事均出席，会议形成了"鉴于总经理李某某不经董事会同意私自动用公司资金在二级市场炒股，造成巨大损失，现免去其总经理职务，即日生效"等内容的决议。该决议由葛某某和另外一名董事签名，李某某未在该决议上签名。李某某提起诉讼，请求法院依法撤销该董事会决议。

法院生效裁判认为，在公司决议撤销纠纷中，法院应当依据《公司法》第 22 条第 2 款规定进行审查，即审查会议召集程序、表决方式是否违反法律、行政法规或者公司章程，以及决议内容是否违反公司章程。在未违反上述规定的前提下，解聘总经理职务的决议所依据的事实是否属实，理由是否成立，属于公司自治的范围，不属于司法审查内容。本案中，佳动力公司的董事会决议不存在会议召集程序、表决方式违反法律、行政法规或者公司章程的情形，决议的内容也不违反公司章程，因此不应予以撤销。法院最终判决驳回李某某的诉讼请求。（案例来源：最高人民法院指导案例第 10 号）

3. 撤销公司决议之诉的除斥期间

法院认为，本案再审争议焦点为案涉股东会决议是否符合撤销的相关规定；郭某某是否在法定期限内提起诉讼。（1）本案华夏物业股东会的召集程序不存在瑕疵。《公司法》规定有限责任公司"召开股东会会议，应当于会议召开 15 日前通知全体股东，但是，公司章程另有规定或者全体股东另有约定除外"。华夏物业的章程亦有同样的 15 天规定。鉴于华夏物业股东郭某某没有向华夏物业提供其改变后的送达地址及联系电话，华夏物业在以往事务中均无法联系到股东郭某某，而现有证据证实华夏物业于 2017 年 4 月 26 日通过 EMS 向公司章程载明的郭某某户籍地邮寄《召集股东会议通知》及电话联系等事实，故郭某某主张华夏物业股东会召集程序存在瑕疵，没有证据证实。同时，按照《公司法解释四》的规定，"股东请求撤销股东会或者股东大会、董事会决议，符合公司法第 22 条第二款规定的，人民法院应当予以支持，但会议召集程序或者表决方式仅有轻微瑕疵，且对决议未产生实质影响的，人民法院不予支持。"根据华夏物业章程规定，《公司法解释（四）》2017 年 5 月 12 日定期股东会决议各事项只需要有 1/2 以上股份表决权同意即可通过，事实上前述股东会决议各事项亦经东方公司与李庆生合计持有 55%股份同意通过，故即使郭某某参加股东会，也不能阻止股东会决议的通过。综上，该股东会的会议召集程序不存在瑕疵，撤销涉案股东会决议的事由不能成立。（2）郭某某起诉时距离股东会决议作出之日已超过 60 日，不属于在法定期限内提起诉讼。首先，股东诉请撤销公司决议属于形成之诉，撤销权作为形成权应当在决议作出之日起 60 日的除斥期间内行使，《公司法》对此有明确规定，该期间不得中止、中断与延长。其次，一、二审判决将《公司法》第 22 条理解为"知道或应当知道决议作出之日起 60 日"，超过了《公司法》相关规定的范畴。如果以"知道或应当知道决议作出之日起 60 日"作为决议撤销的除斥期间，会导致公司决议效力长期处于可能受挑战的状态，与《公司法》追求的宗旨不符。华夏物业 2017 年 5 月 12 日召开股东会并作出决议，而郭某某于同年 8 月 29 日才向一审法院提起撤销之诉，郭某某提起诉讼时已经超过法定期限。根据前述法律规定，人民法院对郭某某的起诉应不予受理，一、二审判决不当，应予纠正。裁定如下：撤销浙江省桐庐县人民法院（2017）浙 0122 民初 4785 号民事判决和杭州市中级人民法院（2018）浙 01 民终 1409 号民事判决；驳回郭某某的起诉。

4. 轻微瑕疵裁量驳回

北京市高级人民法院经审查认为，《公司法解释（四）》第 4 条规定："股东请求撤销股东会或者股东大会、董事会决议，符合公司法第 22 条第 2 款规定的，人民法院应当予以支持，但会议召集程序或者表决方式仅有轻微瑕疵，且对决议未产生实质影响的，人民法院不予支持。"本案中，根据华汽公司的章程规定，召开临时股东会应提前 15 天通知全体股东，而经查《关于召开临时股东会的通知》的快递提前 14 天到达股东马某的住处，确实存在瑕疵，但该瑕疵应属轻微瑕疵。根据马某的自述，马某也曾收到华汽公司的电话通知，通知其参加临时股东会，其没有参会的原因是本人没在北京。马某持有的股份为 30%，此次临时股东会决议经代表 70%表决权的股东思度公司同意，故马某未参会对决议未产生实质影响。华汽公司召开临时股东会修改股东出资时间并经代表 2/3 以上表决权的股东思度公司同意，且内容上并未违反法律的规定，也未超出股东会的职权。马某关于股东会决议程序存在违法的主张于法无据，不予采信。两审法院根据查明的事实并结合相应证据所做判决，并无不当。最终裁定驳回马某的再审申请。

考点十三、有限公司股东出资

核心考点：

1. 出资行为的本质。出资行为本质上是一种处分行为。这就使得股东出资问题与民法结合起来。

在主观题考试中，需要注意：（1）无权处分。若发生无权处分，则依民法规则处理。在公司为善意的情况下，可以由公司善意取得股东的出资财产，并视为股东履行了出资义务。股东和第三人的关系，依民法解决。公司善意的判断，依民法标准。唯须注意，若实施无权处分的股东为公司法定代表人或负责公司设立事务的重要人员，则其对无权处分的明知，视为公司的明知，公司不可能是善意，也不可能善意取得出资财产。（2）考虑到货币的特殊性，如果股东以贪污、受贿、侵占、挪用等违法犯罪所得的货币出资，则视为其履行了出资义务，公司取得货币所有权。将来对违法犯罪行为予以追究、处罚时，应当采取拍卖或者变卖的方式处置其股权。

2. 出资方式的多样性。包括货币、实物、知识产权、土地使用权等可以用货币估价并可以依法转让的非货币财产（如股权、债权、采矿权、净资产等），但不包括信用、劳务、姓名、商誉、特许经营权。

在主观题考试中，需要注意：（1）非货币财产出资，其条件是"可以用货币估价并可以依法转让"。（2）股权出资，本质上是股权转让需要同时符合四个条件：①出资的股权由出资人合法持有并依法可以转让；②出资的股权无权利瑕疵或者权利负担；③出资人已履行关于股权转让的法定手续；④出资的股权已依法进行了价值评估。（3）债权出资，本质上是债权让与，如果股东用其对公司的债权出资，就是通常所说的"债转股"。

3. 出资期限的灵活性。原则上，股东根据章程规定的期限缴资，也就是说，实行注册资本认缴登记制，但法定实行注册资本实缴登记制的少数特殊行业除外。

在主观题考试中，需要注意：

（1）加速到期问题。所谓加速到期问题，就是在股东出资期限未届而公司不能清偿到期债务时，债权人是否有权要求股东在未出资范围内对公司不能清偿的债务承担补充赔偿责任的问题。在注册资本认缴制下，股东依法享有期限利益。债权人以公司不能清偿到期债务为由，请求未届出资期限的股东在未出资范围内对公司不能清偿的债务承担补充赔偿责任的，法院一般不予支持。但是，下列情形除外：①公司作为被执行人的案件，法院穷尽执行措施无财产可供执行，已具备破产原因，但不申请破产的；②在公司债务产生后，公司股东（大）会决议或以其他方式延长股东出资期限的。另外，根据《公司法》和《企业破产法》的规定，当公司进入解散清算程序或者法院受理公司破产申请的，也适用加速到期。

（2）出资期限的变更。公司成立时，股东认缴资本的出资期限由全体股东在公司章程中约定。该约定并非一成不变，公司可以通过召开股东大会，修改公司章程，重新确定出资期限。但是有两点限制：①股东不得恶意延长出资期限以逃避履行出资义务。②将出资期限提前，原则上需要全体股东一致同意，且具备正当理由。若控股股东滥用股权，强行通过股东会决议修改章程，将出资期限提前，损害其他股东利益，该股东会决议应认定为无效。

4. 违反出资义务的后果。股东违反出资义务，是指未依章程规定按期足额缴纳出资，这种行为对其他股东、对公司和对债权人都会产生不利影响，因此，其法律后果应分别从不同的角度分析。

就主观题考试而言，需要注意：（1）股东资格：原则上不受影响，但完全未履行出资义务的股东经公司催告在合理期间内仍未缴纳的，股东会可以决议解除该其股东资格。（2）对其他股东：向其他完全履行了出资义务的股东承担违约责任。若全体股东均存在违反出资义务的情况，则相互之间仍然要承担违约责任。（3）对公司：公司或其他股东可以请求其向公司履行出资义务，不受诉讼时效限制。需要注意，其他股东也有权直接起诉，要求股东缴资。（4）对债权人：在未出资本息范围内对公司债务不能清偿的部分承担补充赔偿责任，只要债权人的债权未过诉讼时效即可。此种补充赔偿责任，可以不经诉讼程序，直接在执行程序中主张，也就是说，作为被执行人的公司，其财产不足以清偿生效法律文书确定的债务，申请执行人申请变更、追加未缴纳或未足额缴纳出资的股东、出资人或依《公司法》规定对该出资承担连带责任的发起人为被执行人，在尚未缴纳出资的范围内依法承担责任的，法院应予支持。关于期限问题，请参阅前文关于加速到期的论述。（5）股权限制：公司根据公司章程或股东会决议，可对其新股优先认购权、剩余财产分配请求权、利润分配请求权等股东权利作出相应的合理限制。（6）其他发起人：就上述（3）和（4）承担连带责任，并有权向未履行出资义务的股东追偿。（7）受让股东：股东未履行或者未全面履行出资义务即转让股权，受让人对此知道或者应当知道的，受让人和该股东向公司和债权人承担连带责任。

此外，还有一种违反出资义务的行为叫非货币财产出资不实，此时应当由交付该出资的股东补足其差额；公司设立时的其他股东承担连带责任。但是出资人以符合法定条件的非货币财产出资后，因市场变化或者其他客观因素导致出资财产贬值，公司、其他股东或者公司债权人请求该出资人承担补足出资责任的，不予支持。

5. 抽逃出资。抽逃出资和违反出资义务，在本质上是相同的，因此责任也相近。在主观题考试中，需要注意：（1）抽逃出资的认定。抽逃出资是指未经法定程序将其出资全部或者部分抽回的行为，典型的包括制作虚假财务会计报表虚增利润进行分配、通过虚构债权债务关系将其出资转出、利用关联交易将出资转出等。（2）抽逃出资的法律后果。向公司返还本息，向债权人承担补充赔偿责任；协助抽逃出资的其他股东、董事、高级管理人员、实际控制人或者其他共同侵权人承担连带责任。抽逃全部出资，经催告后在合理期限内未返还，有限公司股东会可决议解除其股东资格。

案例训练：

1. 违反出资义务的责任

五洲证券拟增加注册资本。2003 年，经证监会核准，包括前锋公司在内的 11 家单位被核准了五洲证券的股东资格及出资额，其中核准新增加股东前锋公司的出资额为人民币 8700 万元。2004 年 2 月，五洲证券因增资扩股需要，分别开设广发福田 026 户、深布吉 2501 户两个银行账户，用于收取新增股东出资款。其中，前锋公司在 2004 年 3 月 3 日和 2004 年 3 月 5 日分别汇入广发福田 026 户 770 万元和 7930 万元，共计 8700 万元。随后该资金同广发福田 026 户的其他资金于 2004 年 3 月 5 日流出广发福田 026 户。截至 2004 年 3 月 16 日（验资日）止，广发福田 026 户和深布吉 2501 户两个账户的资金余额均为零。另经对增资过程进行调查发现，包括前锋公司在内的 8 家新增股东的应缴出资款，均是利用金正科技公司等 6 人的共计 1 亿元的资金，在验资期间由五洲证券与银行配合，通过复杂的金融手段频繁划转资金虚构而来。且上述资金最终于 2004 年 3 月 16 日（验资日）返还给金正科技公司等。因此包括前锋公司在内的 8 家新增股东在五洲证券的增资过程中，没有如实缴付出资款，构成了虚假出资。

因严重违法经营，五洲证券被责令关闭。2005 年 6 月 17 日，中国证监会委托清算组对五洲证券进行行政清算。2006 年 9 月 4 日，法院裁定宣告五洲证券破产还债。2009 年 1 月 12 日，法院指定五洲证券破产清算组为五洲证券破产管理人。

2010 年 12 月 27 日，五洲证券以前锋公司没有如实缴纳出资款，构成虚假出资为由提起诉讼，请求判定前锋公司履行 8700 万元的出资义务及支付相应利息并承担本案全部诉讼费用。

前锋公司辩称：（1）前锋公司已经履行了 8700 万元的出资义务，并提交了银行转款凭证及验资确认报告；（2）前锋公司是名义股东，代替山东鑫融公司出资于五洲证券；（3）本案已经超过诉讼时效。

法院认为，首先，前锋公司未履行出资义务。无论是发起人还是增资中的股东，均应根据公司章程规定按期足额履行出资义务。当双方当事人对于股东是否履行出资义务产生合理怀疑时，应由股东对其出资义务的履行承担举证责任。本案中，前锋公司虽称其已足额缴纳了向五洲证券的出资 8700 万元，并提交了银行转款凭证及验资确认报告，用以证明其主张的事实成立。但是，根据河南证监局作出的豫证监发（2005）153 号调查报告和北京中兴宇会计师事务所有限责任公司出具的审计报告，可以明确，包括前锋公司在内的 8 家新增股东在五洲证券的增资过程中，没有如实缴付出资款。其次，前锋公司辩称其仅为名义股东，但参照《公司法解释（三）》第 26 条规定："公司债权人以登记于公司登记机关的股东未履行出资义务为由，请求其对公司债务不能清偿的部分在未出资本息范围内承担补充赔偿责任，股东以其仅为名义股东而非实际出资人为由进行抗辩的，人民法院不予支持。名义股东根据前款规定承担赔偿责任后，向实际出资人追偿的，人民法院应予支持。"故即使前锋公司为五洲证券名义股东，与山东鑫融公司有股权代持的约定，但该约定也仅在定约人之间产生效力，不能对抗公司，即不能成为其不履行出资义务的理由，仍应按照公司章程的规定向五洲证券依法全面履行出资义务。最后，前锋公司辩称本案已经超过诉讼时效，但是根据《公司法解释（三）》第 19 条第 1 款规定，公司股东未履行或者未全面履行出资义务或者抽逃出资，公司或者其他股东请求其向公司全面履行出资义务或者返还出资，被告股东以诉讼时效为由进行抗辩的，人民法院不予支持，前锋公司的抗辩理由不能成立。综上所述，前锋公司未履行出资义务，且抗辩理由不能成立，法院应判决其向五洲证券履行出资义务并承担相应的利息。

2. 加速到期的适用条件

金穗种子公司股东为赵某、郑某、李某，分别认缴出资 300 万元、100 万元、100 万元，实缴出资分别为 30 万元、10 万元、10 万元，其余缴资期限为 2035 年 12 月 31 日。2018 年 8 月 23 日，赵某将其在公司全部股权 300 万元无偿转让给郑某。2019 年 4 月 29 日，李某将其在公司全部股权无偿转让给郑某。至本案审理期间，郑某尚未实缴出资为 450 万元。

因金穗种子公司侵犯鲁研种业公司植物新品种权，法院于 2018 年 5 月 16 日终审判决前者赔偿后者损失 30 万元。2018 年 10 月 10 日，法院接受鲁研种业公司申请，以（2018）皖 01 执 950 号对上述案件立案执行。在执行程序中，因金穗种子公司无力清偿，法院根据鲁研种业公司的申请，追加郑某、李某、赵某为被执行人，郑某、李某、赵某提出执行异议被驳回，遂提出执行异议之诉。

法院认为，在注册资本认缴制下，股东依法享有期限利益。债权人以公司不能清偿到期债务为由，请求未届出资期限的股东在未出资范围内对公司不能清偿的债务承担补充赔偿责任的，人民法院不予支持，但在公司作为被执行人的案件，人民法院穷尽执行措施无财产可供执行，已具备破产原因，且不申请破产的除外。经查，法院在（2018）皖 01 执

950 号执行案件的执行过程中，对被执行人金穗种子公司的财产信息进行查询，均未发现可供执行的财产。此外，也没有证据证明金穗种子公司已经申请破产。故原审法院在执行中，根据《最高人民法院关于民事执行中变更、追加当事人若干问题的规定》第 17 条、第 19 条规定〔1〕，裁定追加郑某、李某、赵某为被执行人，分别在尚未缴纳出资范围内向鲁研种业公司清偿债务，并无不当。

3. 增资瑕疵中原股东的责任

2014 年 2 月 12 日，甲公司、乙公司、丙公司召开 B 公司股东会，同意由乙公司增资 B 公司，乙公司以其持有的 C 公司 100% 股权对 B 公司进行增资。根据股东会决议，甲公司、乙公司、丙公司签订增资协议书，约定：本次增资额全部由 B 公司现股东乙公司认缴，缴资方式为乙公司持有的 C 公司 100% 股权，评估值 9 亿元（假定 C 公司名下资产的抵押、查封、冻结已经全部解除），本协议签订之日起 3 日内，乙公司将持有的 C 公司 100% 股权过户到 B 公司名下，过户后 30 日内，乙公司将 C 公司名下被抵押、查封、冻结的资产全部解除抵押、查封、冻结。2014 年 3 月 4 日，C 公司股东由乙公司变更为 B 公司，B 公司也完成了增资的变更登记。但截至马某起诉之日，C 公司名下尚有至少 2 亿元房产设定抵押且未解除抵押。

2014 年 5 月 23 日，马某向 A 公司出借 1500 万元，约定月利息 3%，B 公司承担连带保证责任。经马某和 A 公司对账确认，A 公司已按约定向马某偿还截至 2014 年 8 月 31 日的利息，借款本金 1500 万元以及其余利息未予归还。现马某起诉，要求 A 公司偿还借款本金及剩余利息，B 公司承担连带保证责任，乙公司在未全面履行出资义务范围内对 B 公司债务不能清偿的部分承担补充赔偿责任，甲公司、丙公司与乙公司承担连带责任。

法院认为：

(1) 关于借款利息的计算。对 A 公司已偿还马某的利息，应按照年利率 36% 予以计算，双方已经确认。A 公司应自 2014 年 8 月 31 日（含该日）起至本息清偿之日止，以 1500 万元为本金，按照年利率 24% 计算，向马某承担给付逾期利息的法律责任。

(2) 关于 B 公司的保证责任。关于 B 公司辩称案涉借款的担保未经董事会合法决议、不应承担保证责任的问题。本院认为，该保证合同上加盖 B 公司公章，马某已经对 B 公司董事会决议尽到审查义务，对其中的签名真假无法识别，属于善意相对人，因此该保证合同有效，B 公司应当承担连带责任。

(3) 关于乙公司的补充赔偿责任。乙公司以其对 C 公司 100% 股权增资时，C 公司尚有大量房产设定抵押且未解除，使得 C 公司股权价值与评估价值差额巨大，存在瑕疵，根据《公司法解释（三）》第 11 条第 1 款〔2〕，可以认定乙公司未全面履行对 B 公司的增资义

---

〔1〕《最高人民法院关于民事执行中变更、追加当事人若干问题的规定》第 17 条："作为被执行人的企业法人，财产不足以清偿生效法律文书确定的债务，申请执行人申请变更、追加未缴纳或未足额缴纳出资的股东、出资人或依公司法规定对该出资承担连带责任的发起人为被执行人，在尚未缴纳出资的范围内依法承担责任的，人民法院应予支持。"第 19 条："作为被执行人的公司，财产不足以清偿生效法律文书确定的债务，其股东未依法履行出资义务即转让股权，申请执行人申请变更、追加该原股东或依公司法规定对该出资承担连带责任的发起人为被执行人，在未依法出资的范围内承担责任的，人民法院应予支持。"

〔2〕《公司法解释（三）》第 11 条第 1 款："出资人以其他公司股权出资，符合下列条件的，人民法院应当认定出资人已履行出资义务：（一）出资的股权由出资人合法持有并依法可以转让；（二）出资的股权无权利瑕疵或者权利负担；（三）出资人已履行关于股权转让的法定手续；（四）出资的股权已依法进行了价值评估。"

务，应当对 B 公司的债权人在出资瑕疵范围内承担补充赔偿责任。

（4）关于甲公司、丙公司是否应当与乙公司承担连带责任。《公司法解释（三）》第13 条[1] 对瑕疵出资的具体情形，责任承担主体及责任承担方式，均有具体、清晰、明确的规定。从法律解释上看，一方面，公司增资时，向股东催收资本属于董事、高级管理人员勤勉义务的范围，其未履行该义务会对公司及其他利益相关者的利益产生影响，故董事、高级管理人员应当向相关权利主体承担责任。另一方面，其他股东与增资股东、发起人的责任范围不同，其他股东未与公司形成增资协议关系，无出资义务；与增资股东之间无合伙关系，不承担彼此担保出资的义务，不能得出其他股东对瑕疵增资承担连带责任的结论。因此，甲公司和丙公司对乙公司增资瑕疵不承担连带责任。

4. 瑕疵股权受让人的责任

金钜公司注册资本 500 万元，原股东甲、乙、丙于 2006 年 10 月 13 日分别将出资 200万元、200 万元和 100 万元存入银行账户，某会计师事务所出具验资报告；2006 年 10 月 25日，金钜公司设立；2006 年 11 月 21 日，金钜公司即通过其账户分别向秋实经营部（由甲经营）和民富公司（由乙控股）账户各汇入 200 万元。丙对此知情但表示反对，金钜公司、秋实经营部、民富公司均不能对上述款项提供合理解释。甲、乙是姐弟关系，赖某是甲的丈夫。2015 年，甲、乙将其在金钜公司共计 80% 的股权全部转让给赖某，并办理了变更登记。但是没有证据显示转让价款多少，也没有证据显示赖某实际支付了转让价款。因金钜公司无力清偿对债权人丁的债务，法院根据丁的申请，追加甲、乙以及赖某为被执行人，赖某提出执行异议被驳回，赖某提起执行异议之诉。

法院认为：（1）甲、乙的行为构成抽逃出资，数额分别为 200 万元和 200 万元；（2）丙已经履行出资义务，且未协助甲、乙抽逃出资；（3）基于赖某与甲、乙的人身关系以及未实际支付股权转让款的事实，可以认定赖某对甲、乙抽逃出资的事实是明知的。抽逃出资与未履行出资义务本质上并无不同，参照《公司法解释（三）》第 14 条第 2 款[2]、第18 条第 1 款[3]，甲、乙、赖某应当在抽逃出资本息即 400 万元本息范围内对金钜公司的债权人承担补充赔偿责任，执行法院的裁定并无不当，赖某的诉讼请求应予驳回。

---

[1]《公司法解释（三）》第 13 条："股东未履行或者未全面履行出资义务，公司或者其他股东请求其向公司依法全面履行出资义务的，人民法院应予支持。""公司债权人请求未履行或者未全面履行出资义务的股东在未出资本息范围内对公司债务不能清偿的部分承担补充赔偿责任的，人民法院应予支持；未履行或者未全面履行出资义务的股东已经承担上述责任，其他债权人提出相同请求的，人民法院不予支持。""股东在公司设立时未履行或者未全面履行出资义务，依照本条第 1 款或者第 2 款提起诉讼的原告，请求公司的发起人与被告股东承担连带责任的，人民法院应予支持；公司的发起人承担责任后，可以向被告股东追偿。""股东在公司增资时未履行或者未全面履行出资义务，依照本条第 1 款或者第 2 款提起诉讼的原告，请求未尽公司法第 147 条第一款规定的义务而使出资未缴足的董事、高级管理人员承担相应责任的，人民法院应予支持；董事、高级管理人员承担责任后，可以向被告股东追偿。"

[2]《公司法解释（三）》第 14 条第 2 款："公司债权人请求抽逃出资的股东在抽逃出资本息范围内对公司债务不能清偿的部分承担补充赔偿责任、协助抽逃出资的其他股东、董事、高级管理人员或者实际控制人对此承担连带责任的，人民法院应予支持；抽逃出资的股东已经承担上述责任，其他债权人提出相同请求的，人民法院不予支持。"

[3]《公司法解释（三）》第 18 条第 1 款："有限责任公司的股东未履行或者未全面履行出资义务即转让股权，受让人对此知道或者应当知道，公司请求该股东履行出资义务、受让人对此承担连带责任的，人民法院应予支持；公司债权人依照本规定第 13 条第 2 款向该股东提起诉讼，同时请求前述受让人对此承担连带责任的，人民法院应予支持。"

考点十四、有限公司股权转让

核心考点：

1. 基于股东意愿的转让。有限公司是人合为主兼资合的公司，其人合性，集中体现于股权转让，尤其是基于股东意愿的股权转让。

就股东之间的转让而言，除章程另有规定以外，不需要经其他股东同意，其他股东也不享有优先购买权。

就股东对外转让股权而言，可以考查的角度比较多，尤其是其他股东的优先购买权问题，分述如下：

（1）优先购买权的适用范围。有限公司股东之间转让股权，或者自然人股东因继承发生变化时，其他股东不享有优先购买权，但公司章程另有规定或者全体股东另有约定的除外。另外，优先购买权不得部分行使。

（2）同等条件的含义。"同等条件"，应当考虑转让股权的数量、价格、支付方式及期限等因素。转让方与受让方之间的人身关系，不属于"同等条件"。

（3）行使期限。优先购买权产生于其他股东收到股权转让条件通知之日，并且应当在特定期限内行使。期限由章程规定，章程没有规定行使期间或规定不明确的，以通知确定的期间为准，通知确定的期间短于30日或者未明确行使期间的，行使期间为30日。超过这一期限主张行使优先购买权的，不应支持。

（4）拟转让股东的反悔权。在其他股东主张优先购买后，拟转让股东有权放弃转让，但公司章程另有规定或者全体股东另有约定的除外。其他股东主张转让股东赔偿其损失合理的，应予支持。

（5）损害优先购买权的法律后果。转让股东未就其股权转让事项征求其他股东意见，或者以欺诈、恶意串通等手段，损害其他股东优先购买权，其他股东有权主张按照同等条件购买该转让股权，但其他股东自知道或者应当知道行使优先购买权的同等条件之日起30日内没有主张，或者自股权变更登记之日起超过1年的除外。

（6）损害优先购买权的股权转让合同效力。不应仅仅因为损害股东优先购买权认定合同无效、撤销合同。股东以外的股权受让人，因股东行使优先购买权而不能实现合同目的的，可以依法请求转让股东承担相应民事责任。但是，若存在民法上的合同无效事由，如通谋虚伪行为、恶意串通损害第三人利益的，应认定合同无效。

（7）股权变动。当事人之间转让有限责任公司股权，受让人以其姓名或者名称已记载于股东名册为由主张其已经取得股权的，法院依法予以支持，但法律、行政法规规定应当办理批准手续生效的股权转让除外。未向公司登记机关办理股权变更登记的，不得对抗善意相对人。

2. 股权强制执行。为兼顾人合性和强制执行程序的效率，《公司法》规定，法院依照法强制执行程序转让股东的股权时，应当通知公司及全体股东，其他股东在同等条件下有优先购买权。自法院通知之日起满20日不行使的视为放弃。

3. 股权回购。在例外情形下，有限公司人合性遭到严重破坏，应当允许股东退出，即请求公司以合理的价格收购自己的股权。

在主观题考试中，以下角度比较重要：

（1）股权回购的条件。首先，《公司法》赋予股东在三种情形下享有股权回购请求权：公司连续5年不向股东分配利润，而该5年连续盈利，并符合法定的分配利润条件的；公司合并、分立、转让主要财产的；公司章程规定的营业期限届满或公司章程规定的其他解散事由出现，股东会会议通过决议修改公司章程使公司存续的。符合任一条件即可。其次，《公司法》并不禁止公司章程规定其他的股权回购条件。

（2）股权回购的主体。享有股权回购请求权的，仅限于对股东会该项决议投反对票的股东（解释上还包括非因本人原因而未能出席股东会的异议股东）。股权回购请求权的对象，仅限于公司，而不包括其他股东。

（3）善后问题。股权回购之后，公司将会持有自己的股权、成为自己的股东，这与资本维持原则相悖。因此，公司应该尽快通过股权转让或者依法减资等方式处分其持有的自己的股权。

案例训练：

1. 公司为股东之间转让股权提供担保的效力

案例一：洪雄公司注册资本2000万元，洪波公司出资20%，杨建雄出资80%。2015年1月26日，洪波公司、杨建雄和洪雄公司签订《股权转让协议》，约定：洪波公司将其全部股权转让给杨建雄，作价2680万元，由洪雄公司对杨建雄支付股权转让款的债务承担连带保证责任。协议签订后，洪波公司根据杨建雄的指示，将10%股权过户至杨建雄名下，将另外10%股权过户至杨建雄女儿杨丽名下，但是杨建雄仅支付了1340万元股权转让款。现洪波公司起诉，要求杨建雄支付剩余1340万元股权转让款及利息，洪雄公司承担连带责任。

法院认为，《公司法》第16条第2、3款规定："公司为公司股东或者实际控制人提供担保的，必须经股东会或者股东大会决议。前款规定的股东或者受前款规定的实际控制人支配的股东，不得参加前款规定事项的表决。该项表决由出席会议的其他股东所持表决权的过半数通过。"该法条立法目的系为了防止大股东、公司实际控制人、高级管理人损害公司中小股东利益。本案《股权转让协议》签订之时，洪雄公司虽然未召开股东会，但是股东仅有杨建雄与洪波公司，且两股东均为《股权转让协议》当事人，故不存在损害其他股东利益的情形。另外，本案《股权转让协议》约定支付股权转让款义务的系杨建雄，洪雄公司承担担保责任属于或然债务，并不必然发生。即使洪雄公司承担了担保责任，也有权向杨建雄追偿，并不会导致洪雄公司财产的必然减少。因此，不应认定《股权转让协议》无效。

案例二：凯升辉公司与股东甲、乙、丙、丁签订股权转让协议，约定甲、乙将全部股权转让给丙、丁，凯升辉公司为股权转让款承担连带保证责任。后因丙、丁不能支付股权转让款，甲、乙起诉、丙、丁与凯升辉公司，要求三被告连带支付股权转让款及利息。

法院认为，公司资产是为公司所有债权人债权的一般担保，《公司法》规定股东必须向公司缴纳其认缴的注册资本金数额，公司必须在公司登记机关将公司注册资本金及股东认缴情况公示，在未经公司注册资本金变动及公示程序的情形下，股东不得以任何形式用公司资产清偿其债务，这将构成实质上的返还其投资。《公司法》第35条规定："公司成立后，股东不得抽逃出资。"本案所涉股权转让协议约定股东之间股权转让付款由凯升辉公司提供担保，即意味着在受让方不能支付股权转让款的情形下，凯升辉公司应向出让股东支付转让款，实际导致股东以股权转让的方式从公司抽回出资的后果。因此，本院认为，本案凯升辉公司不应对股权受让方丙、丁的付款义务承担连带清偿责任。

评析：关于这一问题，《九民纪要（征求意见稿）》曾有规定："有限责任公司的股东之间相互转让股权，公司与转让股东签订协议，承诺对股权转让款支付承担担保责任，公司根据《公司法》第16条的有关规定履行了决议程序，如无其他影响合同效力的事由的，应当认定担保合同有效。但是，如果直接约定由公司代替受让股东，向转让股东支付价款，则该约定损害了公司和债权人的利益，应为无效。"但是在后来正式发布的《九民纪要》中被删除，这说明争议较大。但是，本书认为，公司为股东提供担保，并不为《公司法》所禁止，只是程序要求更加严格，以免损害股东利益。至于股东债务产生的原因是什么，不应该影响担保行为的效力，因此赞成《九民纪要（征求意见稿）》的规定。

2. 人走股留条款的效力

西安市华华餐饮有限责任公司（以下简称华华公司）成立于1990年4月5日。2004年5月，华华公司由国有企业改制为有限责任公司，宋某系华华公司员工，出资2万元成为华华公司的自然人股东。

华华公司章程第三章"注册资本和股份"第14条规定"持股人若辞职、调离或被辞退、解除劳动合同的，人走股留，所持股份由企业收购……"，第13章"股东认为需要规定的其他事项"下第66条规定"本章程由全体股东共同认可，自公司设立之日起生效"。该公司章程经华华公司全体股东签名通过。

2006年6月3日，宋某向公司提出解除劳动合同，并申请退出其所持有的公司的2万元股份。2006年8月28日，经华华公司法定代表人赵某同意，宋某领到退出股金款2万元整。2007年1月8日，华华公司召开2006年度股东大会，大会应到股东107人，实到股东104人，代表股权占公司股份总数的93%，会议审议通过了宋某等三位股东退股的申请并决议"其股份暂由公司收购保管，不得参与红利分配"。

后宋某以华华公司章程中股权回购条款违反《公司法》第74条规定，华华公司回购宋某股权的行为违反了《公司法》第35条规定，请求依法确认其具有华华公司的股东资格。华华公司辩称，公司章程关于"人走股留"的规定合法有效，公司回购股权是双方真实意思表示，不属于抽逃出资行为，请求法院判决驳回宋某诉讼请求。法院判决驳回原告诉讼请求。（案例来源：最高人民法院指导案例第96号）

3. 恶意串通的股权转让合同无效

泰伯公司于2003年4月7日登记设立，注册资本118万元，设立发起人为吴甲、吴乙、吴丙，其中股东吴甲出资41.3万元，吴乙出资70.8万元，吴丙出资5.9万元，三人股权份额分别为35%、60%、5%，法定代表人为吴甲。

2012年2月1日，吴乙向吴甲发出《股权转让通知书》1份，其中载明：本人自愿转让在泰伯公司的1%的股份所有权（其余59%股权仍由本人保留），转让价为人民币15万元整。你有优先购买权，是否同意购买或者同意向他人转让，请在接到本通知之日起30日内书面答复本人，商定转让事宜。逾期将视为同意向他人转让。2012年2月27日，吴甲针对上述通知书回函吴乙表示同意。

2012年3月10日，吴乙与吴丁签订股权转让协议一，将1%股权转让给吴丁，作价15万元。后吴丁支付了价款，泰伯公司办理了工商变更登记。2012年10月29日，吴乙与吴丁签订股权转让协议二，将59%股权转让给吴丁，作价62万元。吴丁支付了价款，泰伯公

司办理了工商变更登记。,

现吴甲起诉，请求确认吴乙与吴丁于 2012 年 3 月 10 日及 2012 年 10 月 29 日签订的两份股权转让协议无效。

一审法院认为，民事活动应当遵循诚实信用的原则，民事主体依法行使权利，不得恶意规避法律，侵犯第三人利益。吴乙与吴丁之间的两份股权转让协议，虽然形式合法，但实质上系规避《公司法》关于股东优先购买权制度的规定，且实际导致吴甲在同等条件下的优先购买权落空，该行为系以合法形式掩盖非法目的，根据《合同法》第 52 条第（三）项[1]、《公司法》第 71 条，当属无效。

二审法院认为，吴乙与吴丁之间的两份股权转让协议均有效。理由为：首先，股东的优先购买权是为了保证有限责任公司的人合性，而对股东对外转让股权所作的限制，但该权利并不优于股东对所持股权的自由处分，在不违反《公司法》关于优先购买权的规定的情形下，股东可以向其他股东以外的第三人转让股权。吴乙作为泰伯公司的股东，对其持有的股权有完全的排他的权利，在不违反股东优先购买权的情况下，可以自主决定对外转让股权的对象、价款。上述两份股权转让协议形式上符合《公司法》关于对外转让股权的规定。其次，关于该两份协议是否存在以合法的形式掩盖非法目的的情形。两份股权转让协议均未违反《公司法》关于股东优先购买权的规定，吴乙在遵循公司法规定的情形下，自主处分所持股权，如果法院认定该行为存在非法目的，是在牺牲转让股东财产自由处分权的前提下过分保护其他股东的优先购买权，系司法对股东意思自治的过分干涉。再次，吴乙与吴丁所签订的股权转让协议具有独立性，吴甲作为签订股权转让协议之外的第三人无权主张该两份协议无效，如果其认为该两份协议侵犯了其优先购买权，可以主张撤销该两份协议并在同等条件下受让股权。

再审法院认为，涉案两份股权转让协议存在合同法第 52 条第（二）项规定的恶意串通损害第三人利益的情形，属于无效协议。吴乙和吴丁在 7 个月的时间内以极其悬殊的价格前后两次转让股权，其目的在于规避《公司法》关于其他股东优先购买权的规定，从而导致吴甲无法实际享有在同等条件下的优先购买权，严重损害吴甲的利益。如果认可上述行为的合法性，《公司法》关于股东优先购买权的立法目的将会落空。因此，应当认定案涉两份股权转让协议无效。

考点十五、股份公司

核心考点：

在法考以及司考历史上，案例分析题还没有专门考查过股份公司的知识点。本书认为，股份公司的组织机构、股份转让与质押等问题，在主观题考试中，具有理论上的可考性。具体内容，考生可以查阅《公司法》第 98-124 条，137-145 条。这里不作展开。

---

[1]《合同法》第 52 条："有下列情形之一的，合同无效：（一）一方以欺诈、胁迫的手段订立合同，损害国家利益；（二）恶意串通，损害国家、集体或者第三人利益；（三）以合法形式掩盖非法目的；（四）损害社会公共利益；（五）违反法律、行政法规的强制性规定。"

案例训练：

1. 股份质押的限制性规则

运城农商行（股份公司）在稠州银行开设同业存款账户，存放同业资金，稠州银行按照运城农商行的指令，自己作为委托人，与方正证券签订《定向资产管理合同》。方正证券按照稠州银行的指令，作为《定向资产管理合同》的管理人，以运城农商行6亿元委托资金作为委托财产，与中航信托公司签订案涉托信托贷款合同。中航信托公司基于取得的信托财产借贷给本案借款人博鸣公司、凯达公司等。博鸣公司、凯达公司以其持有的运城农商行股份提供质押担保。该股份质押是否有效？

一审法院认为，本案形式上是凯达公司和博鸣公司向中航信托公司贷款，并以自己所持有的运城农商行股份向中航信托公司提供质押担保，其实质为运城农商行将资金贷给其公司股东，其股东以所持运城农商行的股权作为质押，中航信托公司明知实际委托人为运城农商行，仍接受运城农商行的股权质押向其股东发放贷款，其与凯达公司、博鸣公司签订的《股权质押合同》虽然办理了股权出质登记，但因案涉股权质押违反《公司法》第142条第5款"公司不得接受本公司的股票作为质押权的标的"的规定而无效。

二审法院认为，基于《信托法》原理，该6亿元委托资金已经作为信托财产，既区别于中航信托公司自己的固定财产，也区别于运城农商行的未设立信托的其他财产，其控制、管理和处分的相关所有权均归中航信托公司所享有，质押担保的保证对象是上述案涉的独立存在的信托财产权益，而不是运城农商行基于信托合同关系获得的信托受益权。因此，本案案涉的股权质权人为中航信托公司，而非运城农商行，本案股权质押并未违反《公司法》第142条第5款规定，应认定为合法有效。

2. 股份公司的股东不享有优先购买权

我们根据法院的分析来复原案情……法院认为，张某的再审申请理由不能成立。首先，根据《公司法》第71条之规定，股东主张行使优先购买权的，系指有限责任公司的股东向股东以外的人转让股权，在同等条件下其他股东有优先购买权。二建公司的工商登记显示其企业类型为股份有限公司（非上市、自然人投资或控股），张某主张以其为首的企业职工对本公司股份享有优先购买权缺乏法律依据。其次，《公司法》第141条虽然规定公司董事、监事、高级管理人员在任职期间每年转让的股份不得超过其所持有本公司股份总数的25%，本案陈某等人违反董事、监事、高级管理人员义务于2012年6月将各自所持全部股份转让给天业公司，但张某迟至2016年才提起本案诉讼，仍以每年转让的股份不得超过其所持有公司股份总数的25%而否定陈某等人股份转让行为的效力缺乏意义，原审认定限制股份转让的情形已不存在并无不当。[1]

---

〔1〕　本案还涉及如何理解"每年转让的股份不得超过其所持有本公司股份总数的25%"的问题。从判决书来看，似乎法院认为股份公司董、监、高在四年任期内可全部转让所持有股份。但是，另一种观点认为，25%应该以上年末持有数量循环计算，也就是说，董、监、高在任职期间永远也不可能将其所持公司股份全部转让完毕。根据证监会的规定，上市公司董事、监事和高级管理人员以上年末其所持有本公司发行的股份为基数，计算其中可转让股份的数量，但是所持股份不超过1000股的，可一次全部转让。

第二章　其他商事主体法

考点一、合伙企业制度

核心考点：

在法考以及司考历史上，案例分析题还没有专门考查过《合伙企业法》的知识点。本书认为，合伙企业为商事主体之一，其内部关系和外部关系等问题，在主观题考试中，具有理论上的可考性。所谓内部问题，主要涉及合伙事务的决议、入伙、退伙、合伙份额转让等知识点。所谓外部问题，主要涉及合伙企业债务清偿、合伙人对外责任等知识点。此外，合伙事务执行，既涉及内部问题，也涉及外部问题。就合伙企业制度而言，考生在客观题备考中所掌握的知识，可以应对主观题考试，所以这里不再重复。

案例训练：

1. 合伙事务执行、合伙份额转让、合伙份额继承与合伙企业债务清偿

2015 年 12 月 2 日经工商登记成立"娇美倾城门诊部"，投资人甲、乙、丙，性质为普通合伙，经营范围：整形美容服务。2016 年 3 月 3 日，丙突发疾病去世，生前无遗嘱，其法定第一顺序继承人有妻子徐某、女儿、母亲，但女儿、母亲自愿放弃遗产的继承，徐某不愿意成为合伙人。2017 年 4 月 28 日，甲、乙与丁签订了《股权转让协议书》，协议约定：甲、乙将其所有的"娇美倾城门诊部"87% 股权折价为人民币 270 万元转让给丁；转让前"娇美倾城门诊部"的一切纠纷、债务由甲、乙全权负责并承担损失，与丁无关。《股权转让协议书》有甲、乙、丁的签字确认，并加盖娇美倾城门诊部的印章。丁按照协议已付转让款。

郑某与乙、案外人杨某系合伙承建娇美倾城门诊部装修装饰工程的合伙人。2015 年 1 月，在娇美倾城门诊部筹备过程中，甲代表娇美倾城门诊部与乙、郑某、杨某签订了《承包合同》。因娇美倾城门诊部尚有部分工程款未按时支付，现郑某起诉，请求判令娇美倾城门诊部、甲、乙、丁、徐某支付工程款及利息。杨某已书面申请放弃此次诉讼的相关权利。

法院认为：（1）甲作为合伙企业的执行事务合伙人，有权代表合伙企业对外签订合同、处理合伙事务，相应法律后果应由合伙企业承担。（2）甲、乙作为合伙人，应当对合伙企业债务承担责任。合伙人丙去世以后，其继承人徐某应当在继承丙遗产范围内对合伙企业债务承担责任。丁受让合伙份额，应当对合伙企业的债务承担连带责任。（3）关于责任顺序，《合伙企业法》第 38 条"合伙企业对其债务，应先以其全部财产进行清偿"第 39 条"合伙企业不能清偿到期债务的，合伙人承担无限连带责任"的规定，合伙企业债务的承担分为两个层次：第一顺序的债务承担人是合伙企业，第二顺序的债务承担人是全体合伙人。该法所称连带责任，是指合伙人在第二顺序的责任承担中相互之间所负的连带责任，而非合伙人与合伙企业之间的连带责任。本案中，对于娇美倾城门诊部所欠工程款项，应先以合伙企业的全部财产进行清偿，不足清偿该债务的，才由合伙人承担无限连带清偿责任。据此，法院判决：娇美倾城门诊部偿付郑某工程款，甲、乙、丁对娇美倾城门诊部不能清

偿的债务部分承担无限连带清偿责任，徐某在丙遗产范围内对娇美倾城门诊部不能清偿的债务部分承担连带清偿责任。

考点二、个人独资企业制度

核心考点：

在法考以及司考历史上，案例分析题还没有专门考查过《个人独资企业法》的知识点。本书认为，个人独资企业为商事主体之一，其财产归属和对外责任问题，在主观题考试中，具有理论上的可考性。例如，企业财产归投资人所有；投资人以其个人财产对企业债务承担无限责任；个人独资企业投资人在申请企业设立登记时明确以其家庭共有财产作为个人出资的，应当依法以家庭共有财产对企业债务承担无限责任；个人独资企业投资人对本企业的财产依法享有所有权，其有关权利可以依法进行转让或继承；投资人对受托人或者被聘用的人员职权的限制，不得对抗善意第三人。同时，应注意个人独资企业和一人有限公司的区分，以及个人独资企业与程序法结合等。

案例训练：

1. 个人独资企业的债务清偿

2016 年 4 月，甲钢丝有限公司与乙水泥制品厂（雷某所开设的个人独资企业）签订《钢丝供应合同》，前者向后者供应钢丝 50 吨，总价款 40 万元。之后，甲公司依约分两次向乙厂发货，但是乙厂仅支付了部分货款，尚有 19 万元一直拖欠未付。在催款期间，甲公司得知雷某与妻子共同开设了丙水泥制品有限公司，经营范围与乙厂完全相同，而乙厂账户内已经没有资金。于是，甲公司提起诉讼，请求雷某支付货款及利息，丙水泥制品有限公司承担连带责任。

本案应如何处理？

本案涉及个人独资企业债务承担以及公司独立人格问题。就前者而言，《个人独资企业法》第 2 条规定，本法所称个人独资企业，是指依照本法在中国境内设立，由 1 个自然人投资，财产为投资人个人所有，投资人以其个人财产对企业债务承担无限责任的经营实体。第 18 条规定，个人独资企业投资人在申请企业设立登记时明确以其家庭共有财产作为个人出资的，应当依法以家庭共有财产对企业债务承担无限责任。由于《钢丝供应合同》的双方当事人为甲公司与乙厂，所以通常情况下甲公司应以乙厂为被告起诉，但是由于乙厂账户内没有资金，甲公司根据《个人独资企业法》第 2 条规定，起诉雷某，要求其对乙厂债务承担责任也是可以的。就后者而言，情形稍显复杂。首先，丙公司并非《钢丝供应合同》的当事人，不必直接为该合同承担责任。其次，雷某是丙公司股东之一，丙公司通常不必为股东债务承担连带责任，除非出现逆向揭穿公司面纱。（所谓逆向揭穿，与一般的揭穿公司面纱相反，即原本是股东债务，却由公司承担连带责任，在司法实践中极为罕见，争议巨大。（一般认为，如果股东无偿转移个人财产至公司，而将债务留给自己，以达到逃避债务的目的，则可以参照适用《公司法》第 20 条第三款）。最后，如果雷某个人财产不足以清偿对甲公司的债务，甲公司可以通过申请强制执行雷某在丙公司中的股权来实现自己的债权。因此，对于甲公司要求丙公司承担连带责任的诉讼请求，应当予以驳回。

这里还有一个"夫妻公司"的问题需要进一步展开。首先，夫妻公司也是公司，具有法人资格，拥有独立的财产，能够独立承担民事责任。其次，夫妻公司极容易成为夫妻转移财产、逃避债务的工具，因此司法实践中往往比照一人公司的规定。当股东不能证明自己财产与公司财产独立时，让股东对公司债务承担连带责任。最后，对于"夫妻公司"，应当以夫妻各自所有财产作为注册资本，并各自承担相应的责任。因此，夫妻双方登记注册公司时应当提交财产分割证明。未进行财产分割的，一般应认定为夫妻双方以共同共有财产出资设立公司，股权也属于夫妻共同共有。

考点三、外商投资法律制度

核心考点：

在法考以及司考历史上，案例分析题还没有专门考查过《外商投资法》的知识点。本书认为，有关外商投资合同的效力问题，具有理论上的可考性。主要内容包括：（1）外国投资者投资外商投资准入负面清单规定禁止投资的领域，投资合同无效。（2）外国投资者投资外商投资准入负面清单规定限制投资的领域，若违反限制性准入特别管理措施，投资合同无效。但是，在法院作出生效裁判前，当事人采取必要措施满足准入特别管理措施的要求，投资合同有效。（3）在生效裁判作出前，因外商投资准入负面清单调整，外国投资者投资不再属于禁止或者限制投资的领域，投资合同有效。（4）外商投资准入负面清单之外的领域形成的投资合同，当事人以合同未经有关行政主管部门批准、登记为由主张合同无效或者未生效的，法院不予支持。

考点四、破产法程序性规则

核心考点：

1. 破产原因。我国《企业破产法》对破产原因的规定，采用双重标准。一是现金流标准，即"不能清偿到期债务"，二是资产负债表标准，即"资产不足以清偿全部债务或明显缺乏清偿能力"。对于债务人是否具备破产原因，应当采用"独立判断原则"，相关当事人以对债务人的债务负有连带责任的人未丧失清偿能力为由，主张债务人不具备破产原因的，不予支持。需要注意的是，破产原因是法院裁定宣告破产的条件，而不是法院裁定受理或者当事人申请破产的条件。对债权人而言，申请破产的条件只有"不能清偿到期债务"。

2. 受理破产申请的法律效果。法院受理破产申请时，破产程序开始。为实现公平偿债的目的，《企业破产法》规定了一系列法律效果，概括为债权冻结、统一管理和汇集程序。

就主观题考试而言，以下角度需要注意：（1）利息问题。附利息的债权自破产申请受理时起停止计息。破产申请受理后，债务人欠缴款项产生的滞纳金，包括债务人未履行生效法律文书应当加倍支付的迟延利息和劳动保险金的滞纳金，债权人作为破产债权申报的，法院不予确认。

（2）程序问题。①有关债务人财产的保全措施应当解除，执行程序应当中止。②此前正在进行的有关债务人的民事诉讼或仲裁应当中止；在管理人接管债务人的财产后，该诉讼或仲裁继续进行。上述裁判作出并生效前，债权人可以同时向管理人申报债权，但其作为债权尚未确定的债权人，原则上不得行使表决权，除非法院临时确定其债权额。③此后有关债务人的新的民事诉讼，只能向受理破产申请的法院提起，排除其他一切诉讼管辖规则（但是此前已经达成的仲裁协议不受影响）。法院受理破产申请后，债权人新提起的要求债务人清偿的民事诉讼，法院不予受理，同时告知债权人应当向管理人申报债权。此处可结合《民事诉讼法》考查。④破产清算和解散清算。债务人同时符合破产清算条件和强制清算条件的，应当及时适用破产清算程序实现对债权人利益的公平保护。债权人对符合破产清算条件的债务人提起公司强制清算申请，经法院释明，债权人仍然坚持申请对债务人强制清算的，人民法院应当裁定不予受理。

（3）待履行合同问题。对于受理之前成立且双方均未履行完毕的合同，管理人有权决定解除或继续履行，并通知对方当事人。管理人决定继续履行合同的，对方当事人应当履行；但是，对方当事人有权要求管理人提供担保。管理人不提供担保的，视为解除合同。管理人自破产申请受理之日起2个月内未通知对方当事人，或自收到对方当事人催告之日起30日内未答复的，视为解除合同。

（4）此后发生新借款问题，按照"依法决议+优先受偿"规则处理。

（5）管理人的重大财产处分行为。可以总结为"事先表决+事先报告"规则，"事先表决"是指，应当事先制作财产管理或者变价方案并提交债权人会议进行表决，债权人会议表决未通过的，管理人不得处分。第一次债权人会议召开前管理人实施处分的，则应当经法院许可。"事先报告"是指，管理人实施处分时应当向债权人委员会报告，没有成立债权人委员会的，管理人应当向法院报告。

3. 有保证关系的债权申报。此处与民法联系密切，可以结合考查。

（1）债务人破产。债务人的保证人或其他连带债务人已经代替债务人清偿债务的，以其对债务人的求偿权申报债权。债务人的保证人者其他连带债务人尚未代替债务人清偿债务的，以其对债务人的将来求偿权申报债权，但是，债权人已经向管理人申报全部债权的除外。

（2）保证人破产。①保证人被裁定进入破产程序的，债权人有权申报其对保证人的保证债权。②主债务未到期的，保证债权在保证人破产申请受理时视为到期。③一般保证的保证人主张行使先诉抗辩权的，不予支持，但债权人在一般保证人破产程序中的分配额应予提存，待一般保证人应承担的保证责任确定后再按照破产清偿比例予以分配。④保证人被确定应当承担保证责任的，保证人的管理人可以就保证人实际承担的清偿额向主债务人或其他债务人行使求偿权。

（3）保证人和债务人都破产。①债务人、保证人均被裁定进入破产程序的，债权人有权向债务人、保证人分别申报债权。②债权人向债务人、保证人均申报全部债权的，从一方破产程序中获得清偿后，其对另一方的债权额不作调整，但债权人的受偿额不得超出其债权总额。③保证人履行保证责任后不再享有求偿权。

4. 破产程序的合并。为提高效率，保护债权人利益，可以进行破产程序的合并。

（1）合并重整。包括程序性合并重整和实体性合并重整。对分别进入重整程序的母子公司或者其他关联企业，可以在程序上进行合并审理。在确认关联企业人格高度混同、资产和负债无法区分或区分成本过高以致严重损害债权人利益，并全面听取各方意见后，将关联企业进行实质性合并重整。

（2）合并破产清算。关联公司虽然为形式上的独立法人，但实际上不具备独立的法人人格，不具备分别进行破产清算的法律基础，可以合并破产清算。

案例训练：

1. 程序性合并重整

受钢铁行业转型升级和去产能政策等影响，"渤钢系" 48 家企业陷入严重债务危机，自行协议重组未获成功后，法院于 2018 年 8 月 24 日裁定受理该 48 家企业重整申请，并通过采取关联企业程序合并的方式协调审理，于 2019 年 1 月 31 日依法批准了 "渤钢系" 企业企业重整方案。经过重整，"渤钢系" 7.4 万名职工得到妥善安置，50 万元以下债权和有财产担保债权得到 100% 清偿，普通债权的清偿率为 50% 以上。重整后第一季度钢产量就达到 551 万吨、净利润为 5.31 亿元。[1]

2. 破产债权确认纠纷

2016 年 5 月 21 日，案外人焦某因经营需要，从张某玲处借款 1000 万元，按月结息至还本为止，月利息 2.5%，双方签订了借款合同，未约定借款期限，焦某提供了借款。德信鑫源公司、案外人正长公司作为担保人在两份借款合同上盖章，未约定担保期限及担保方式。焦某偿还借款利息至 2016 年 10 月 16 日，后未再偿还任何本息。2017 年 9 月 4 日，法院裁定受理德信鑫源公司破产重整一案。张某玲向法院申报债权，破产管理人未予确认。2018 年 2 月 12 日，张某玲起诉。

法院认为：(1)《破产法解释（三）》第 4 条规定，保证人被裁定进入破产程序的，债权人有权申报其对保证人的保证债权。本案中，德信鑫源公司是张某玲与案外人焦某债权债务的保证人，因德信鑫源公司现进入破产程序，张某玲根据相关的法律规定，申报破产债权。德信鑫源公司主张应当追加其他担保人为本案当事人于法无据。(2)《企业破产法》第 46 条的规定，附利息的债权自破产申请受理时起停止计息。德信鑫源公司于 2017 年 9 月 4 日被裁定受理破产重整。因此，利息计算至 2017 年 9 月 3 日。(3) 在借款合同中，约定利息为月利率为 3%，超过法定年利率 24%，对焦某未给付的利息应按年利率 24% 计算。判决如下：确认张某玲在德信鑫源公司的债权为本金 1000 万元及利息（利息自 2016 年 10 月 17 日起至 2017 年 9 月 3 日止，按年利率 24% 计算）。

考点五、破产法实体性规则

核心考点：

1. 债务人财产。包括破产申请受理时属于债务人的财产以及破产申请受理后至破产程序终结前取得的财产，但是债务人占有的别人的财产不属于债务人财产。主观题考试中需要注意，债务人的股东所欠缴的出资，应当在破产申请受理时补缴，不必等待缴资期限届至。

2. 债务人财产的保护。为保护全体债权人的利益，防止债务人财产的不当减少，《破产法》规定了债务人财产的追回制度。考试中需要注意：(1) 欺诈破产行为的撤销。法院受理破产申请前 1 年内，涉及债务人财产的下列行为，管理人有权请求法院予以撤销：

---

[1] 邹海林研究员点评："渤钢系" 48 家企业虽为关联企业，但未构成人格高度混同。本案根据具体情况，选择适用了程序性合并的协调审理方式，对 48 家企业破产案件所涉债权分别予以确认，但统一召开管理人会议和债权人会议，统一制定重整方案，确保了债权人公平受偿和重整方案的切实可行性。

①无偿转让财产的；②以明显不合理的价格进行交易的；③对没有财产担保的债务提供财产担保的；④对未到期的债务提前清偿的（若该债权在破产申请受理前已经到期，管理人不能请求撤销该清偿行为）；⑤放弃债权的。另外，对于①、②、⑤项，管理人不撤销的，债权人可行使《合同法》上的债权人撤销权。（2）个别清偿行为的撤销。法院受理破产申请前6个月内，债务人具备破产原因，仍对个别债权人进行清偿的，管理人有权请求法院予以撤销。但是，个别清偿使债务人财产受益的除外。这些例外包括：①债务人对以自有财产设定担保物权的债权进行的个别清偿；②债务人经诉讼、仲裁、执行程序对债权人进行的个别清偿；③债务人为维系基本生产需要而支付水费、电费等的；④债务人支付劳动报酬、人身损害赔偿金的。（3）特别追回权。债务人的董事、监事和高级管理人员利用职权从企业获取的非正常收入（如绩效奖金、普遍拖欠职工工资情况下获取的工资性收入、其他非正常收入）和侵占的企业财产，管理人应当追回，并计入债务人财产。

3. 破产取回权。法院受理破产申请后，债务人占有的不属于债务人的财产，权利人可以通过管理人取回。这种权利，具有物权请求权属性。有几种特殊的破产取回权需要注意：（1）在途标的物的取回。法院受理破产申请时，出卖人已将买卖标的物向作为买受人的债务人发运，债务人尚未收到且未付清全部价款的，出卖人可以取回在运途中的标的物。但是，管理人可以支付全部价款，请求出卖人交付标的物。（2）代位取回权。债务人占有的他人财产毁损、灭失，因此获得的保险金、赔偿金、代偿物尚未交付给债务人，或者代偿物虽已交付给债务人但能与债务人财产予以区分的，权利人可以取回就此获得的保险金、赔偿金、代偿物。否则，权利人不能行使取回权，只能要求债务人赔偿损失。（3）所有权保留买卖中的取回权。买方破产，所有权保留买卖合同继续履行的，买方的付款义务在法院受理破产申请时视为到期；买方不付款或不当处分标的物，卖方可以取回标的物，但买方已支付标的物总价款75%以上或者第三人善意取得标的物所有权或其他物权的除外。

4. 破产抵销权。债权人在破产申请受理前对债务人负有债务的，可以向管理人主张抵销。但是要注意的是：（1）破产抵销权与民法上的法定抵销权不同，它不受期限、标的物种类和品质的限制，如果破产管理人以标的物种类或者品质不同、债务尚未到期等理由主张抵销不成立的，不予支持。（2）债务人的债务人在破产申请受理后取得他人对债务人的债权的，不得抵销。此处可以和债权让与、公司合并等结合考查。（3）债务人的股东对债务人的下列债务，不得抵销：①债务人股东因欠缴债务人的出资或抽逃出资对债务人所负的债务；②债务人股东滥用股东权利或关联关系损害公司利益对债务人所负的债务。此处可以和《公司法》结合考查。

5. 破产程序中的担保物权。整体而言，债务人财产上的担保物权受到一些限制，包括：（1）在破产清算程序中，只有在裁定宣告债务人破产时方可以行使。在此之前，哪怕已经具备《物权法》规定的条件，比如债务人不履行到期债务，也不得行使。（2）在重整程序中，担保物权暂定行使。但是，担保物有损坏或者价值明显减少的可能，足以危害担保物权权利的，担保物权人可以向法院请求恢复行使担保权。经法院审查，若管理人或者自行管理的债务人有证据证明担保物是重整所必需，并且提供与减少价值相应担保或者补偿的，法院应当裁定不予批准恢复行使担保物权。

6. 破产费用和共益债务。受理后为全体债权人利益发生的程序性费用，为破产费用。具体包括：①破产案件的诉讼费用；②管理、变价和分配债务人财产的费用；③管理人执行职务的费用、报酬和聘用工作人员的费用。法院裁定受理破产申请的，此前债务人尚未支付的公司强制清算费用、未终结的执行程序中产生的评估费、公告费、保管费等执行费用，可以参照破产费用的规定，由债务人财产随时清偿。此前债务人尚未支付的案件受理费、执行申请费，可以作为破产债权清偿。受理后为全体债权人利益发生的实体性债务，为共益债务。具体包括：①因管理人或债务人请求对方当事人履行双方均未履行完毕的合同所产生的债务；②债务人财产受无因管理所产生的债务；③因债务人不当得利所产生的债务；④为债务人继续营业而应支付的劳动报酬和社会保险费用以及由此产生的其他债务（包括破产受理后为继续营业而发生的借款）；⑤管理人或相关人员执行职务致人损害所产生的债务；⑥债务人财产致人损害所产生的债务。

7. 破产债权。它是指在破产宣告前成立的，对破产企业发生的，依法申报确认并得由破产财产中获得公平清偿的财产请求权。破产债权具有以下特征：（1）基于破产宣告前的原因成立；（2）对破产企业发生的无财产担保的债权，或放弃优先受偿权利的有财产担保的债权；（3）为财产上的请求权，即必须是表现为金钱或得折算为金钱的债权，具有人身性质的财产权利不得作为破产债权；（4）可强制执行，故已过诉讼时效的自然债权或非法债权不得为破产债权；（5）依法申报登记并取得确认，有权在破产程序中受偿。

8. 综合性分配顺序。

（1）物权优先：债务人占有的财产—取回权—别除权＝破产财产

（2）债权平等：破产财产—破产费用—共益债务—职工债权—国家债权—破产债权

案例训练：

1. 个别清偿行为的撤销

2015 年 10 月 22 日，原审法院作出受理华芯公司破产清算申请裁定。依据该裁定，华芯公司已于 2015 年 4 月 25 日停产，且截至 2015 年 3 月 31 日，华芯公司已处于资不抵债的境地。在合同约定还款期限届满华芯公司未能清偿借款本金及利息的情况下，建行南新支行依照合同约定于 2015 年 4 月 24 日从华芯公司在该支行开立的账户扣划存款 22 780 元作为华芯公司的还款。现华芯公司管理人起诉，请求撤销上述个别清偿行为，建行南新支行返还款项。

法院认为，《企业破产法》第 32 条规定："人民法院受理破产申请前六个月内，债务人有本法第 2 条第 1 款规定的情形，仍对个别债权人进行清偿的，管理人有权请求人民法院予以撤销。但是，个别清偿使债务人财产受益的除外。"依照上述规定，债务人对个别债权进行清偿构成可撤销行为必须具备以下三个条件：一是个别清偿行为发生在人民法院受理破产申请前 6 个月内；二是债务人必须具有《企业破产法》第 2 条第 1 款规定的情形，即债务人不能清偿到期债务并且资产不足以清偿债务或者明显缺乏清偿能力；三是个别清偿行为使债务人财产减少。本案中，上述扣划行为发生于人民法院裁定受理华芯公司破产清算申请的前六个月内，此时华芯公司已经不能清偿到期债务，而且扣划华芯公司银行账户存款显然对华芯公司其他债权人利益是不利的。建行南新支行上诉主张其扣划行为是善意的，并不属于企业破产法规定的可以撤销的个别清偿行为。对此，本院认为，《企业破产法》第 32 条规定并没有将主观上是否存在恶意作为撤销权的成立要件之一，个别清偿行为只要具备上述三个条件，都应当予以撤销。因此，建行南新支行于 2015 年 4 月 24 日扣划华芯公司银行账户 22 780 元存款的行为已经构成上述法律规定的应当予以撤销的个别清偿行为，依法应当予以撤销。

2. 共益债务随时清偿

2008 年 5 月 28 日，一审法院受理东莞金卧牛公司破产重整申请。2008 年 8 月 14 日，亿商通公司出借 100 万元给东莞金卧牛公司，双方约定东莞金卧牛公司只能把上述借款用于破产重整期间继续营业而应支付的劳动报酬、水电费用、安保费用和社会保险费用以及由此产生的其他费用，不得挪作他用。在东莞金卧牛公司重整期间，东莞金卧牛公司进入正常生产 6 个月后，一次性清偿。2009 年 10 月 16 日，一审法院裁定宣告东莞金卧牛公司破产。2010 年 4 月 12 日，亿商通公司向东莞金卧牛公司及其破产管理人提交债权申报表，申报案涉 1 000 000 元债权，破产管理人回复不予确认。亿商通公司起诉至法院，请求：判令东莞金卧牛公司偿还亿商通公司借款 1 000 000 元及利息。

法院生效判决认为，本案中，东莞金卧牛公司向亿商通公司借款 100 万元发生于该公司破产重整期间，东莞金卧牛公司管理人亦在涉案《借款协议》上盖章确认。该笔借款系经由东莞金卧牛公司破产管理人确认且约定用于 "东莞金卧牛公司破产重整期间继续营业而应支付的劳动报酬、水电费用、安保费用和社会保险费用以及由此产生的其他费用" 之目的，系为维护全体权利人和破产财产利益而发生，属于《企业破产法》第 42 条第 1 款第（四）项规定的 "为债务人继续营业而应支付的劳动报酬和社会保险费用以及由此产生的其他债务" 情形，依法应当认定为东莞金卧牛公司的共益债务。《企业破产法》第 46 条第 2 款规定："附利息的债权自破产申请受理时起停止计息"，因此，亿商通公司向破产企业东莞金卧牛公司主张借款利息，缺乏法律依据，本院不予支持。《企业破产法》第 43 条规定："破产费用和共益债务由债务人财产随时清偿。债务人财产不足以清偿所有破产费用和共益债务的，先行清偿破产费用。债务人财产不足以清偿所有破产费用或者共益债务的，按照比例清偿……"，东莞金卧牛公司应依法向亿商通公司返还涉案借款 100 万元。判决确认金卧牛公司尚欠亿商通公司借款 100 万元；该债务为金卧牛公司破产共益债务。

第三章　商事行为法

考点一、票据纠纷

核心考点：

票据是一种支付方式，因此，它可以与大部分民法问题或商法问题结合考查。另外，票据补救措施中的公示催告，与《民事诉讼法》也可以结合考查。

1. 票据无因性。票据无因性是《票据法》最重要的原理，也是商法效率原则的集中体现。主观题考试中，需要注意：（1）票据效力、票据行为的效力，通常不受其原因关系的影响。作为原因关系的买卖合同、租赁合同、承揽合同等法律行为无效、被撤销、被解除的，不影响票据的效力，也不影响出票或者背书等票据行为的效力。（2）对于票据无因性带来的不公平问题，《票据法》和民法的救济方式不同。《票据法》上的救济方式，主要是票据对人抗辩。而民法上的救济方式，可以追溯到原因关系本身。例如，A、B 签订买卖合同，A 签发票据给 B 以支付价款，B 将票据背书给 C。现 A、B 之间买卖合同被确认无效，那么基于票据无因性，票据效力不受影响，C 取得票据权利，A 承担出票人的票据责任。假设由于买卖合同无效，A 最终将无法取得标的物所有权，却承担了票据责任（也就是要最终承担票据金额），A 的权利如何救济？从《票据法》上看，A 无法对抗 C 的票据权利，但是可以欠缺原因关系为由对 B 主张对人抗辩。当然，这种机会很小，因为很难出现 B 向 A 主张追索权的问题。但是在民法上，A 可基于买卖合同无效向 B 主张返还价款，实际上是讨回了票据金额。

2. 票据本身的规则。其中比较重要的有：（1）票据行为的独立性原理，即某一票据行为无效，不影响其他票据行为效力。（2）票据背书规则。①背书不得附有条件。附有条件的，所附条件不具有汇票上的效力。②出票人在票据上记载"不得转让"字样，票据持有人背书转让的，背书行为无效。③背书人在汇票上记载"不得转让"字样，其后手再背书转让的，原背书人对后手的被背书人不承担保证责任。④回头背书的追索权受限。（3）票据保证规则。①要式性。②保证不得附有条件；保证附有条件的，不影响对汇票的保证责任。③连带责任。保证人不享有先诉抗辩权；2 名以上的保证人之间承担连带责任。④追偿权。保证人清偿汇票债务后，可以行使持票人对被保证人及其前手的追索权。

3. 与民法有关的其他《票据法》规则。（1）行为能力问题。票据行为是复杂的有偿法律行为，行为人必须具备完全民事行为能力，行为能力有瑕疵者实施的票据行为无效，但是不影响其他真实行为的效力。（2）代理问题。通常情况下，代理人以自己的名义签章，明确表明为被代理人实施票据行为，其后果由被代理人承担。没有代理权而以代理人名义在票据上签章的，由签章人承担票据责任；代理人超越代理权限的，就其超越权限部分承担票据责任。（3）质押问题。票据质押，本质上是权利质押。需要注意：①区分原则。票据质权必须以质押背书形式设立，即记载"质押"字样并签章。否则，票据质权未有效设立，但根据《物权法》规定〔1〕，有可能取得民法上的质权。如果存在关于出质票据的约定，在没有法律和事实障碍的情形下，债权人有权请求出质人完善质押背书，使票据质权有效设立。②其公示方法为质押背书，因此也受到《票据法》关于背书规则的限制。例如，出票人限制背书的，质押背书无效，票据质权不能成立。

4. 恶意申请公示催告的权利救济。公示催告程序本为对合法持票人进行失票救济的法律制度，但实践中却成为票据出卖方在未获得票款情形下、通过伪报票据丧失事实申请公示催告、阻止合法持票人行使票据权利的工具。《民事诉讼法》司法解释已规定了相关制度进行救济。需明确以下问题：（1）在除权判决作出后，付款人尚未付款的情况下，最后合法持票人可以根据《民事诉讼法》第223条〔2〕的规定，在法定期限内请求撤销除权判决，待票据恢复效力后再依法行使票据权利。最后合法持票人也可以基于基础法律关系向其直接前手退票并请求其直接前手另行给付基础法律关系项下的对价。（2）除权判决作出后，付款人已付款情形下的权利救济。因恶意申请公示催告并持除权判决获得票款行为损害了最后合法持票人的权利，构成侵权，最后合法持票人据此请求申请人承担赔偿责任的，应予支持。（3）公示催告期间背书票据的，背书无效。

案例训练：

1. 恶意申请公示催告的赔偿责任

案涉银行承兑汇票金额200 000元、号码为40200051/22971609。出票人余姚标华公司，收款人湖北标华公司，付款人某农村银行，票据金额200 000元，出票日期2012年9月20日，到期日2013年3月20日。被背书人依次为：A公司、B公司、C公司、D公司、原告E公司、F公司、G公司、H公司、I公司、J公司。上述背书均未记载日期。

原告E公司与D公司有买卖合同关系。2012年10月8日，D公司以票面金额200 000元、号码为40200051/22971609的银行承兑汇票支付原告E公司货款。

2013年1月11日，本院受理了被告五金厂以遗失该汇票为由的公示催告申请，并于2013年3月19日作出除权判决，判决公告于同日发出。后J公司委托咸阳支行收款，付款行告知该票据已经由余姚市人民法院作出除权判决，并由被告五金厂作为公示催告申请人收取了票款。J公司遂将上述汇票返还给其前手，其前手又返还给再前手，直至返还至原告E公司。现原告E公司起诉，请求法院判令被告五金厂支付原告承兑汇票损失200 000元及其利息。

法院认为：（1）以背书转让的汇票，背书应当连续，持票人以背书的连续证明其汇票权利。本案中，原告提供的银行承兑汇票背书连续，且能够证明其在公示催告前从前手合法取得该汇票；另，因该汇票后手以票据被判决除权、银行拒付为由依次将该汇票退给原告，故原告是该汇票最后的合法持有人。（2）被告五金厂没有在案涉票据背书栏内签章，亦未向本院提供有效证据证明其合法取得票据。被告并非票据的最后合法持有人，却依除权判决获得票据款项，客观上造成了原告的损失，对该损失，作为最后的合法持有人的原

---

〔1〕《物权法》第224条："以汇票、支票、本票、债券等出质的，当事人应当订立书面合同。质权自权利凭证交付质权人时设立，没有权利凭证的，质权自有关部门办理出质登记时设立。"

〔2〕《民事诉讼法》第223条："利害关系人因正当理由不能在判决前向人民法院申报的，自知道或者应当知道判决公告之日起一年内，可以向作出判决的人民法院起诉。"

告理应获得赔偿；故原告要求被告赔偿承兑汇票损失 200 000 元及其利息的诉请合理合法，本院予以支持。

2. 票据质权与民法质权

关于案涉票据质权是否设立。本案中，中信银行武汉分行与金储物资公司签订了 2015 鄂银权质第 103 号《权利质押合同》，金储物资公司将案涉商业承兑汇票交付给中信银行武汉分行，根据《物权法》第 224 条，应认定中信银行武汉分行享有质权。但该质权的设立仅产生普通担保效力即成立民法上的质权，仅在出质人金储物资公司和质权人中信银行武汉分行之间产生法律效力，而不构成票据质权，也不会直接对其他票据当事人产生法律效力。中信银行武汉分行若要以票据权利人的身份向票据债务人主张票据质权，则应举证证明案涉票据的质押背书符合《票据法》相关规定[1]，即需证明案涉票据背书连续且记载"质押"字样。由于案涉票据背书记载"委托收款"字样，故不能认定案涉票据质权已设立。因此，二审法院关于中信银行武汉分行与金储物资公司之间仅设立民法上质权但未设立《票据法》上的质权，以及中信银行武汉分行并非票据权利人的认定，于法有据，应予支持。

考点二、证券纠纷

核心考点：

1. 虚假陈述的民事责任。信息披露义务人未按照规定披露信息，或者公告的证券发行文件、定期报告、临时报告及其他信息披露资料存在虚假记载、误导性陈述或者重大遗漏，致使投资者在证券交易中遭受损失的，信息披露义务人应当承担赔偿责任；发行人的控股股东、实际控制人、董事、监事、高级管理人员和其他直接责任人员以及保荐人、承销的证券公司及其直接责任人员，应当与发行人承担连带赔偿责任，但是能够证明自己没有过错的除外。

2. 与《公司法》有关的考查角度。（1）公开征集股东权利。上市公司董事会、独立董事、持有 1% 以上有表决权股份的股东或者依法设立的投资者保护机构，可以作为征集人，自行或者委托证券公司、证券服务机构，公开请求上市公司股东委托其代为出席股东大会，并代为行使提案权、表决权等股东权利。征集人应当披露征集文件，上市公司应当予以配合。禁止以有偿或者变相有偿的方式公开征集股东权利。（2）股东代表诉讼的特殊规则。针对董监高、控股股东、实际控制人侵犯公司利益行为，投资者保护机构持有该公司股份的，可以提起股东代表诉讼，持股比例和持股期限不受《公司法》规定的限制（即 1% + 180 天）。

3. 与《民事诉讼法》有关的考查角度：代表人诉讼。（1）适用范围：投资者提起虚假陈述等证券民事赔偿诉讼时，诉讼标的是同一种类，且当事人一方人数众多的，可以依法推选代表人进行诉讼。（2）法院登记：对代表人诉讼，可能存在有相同诉讼请求的其他众

---

[1] 《票据法》第 35 条第 2 款："汇票可以设定质押；质押时应当以背书记载'质押'字样。被背书人依法实现其质权时，可以行使汇票权利。"《票据法解释》第 55 条："以票据设定质押时，出质人未在票据或粘单上记载质押字样而另行签订质押合同、质押条款的，不构成票据质押。"《担保法解释》第 98 条："以汇票、支票、本票出质，出质人与质权人没有背书记载'质押'字样，以票据出质对抗善意第三人的，人民法院不予支持。"

多投资者的，法院可以发出公告，说明该诉讼请求的案件情况，通知投资者在一定期间向法院登记。人民法院作出的判决、裁定，对参加登记的投资者发生效力。（3）默示参加：投资者保护机构受 50 名以上投资者委托，可以作为代表人参加诉讼，并为经证券登记结算机构确认的权利人向法院登记，但投资者明确表示不愿意参加该诉讼的除外。

案例训练：

1. 证券虚假陈述案

本系列案由赵薇夫妇通过龙薇传媒用 50 倍杠杆资金收购上市公司祥源文化（原名万家文化）控股权被处罚并最终收购夭折引发。证监会认定，在控股权转让过程中，龙薇传媒通过万家文化公告披露的信息存在虚假记载、误导性陈述及重大遗漏，该事件被媒体评为"2017 年资本市场十大事件"，社会高度关注。2018—2019 年，1100 余名投资者陆续向浙江省杭州市中级人民法院提起证券虚假陈述责任纠纷诉讼，要求祥源文化、龙薇传媒、赵薇等赔偿股票投资损失，标的额共计 9600 余万元。杭州中院经审理，判决祥源文化公司承担赔偿责任，龙薇传媒、赵薇等承担连带责任。为促成群体性纠纷高效化解，杭州中院通过示范判决开展集中调解。截至 2019 年底，该系列案件由投保基金集中调解 309 件，由人民法院审结 581 件，累计赔付金额 8400 余万元。[1]

考点三、保险合同纠纷

核心考点：

1. 与《合同法》相关的考查角度。（1）保险合同的格式性，体现在保险人说明义务、不利解释原则上，另外供格式条款一方免除其责任、加重对方责任、排除对方主要权利的，该条款无效。（2）保险标的转让时的自动承继原则，保险标的的受让人承继被保险人的权利和义务。保险标的的已交付受让人，但尚未依法办理所有权变更登记，承担保险标的的毁损灭失风险的受让人有权主张行使被保险人权利。（3）附生效条件合同。当事人在财产保险合同中约定以投保人支付保险费作为合同生效条件，但对该生效条件是否为全额支付保险费约定不明，已经支付了部分保险费的投保人主张保险合同已经生效的，依法予以支持。（4）基于合同相对性原理，再保险不影响保险人行使代位求偿权。（5）基于公平原则，保险标的的危险程度显著增加的，被保险人有通知义务；若被保险人未履行通知义务，可导致保险人免责。

2. 与《侵权责任法》相关的考查角度。（1）责任保险的被保险人因共同侵权依法承担连带责任，保险人不得以该连带责任超出被保险人应承担的责任份额为由拒绝赔付保险金。保险人承担保险责任后，可以就超出被保险人责任份额的部分向其他连带责任人追偿。（2）交通事故的受害人没有过错，其体质状况不属于减轻侵权人责任的法定情形，责任保

---

〔1〕 李曙光教授点评：本案中，杭州中院将上市公司控股权意向收购方龙薇传媒公司及其时任法定代表人、控股股东赵薇认定为虚假陈述行为人，系对《证券法》和相关司法解释列举的责任主体范围作出司法回应，给证券市场参与者以强烈警示，对潜在违规者形成有效震慑。此类纠纷因涉及影视界名人，社会影响大、涉众范围广、投资者维权成本高，杭州中院通过"在线平台+示范判决+集中调解"工作机制的运行，帮助投资者降低维权成本、快速获得损失补偿，为证券市场虚假陈述侵权纠纷高效化解提供了成功经验，也为证券市场如何严厉处置违法违规信息披露，提供了一个标杆性案例。

险的保险人不得以此为由主张减轻赔偿责任。

3. 与《民事诉讼法》相关的考查角度。就主观题考试而言，有关代位求偿权的以下角度需要留意：（1）第三人的行为可以是侵权，也可以是违约。（2）以被保险人与第三者之间的法律关系确定管辖法院。（3）保险人提起代位求偿权之诉时，被保险人已经向第三者提起诉讼的，法院可以依法合并审理。（4）保险人行使代位求偿权时，被保险人已经向第三者提起诉讼，保险人向受理该案的法院申请变更当事人，代位行使被保险人对第三者请求赔偿的权利，被保险人同意的，法院应予准许；被保险人不同意的，保险人可以作为共同原告参加诉讼。（5）被保险人和第三者在保险事故发生前达成的仲裁协议，对保险人具有约束力。

案例训练：

1. 交通事故受害人体质状况不属于减轻侵权人责任的法定情形

2012 年 2 月 10 日 14 时 45 分许，王某驾驶号牌为苏 MT1888 的轿车，碰擦行人荣某致其受伤。交警认定王某负事故的全部责任，荣某无责。荣某申请并经鉴定，结论为：荣某左桡骨远端骨折的伤残等级评定为十级；左下肢损伤的伤残等级评定为九级。损伤参与度评定为 75%，其个人体质的因素占 25%。一审法院据此确认，残疾赔偿金 27 658.05 元应扣减 25%，扣减后为 20 743.54 元。

法院生效裁判认为：《侵权责任法》第 26 条规定："被侵权人对损害的发生也有过错的，可以减轻侵权人的责任。"因此，交通事故中在计算残疾赔偿金是否应当扣减时应当根据受害人对损失的发生或扩大是否存在过错进行分析。本案中，虽然原告荣某的个人体质状况对损害后果的发生具有一定的影响，但这不是《侵权责任法》等法律规定的过错，荣某不应因个人体质状况对交通事故导致的伤残存在一定影响而自负相应责任，原审判决以伤残等级鉴定结论中将荣某个人体质状况"损伤参与度评定为 75%"为由，在计算残疾赔偿金时作相应扣减属适用法律错误，应予纠正。（案例来源：最高人民法院指导案例 24 号）

2. 代位求偿权诉讼的管辖

法院生效裁判认为：根据《保险法》第 60 条的规定，保险人的代位求偿权是指保险人依法享有的，代位行使被保险人向造成保险标的损害负有赔偿责任的第三者请求赔偿的权利。保险人代位求偿权源于法律的直接规定，属于保险人的法定权利，并非基于保险合同而产生的约定权利。因第三者对保险标的的损害造成保险事故，保险人向被保险人赔偿保险金后，代位行使被保险人对第三者请求赔偿的权利而提起诉讼的，应根据保险人所代位的被保险人与第三者之间的法律关系确定管辖法院。第三者侵害被保险人合法权益，因侵权行为提起的诉讼，依据《民事诉讼法》第 28 条的规定，由侵权行为地或者被告住所地法院管辖，而不适用财产保险合同纠纷管辖的规定，不应以保险标的物所在地作为管辖依据。本案中，第三者实施了道路交通侵权行为，造成保险事故，被保险人对第三者有侵权损害赔偿请求权；保险人行使代位权起诉第三者的，应当由侵权行为地或者被告住所地法院管辖。现二被告的住所地及侵权行为地均不在北京市东城区，故北京市东城区人民法院对该起诉没有管辖权，应裁定不予受理。（案例来源：最高人民法院指导案例 25 号）

3. 保险代位求偿权的适用范围不限于侵权损害赔偿请求权

《保险法》）第 60 条第 1 款规定："因第三者对保险标的的损害而造成保险事故的，保险人自向被保险人赔偿保险金之日起，在赔偿金额范围内代位行使被保险人对第三者请求赔偿的权利。"该款使用的是"因第三者对保险标的的损害而造成保险事故"的表述，并未限制规定为"因第三者对保险标的的侵权损害而造成保险事故"。将保险代位求偿权的权利范围理解为限于侵权损害赔偿请求权，没有法律依据。从立法目的看，规定保险代位求偿权制度，在于避免财产保险的被保险人因保险事故的发生，分别从保险人及第三者获得赔偿，取得超出实际损失的不当利益，并因此增加道德风险。将《保险法》第 60 条第 1 款中的"损害"理解为仅指"侵权损害"，不符合保险代位求偿权制度设立的目的。故保险人行使代位求偿权，应以被保险人对第三者享有损害赔偿请求权为前提，这里的赔偿请求权既可因第三者对保险标的实施的侵权行为而产生，亦可基于第三者的违约行为等产生，不应仅限于侵权赔偿请求权。本案平安财险公司是基于镇江安装公司的违约行为而非侵权行为行使代位求偿权，镇江安装公司对保险事故的发生是否有过错，对案件的处理并无影响。并且，《建设工程施工合同》约定"承包人不得将本工程进行分包施工"。因此，镇江安装公司关于其对保险事故的发生没有过错因而不应承担责任的答辩意见，不能成立。平安财险公司向镇江安装公司主张权利，主体适格，并无不当。（案例来源：最高人民法院指导案例 74 号）

第二部分
实战演练

考点	最近 10 年考查次数
有限公司股东出资	★★★
股东资格	★★★
公司治理结构	★★★
增资	★★
有限公司股权转让	★★
公司解散和清算	★★
公司权利能力	★
发起人责任	★
利润分配	★
股东义务	★
保险合同（标的转让）	★
票据纠纷（质押背书）	★
破产法实体性规则（管理人的追回权）	★
破产法程序性规则（合并重整）	★

一、 2018 年真题 （ 网友回忆版 ）

案情： 大林、刘可和孙秒是木豆公司的股东，大林担任公司法定代表人，与刘可是恋人关系。

2015 年 4 月，木豆公司与大林、刘可、郝郝、季季设立遥远公司，签订了《投资人协议》，签署了《遥远公司章程》，规定遥远公司的注册资本是 5000 万元。其中，木豆公司认缴 2000 万元，大林认缴 1000 万元，刘可认缴 500 万元，郝郝认缴 1000 万元，季季认缴 500 万元。《章程》还规定，木豆公司和郝郝的出资应在公司设立时一次性缴足，大林、刘可、季季认缴的出资在公司设立后三年内缴足。同一天，郝郝与孙秒签订了《委托持股协议》，约定：郝郝在遥远公司认缴的出资由孙秒实际缴纳，股权实际为孙秒所有，孙秒与郝郝之间系委托代持关系。孙秒与郝郝将该《委托持股协议》进行了公证。

遥远公司顺利成立并领取了企业法人营业执照，营业执照上注明：注册资本5000万元，实缴3000万元，认缴2000万元。刘可是遥远公司的法定代表人。木豆公司和孙秒均按章程的规定以向公司账户汇款的方式足额缴纳了出资，汇款单用途栏内写明"认缴股款投资款"。

2016年12月，大林分两次从其银行卡向刘可银行卡分别汇款100万元、80万元。到款当日，刘可将这两笔款项均汇入遥远公司账户，汇款单用途栏内写明"投资款"。刘可认缴的出资，尚有320万元未缴足。

2016年12月，季季向遥远公司账户汇款100万元，尚有400万元未实际缴足。

2017年1月，季季拟转让股权，其他股东不主张购买，季季最终将股权转让给轩轩公司，并办理了股权变更登记。

2017年3月，大林与刘可关系破裂。在刘可的操作下，遥远公司会计麦子与木豆公司签订了《股权转让协议》，将木豆公司对遥远公司的股权转让给麦子，该《股权转让协议》上加盖有木豆公司公章，法定代表人签字一栏大林的签字则是刘可伪造的。遥远公司持该《股权转让协议》到公司登记机关办理了股权变更登记，麦子未实际向木豆公司支付股权转让款。

2017年4月，麦子与七彩钢铁公司签订《股权转让协议》，麦子将其名下的遥远公司股权转让给七彩钢铁公司，七彩钢铁公司向麦子支付全部股权转让款3000万元，遥远公司为七彩钢铁公司办理了股权过户变更登记。

2017年8月，郝郝因拖欠小额贷款公司借款，被法院判决应偿还借款本金300万元及相应的利息及罚息。小额贷款公司申请法院强制执行，法院查封了郝郝在遥远公司的股权，对此，孙秒提出案外人异议。

2017年9月，遥远公司因不能偿还银行到期借款3000万元本金及利息，被银行起诉到法院。在该案一审审理期间，银行以大林认缴的出资未足额缴纳为由，追加大林为被告，请求大林对银行债务承担连带清偿责任。

问题与解答：

1. 如大林以刘可用于出资的180万元是他所汇为由，主张确认刘可名下的股权实际为大林所有，该主张是否成立？为什么？

【答案】不能成立。从刘可角度讲，其认缴出资成为遥远公司股东的事实已经为《投资人协议》和《遥远公司章程》所确认，180万元出资款也是从刘可账户转入遥远公司账户，至于其用于出资的款项来源如何，不影响其取得对应的股权。从大林角度讲，其汇入刘可账户180万元，或为借款，或为赠与，但无权取得相应的股权。

【解析】股东资格的取得，应以出资、股权转让等基础性法律关系为前提。《公司法解释（三）》第22条规定："当事人之间对股权归属发生争议，一方请求人民法院确认其享有股权的，应当证明以下事实之一：（一）已经依法向公司出资或者认缴出资，且不违反法律法规强制性规定；（二）已经受让或者以其他形式继受公司股权，且不违反法律法规强制性规定。"本题中，刘可已经认缴出资，并且实际履行了部分出资义务，具备完整的基础性法律关系，因此可以取得股权。

2. 季季向轩轩公司转让股权时，其认缴的出资尚有400万元未缴纳，如缴资期限届满，遥远公司是否可以向轩轩公司催缴？为什么？

【答案】《公司法解释（三）》第18条第1款规定："有限责任公司的股东未履行或者未全面履行出资义务即转让股权，受让人对此知道或者应当知道，公司请求该股东履行出资义务、受让人对此承担连带责任的，人民法院应予支持。"本题可以准用这一规定。如果轩轩公司知道或者应当知道其受让的股权存在出资瑕疵，则遥远公司有权向其催缴；否则，遥远公司只能向季季催缴。

【解析】本题的难点在于，是否适用《公司法解释（三）》第18条所规定的瑕疵股权转让规则。该条第1款规定："有限责任公司的股东未履行或者未全面履行出资义务即转让股权，受让人对此知道或者应当知道，公司请求该股东履行出资义务、受让人对此承担连带责任的，人民法院应予支持。"对于该条的理解，理论上和实务中存在着较大的争议。一种观点认为，该条中"未履行或者未全面履行出资义务"，既包括已经到期的出资义务，也包括尚未到期的出资义务，因此本题可以适用该条规定。但是，另一种观点认为，该条中"未履行或者未全面履行出资义务"，应当解释为未履行或者未全面履行已经到期的出资义务，而本题股权转让时股东季季的出资义务尚未到期，因此不能适用瑕疵股权转让规则。我们赞成第一种观点。

3. 木豆公司与麦子公司签订了《股权转让协议》，并将股权过户到麦子名下，据此是否可以认定麦子已取得遥远公司的股权？为什么？

【答案】不能。由于木豆公司的公章系刘可加盖，木豆公司法定代表人大林的签名是刘可伪造，因此木豆公司与麦子公司之间根本不存在股权转让行为。又由于麦子对整个过程完全知情，且并未实际支付价款，麦子也不符合善意取得构成要件。尽管已经办理了股权变更登记，麦子依然不能取得该股权。

【解析】不论是股东名册还是公司登记，都只是权利外观，必须以出资、受让股权等基础性法律关系为基础。如果基础法律关系不存在或者为虚假、无效，则可以推翻股东名册或者工商登记的记载。反之，如果基础性法律关系具备且无瑕疵，即使未经股东名册或者工商登记记载，仍然可以认定股权关系存在，并且据此请求公司完善股东名册及工商登记等外观。虽然麦子已经取得了股权的权利外观即办理了股权过户登记，但是由于不具备善意取得构成要件，并且没有其他的基础性法律关系，所以不能认为其已经取得股权。

4. 根据题中所述事实，是否可以认定七彩钢铁公司已取得遥远公司股权？为什么？

【答案】可以。虽然麦子并未取得该笔股权，但是由于该笔股权已经登记在其名下，且七彩钢铁公司为善意，支付了合理的对价，又办理了股权变更登记，参照《公司法解释（三）》第25、27条规定，可以认定七彩钢铁公司善意取得该笔股权。

【解析】由于善意取得的构成要件已经具备，基于和上题同样的原理，可以认为七彩钢铁公司取得了股权。

5. 孙秒的案外人执行异议是否成立？为什么？

【答案】不成立。在代持股关系中，名义股东记载于公司登记资料中，基于公司登记的公信力，名义股东的债权人有理由相信该股权为名义股东所拥有，并有权主张强制执行该股权。实际出资人不得以其实际出资的事实对抗名义股东的债权人的强制执行。

【解析】实际上本题也存在一定的争议。除了上述答案之外，另一种观点认为，商法外观主义的适用应当是有限的。如果名义股东债权人申请执行的是其与名义股东因借款关系等而形成的一般债权，债权人并没有与名义股东从事涉及股权交易的民事法律行为，从权利外观原则来看，此时的债权人不是基于信赖权利外观而需要保护的民事法律行为之善意第三人，故其债权请求不能受到优先于实际出资人的保护。但是，最高人民法院最近的裁判中，这种观点已经被否定。

6. 在银行诉遥远公司和大林的清偿贷款纠纷案件中，大林是否应当对公司债务承担连带责任？为什么？

【答案】大林不应对公司债务承担连带责任。大林为遥远公司股东，受到有限责任制度保护，在不具备法人人格否认适用条件的情况下，大林仅以其认缴出资额为限对公司债务负责。若其出资义务已经到期，或者具备适用加速到期的条件，银行有权要求大林承担补充赔偿责任，但不得要求大林承担连带责任。

【解析】股东对公司债权人的责任问题，是《公司法》上常考的重点。对此，我们区分三种情况分析。第一种情况，股东已经完全履行了出资义务，未抽逃出资，那么，股东无须为公司债务承担责任，这是有限责任的题中应有之意。第二种情况，股东未完全履行出资义务，或者抽逃出资，那么，股东在欠缴出资或者抽逃出资本息范围内向公司债权人承担补充赔偿责任，这依然是有限责任的逻辑结果。第三种情况，股东滥用公司法人人格，逃避债务，严重损害债权人利益，那么，应当在个案中否认公司独立人格，让该股东对公司债务承担无限连带责任。本题不存在第三种情况，因此债权人要求大林承担连带责任的主张是不能成立的。

二、（2017/4，五）

案情：昌顺有限公司成立于2012年4月，注册资本5000万元，股东为刘昌、钱顺、潘平与程舵，持股比例依次为40%、28%、26%与6%。章程规定设立时各股东须缴纳30%的出资，其余在两年内缴足；公司不设董事会与监事会，刘昌担任董事长，钱顺担任总经理并兼任监事。各股东均已按章程实际缴纳首批出资。公司业务主要是从事某商厦内商铺的出租与管理。因该商厦商业地理位置优越，承租商户资源充足，租金收入颇为稳定，公司一直处于盈利状态。

2014年4月，公司通过股东会决议，将注册资本减少至3000万元，各股东的出资额等比例减少，同时其剩余出资的缴纳期限延展至2030年12月。公司随后依法在登记机关办理了注册资本的变更登记。

公司盈利状况不错，但2014年6月，就公司关于承租商户的筛选、租金的调整幅度、使用管理等问题的决策，刘昌与钱顺爆发严重冲突。后又发生了刘昌解聘钱顺的总经理职务，而钱顺又以监事身份来罢免刘昌董事长的情况，虽经潘平与程舵调和也无济于事。受此影响，公司此后竟未再召开过股东会。好在商户比较稳定，公司营收未出现下滑。

2016年5月，钱顺已厌倦于争斗，要求刘昌或者公司买下自己的股权，自己退出公司，但遭到刘昌的坚决拒绝，其他股东既无购买意愿也无购买能力。钱顺遂起诉公司与刘昌，要求公司回购自己的股权，若公司不回购，则要求刘昌来购买。一个月后，法院判决钱顺败诉。后钱顺再以解散公司为由起诉公司。虽然刘昌以公司一直盈利且运行正常等为理由坚决反对，法院仍于2017年2月作出解散公司的判决。

判决作出后，各方既未提出上诉，也未按规定成立清算组，更未进行实际的清算。在公司登记机关，该昌顺公司仍登记至今，而各承租商户也继续依约向公司交付租金。

问题与解答：

1. 昌顺公司的治理结构，是否存在不规范的地方？为什么？

【答案】（1）昌顺公司股东人数较少不设董事会的做法符合《公司法》第 50 条规定，但此时刘昌的职位不应是董事长，而应是执行董事。（2）昌顺公司股东人数较少不设监事会符合《公司法》第 51 条第 1 款规定。但是按该条第 4 款规定，董事、高级管理人员不得兼任监事，而钱顺不得兼任监事。

【解析】本题比较简单。在经历了 2015、2016 两个年度的难题之后，2017 年商法案例题难度明显降低，回归无争议的基础知识考查。但是，在国家统一司法考试变更为国家统一法律职业资格考试之后，我们认为，案例题的数量和难度都会增加。虽然本题给出的答案文字较多，但是，由于题目问的是不规范的地方，所以，考生只需要答出不规范之处并简单说明法律依据即可。

2. 昌顺公司减少注册资本依法应包括哪些步骤？

【答案】（1）要形成 2/3 多数议决的关于减资的股东会决议，即符合《公司法》第 43 条第 2 款要求，形成有效的股东会决议。（2）编制资产负债表及财产清单。（3）按照《公司法》第 177 条第 2 款的规定，减资决议之日起 10 日内通知债权人，并于 30 日内在报纸上公告。（4）应向公司登记机关提交相关文件，办理变更登记。登记后才发生注册资本减少的效力。（5）还应修改公司章程。

【解析】本题同样比较简单，有一些简单题的色彩，我们在每个阶段的课程中都会详细列举增资、减资、合并、分立的程序，并提醒大家注意多选题和案例题。稍微需要留意的是第（5）个步骤修改章程，这一点很容易遗漏。

3. 刘昌解聘钱顺的总经理职务，以及钱顺以监事身份来罢免刘昌董事长职位是否合法？为什么？

【答案】（1）钱顺罢免刘昌不合法。钱顺兼任公司监事是不符合《公司法》规定，即使在假定钱顺监事身份合法，根据《公司法》第 53 条，监事对公司高董，只有罢免建议权，而无决定权。因此，刘昌的执行董事地位不受影响。

（2）答案一：刘昌解聘钱是符合《公司法》规定。在不设董事会的治理结构中，执行董事即相当于董事会。而按照《公司法》第 49 条第 1 款，由董事会决定聘任或解聘经理，从而刘昌解聘钱顺总经理职务的行为，符合《公司法》规定。

答案二：刘昌行为不合法。因本案中存在两个事实情节，第一，钱顺任职总经理已规定于公司章程中，从而对钱顺的解聘会涉及到是否符合公司章程修改程序的判断；第二，刘昌解聘行为，是二人间矛盾激化的结果，而在不设董事会的背景下，刘昌的这一行为确实存在职权滥用的嫌疑。

【解析】本题考查的是公司组织机构，涉及实务中经常发生的公司内部权力争斗问题。第一问的答案是确定的，董事会和监事会是相互平行的法人机关，无论罢免董事还是罢免监事，都需要股东会决议。第二问稍显复杂。从实体上讲，执行董事罢免经理应当有充分的理由，否则属于滥用职权，并且损害经理的合法权益，应承担相应的责任，这是答案二的依据。从程序上讲，公司内部权力分配规则又使得执行董事有权行使董事会的职权，包括聘任和解聘经理，即使罢免经理的理由不充分、甚至没有理由，这样的决议也法院也无权否定，这是答案一的依据（见最高人民法院指导案例第 10 号）。值得注意的是，本题给出两个结论相反的答案，重复了 2016 年第四卷第五题第 5 问的做法。笔者认为，这是在传递一个明显的信号：司法考试和法律职业资格考试，已经不再是简单记忆、技巧问题，不仅可以考理论，而且可以考争议理论。这是我们学习的时候需要注意的。

4. 法院判决不支持"钱顺要求公司与刘昌回购自己股权的诉求"是否合理？为什么？

【答案】合理。依《公司法》第74条第1款，股东回购请求权仅限于该款所列明的三种情形下对股东会决议提出异议的股东（即公司连续5年不分红决议、公司合并分立或转让主要财产决议、公司存续上的续期决议），钱顺情形显然不符合该规定。而就针对其他股东的强制性的股权购买请求权，现行《公司法》并无明文规定。即在现行公司法上，股东彼此之间并不负有在特定情况下收购对方股权的强制性义务；即使按照《公司法》解释二》第5条，法院在审理解散公司的案件时，应尽量调解，并给出由其他股东收购股权的调解备选方案，也不能因此成立其他股东的收购义务。故钱顺对股东刘昌的诉求，也没有实体法依据。

【解析】本题考查的知识点十分基础，也是我们上课时反复强调的重点。值得注意的是，题目的问法是要求考生评价判决，这体现了面向实务的色彩。但是，万变不离其宗，即使是面向实务，也是以原理、概念、法条等为基础的。只要我们熟悉这些基础知识，就可以从容应对。

5. 法院作出解散公司的判决是否合理？为什么？

【答案】判决合理。依《公司法》第182条及《公司法解释二》第1条第1款，本案符合"公司持续两年以上无法召开股东会或者股东大会，公司经营管理发生严重困难的，"昌顺公司自2014年6月至解散诉讼时，已超过两年时间未再召开过股东会，这表明昌顺公司已实质性构成所谓的"公司僵局"，即构成法院判决公司解散的根据。

【解析】本题与第4题有异曲同工之处。一方面，所考查的知识点十分重要且非常基础，另一方面，问法是面向实务。这道题目的直接来源是最高人民法院指导案例第10号，其裁判要旨在于，法院判决解散公司，其着眼点在于判断公司治理结构上是否出现困难，即是否发生公司僵局，而非公司经营上或者财务上的困难。因此，只要符合公司僵局的构成要件，即使公司仍在经营、甚至还有盈利，也可以判决解散公司。

6. 解散公司的判决生效后，就昌顺公司的后续行为及其状态，在法律上应如何评价？为什么？

【答案】法院作出的解散公司的判决，在性质上为形成判决，据此，公司应进入清算阶段。对此，《公司法》所规定的程序如下：（1）依第183条及时成立清算组；（2）清算组按照法律规定的期限，按《公司法》第184条至第187条进行各项清算工作；（3）清算结束后，根据第188条，清算组应当制作清算报告，报股东会确认，并报送公司登记机关，申请注销公司登记，公告公司终止。概括来说，按照我国《公司法》的规范逻辑，解散判决生效后，公司就必须经过清算程序走向终止。

本案昌顺公司被司法解散后仍然继续存在的事实，显然是与这一规范层面的逻辑不相符的，这说明我国立法关于司法解散的相关程序与制度，在衔接上尚有不足之处，有待将来立法的完善。

【解析】本题考点同样是十分重要的基础知识，难点依然在问法上。以"如何评价"设问，答案是开放式的，考生的思维也应当是开放式的。但是，这种开放式思维，不是天马行空、不着边际，而是沿着命题人设计的思路进行。这就要求考生既熟悉基础知识，又要具备正常法律思维。就答案而言，不少考生能够回答出第一段，其要点在于公司应当进入清算程序以及具体的清算步骤。但是第二段评论式的语句，绝大部分考生没有能力、也没有意识去表达。

三、（2016/4，五）

美森公司成立于 2009 年，主要经营煤炭。股东是大雅公司以及庄某、石某。章程规定公司的注册资本是 1000 万元，三个股东的持股比例是 5：3：2；各股东应当在公司成立时一次性缴清全部出资。大雅公司将之前归其所有的某公司的净资产经会计师事务所评估后作价 500 万元用于出资，这部分资产实际交付给美森公司使用；庄某和石某以货币出资，公司成立时庄某实际支付了 100 万元，石某实际支付了 50 万元。

大雅公司委派白某担任美森公司的董事长兼法定代表人。2010 年，赵某欲入股美森公司，白某、庄某和石某一致表示同意，于是赵某以现金出资 50 万元，公司出具了收款收据，但未办理股东变更登记。赵某还领取了 2010 年和 2011 年的红利共 10 万元，也参加了公司的股东会。

2012 年开始，公司经营逐渐陷入困境。庄某将其在美森公司中的股权转让给了其妻弟杜某。此时，赵某提出美森公司未将其登记为股东，所以自己的 50 万元当时是借款给美森公司的。白某称美森公司无钱可还，还告诉赵某，为维持公司的经营，公司已经向甲、乙公司分别借款 60 万元和 40 万元；向大雅公司借款 500 万元。

2013 年 11 月，大雅公司指示白某将原出资的资产中价值较大的部分逐渐转入另一子公司美阳公司。对此，杜某、石某和赵某均不知情。

此时，甲公司和乙公司起诉了美森公司，要求其返还借款及相应利息。大雅公司也主张自己曾借款 500 万元给美森公司，要求其偿还。赵某、杜某及石某闻讯后也认为利益受损，要求美森公司返还出资或借款。

问题与解答：

1. 应如何评价美森公司成立时三个股东的出资行为及其法律效果？

【答案】大雅公司以先前归其所有的某公司的净资产出资，净资产尽管没有在我国《公司法》中规定为出资形式，但公司实践中运用较多，并且案情中显示，一方面这些净资产本来归大雅公司，且经过了会计师事务所的评估作价，在出资程序方面与实物等非货币形式的出资相似，另一方面这些净资产已经由美林公司实际占有和使用，即完成了交付。《公司法》第 27 条第 2 款也有"对作为出资的非货币财产应当评估作价"的规定。所以，应当认为大雅公司履行了自己的出资义务。庄某按章程应当以现金 300 万出资，仅出资 100 万；石某按章程应当出资 200 万，仅出资 50 万，所以两位自然人股东没有完全履行自己的出资义务，应当承担继续履行出资义务及违约责任。

【解析】本题所考查的知识点比较简单，但是设问的方法比较习钻，很多考生不知如何下手。实际上，问题可以翻译分为两个：（1）三个股东是否已经完全履行了出资义务？（2）如果没有，应当承担何种法律后果？这样的话，回答起来就容易多了。另外，关于有限公司股东出资的形式，《公司法》第 27 条列举了货币、实物、知识产权、土地使用权四种，同时用"可以用货币估价并可以依法转让的非货币财产"兜底。本题中，大雅公司的出资形式为其拥有的某公司的净资产，属于可以用货币估价并可以依法转让的非货币财产，只要大雅公司履行了评估和财产权转移手续，并且其价值达到章程所规定的数额，即可视为完全履行出资义务。至于股东庄某和石某，明显没有完全履行出资义务，应当继续履行并向已经完全履行出资义务的大雅公司承担违约责任。

　　2. 赵某与美森公司是什么法律关系？为什么？

　　【答案】投资与借贷是不同的法律关系。赵某自己主张是借贷关系中的债权人，但依据《公司法解释（三）》第23条的规定，赵某虽然没有被登记为股东，但是他在2010年时出于自己的真实意思表示，愿意出资成为股东，其他股东及股东代表均同意，并且赵某实际交付了50万元出资，参与了分红及公司的经营，这些行为均非债权人可为，所以赵某具备实际出资人的地位，在公司内部也享有实际出资人的权利。此外从民商法的诚信原则考虑也应认可赵某作为实际出资人或实际股东而非债权人。

　　【解析】从案情可以得知，赵某与美森公司之间的法律关系，无外乎股权关系和债权关系两种，赵某主张是债权关系，而公司认为是股权关系。这一问题未涉及第三人利益，所以仅为赵某与美森公司的内部关系。就此内部关系而言，应当首先分析双方之间的基础性法律关系，即当初的出资行为。由案情可知，赵某的出资行为，从内容上讲是以取得股权为目的，从程序上讲已经过其他股东同意，再考虑到赵某实际交付了50万元出资款以及参与分红和公司经营的事实，可以认为赵某取得股权的基础性法律关系完整无暇。唯一的问题是赵某欠缺股东资格的表征，即未记载于股东名册和工商登记。但是，无论股东资格还是工商登记，均为权利外观，可以为基础性法律关系确认或推翻。因此，就赵某与美森公司之间的关系而言，应当认定赵某为股东而非债权人。

　　3. 庄某是否可将其在美森公司中的股权进行转让？为什么？这种转让的法律后果是什么？

　　【答案】尽管庄某没有全面履行自己的出资义务，但其股权也是可以转让的。受让人是其妻弟，按生活经验应当推定杜某是知情的。我国《公司法解释（三）》第18条已经认可了瑕疵出资股权的可转让性；这种转让的法律后果就是如果受让人知道，转让人和受让人对公司以及债权人要承担连带责任，受让人再向转让人进行追偿。

　　【解析】本题的难点仍然在于设问的方法。有的考生可能会从股东对外转让股权的程序和条件角度考虑，认为应当经其他股东过半数同意，否则股权转让无效。但是，案情并未交代这些细节问题，考生也不应当纠缠于此。问题的关键在于，庄某尚未完全履行出资义务，他是否为公司股东？能否转让股权？受让人承担何种责任？如果从这个角度思考，问题就简单多了。《公司法解释（三）》第18条提供了完整的答案："有限责任公司的股东未履行或者未全面履行出资义务即转让股权，受让人对此知道或者应当知道，公司请求该股东履行出资义务、受让人对此承担连带责任的，人民法院应予支持；公司债权人依照本规定第13条第2款向该股东提起诉讼，同时请求前述受让人对此承担连带责任的，人民法院应予支持。受让人根据前款规定承担责任后，向该未履行或者未全面履行出资义务的股东追偿的，人民法院应予支持。但是，当事人另有约定的除外。"

　　4. 大雅公司让白某将原来用作出资的资产转移给美阳公司的行为是否合法？为什么？

　　【答案】公司具有独立人格，公司财产是其人格的基础。出资后的资产属于公司而非股东所有，故大雅公司无权将公司资产转移，该行为损害了公司的责任财产，侵害了美森公司、美森公司股东（杜某和石某）的利益，也侵害了甲、乙这些债权人的利益。

　　【解析】《公司法》第20条规定："公司股东应当遵守法律、行政法规和公司章程，依法行使股东权利，不得滥用股东权利损害公司或者其他股东的利益；不得滥用公司法人独立地位和股东有限责任损害公司债权人的利益。公司股东滥用股东权利给公司或者其他股东造成损失的，应当依法承担赔偿责任。公司股东滥用公司法人独立地位和股东有限责任，逃避债务，严重损害公司债权人利益的，应当对公司债务承担连带责任。"本题中，大雅公司作为控股股东，滥用其财产管理权，无偿转移公司财产，既损害了公司利益，也损害了其他股东利益，应当承担赔偿责任。同时，在公司经营陷入困境的情况下实施此种行为，还会损害债权人利益，若公司财产不足以清偿债务，大雅公司还应当对债权人承担连带责任。

5. 甲公司和乙公司对美森公司的债权，以及大雅公司对美森公司的债权，应否得到受偿？其受偿顺序如何？

【答案】 甲公司和乙公司是普通债权，应当得到受偿。大雅公司是美林公司的大股东，我国《公司法》并未禁止公司与其股东之间的交易，只是规定关联交易不得损害公司和债权人的利益，因此借款本身是可以的，只要是真实的借款，也是有效的。所以大雅公司的债权也应当得到清偿。在受偿顺序方面，答案一：作为股东（母公司）损害了美森公司的独立人格，也损害了债权人的利益，其债权应当在顺序上劣后于正常交易中的债权人甲和乙，这是深石原则的运用。答案二：根据民法公平原则，让大雅公司的债权在顺序方面劣后于甲、乙公司。答案三：按债权的平等性，他们的债权平等受偿。

【解析】 本题难度较大，并且涉及《公司法》上的重大理论争议问题，这也是近年来《公司法》考试的特点之一。当然，官方公布的答案兼顾了各种理论，使得考生不至于因为观点分歧而丢分，这是值得赞赏的地方。所谓深石原则，又称衡平居次原则（Equitable Subordination Rule），是指在存在控制与从属关系的关联企业中，为了保障从属公司债权人的正当利益免受控股公司的不法侵害，法律规定，在从属公司进行清算、和解和重整等程序中，根据控制股东是否有不公平行为，而决定其债权是否应劣后于其他债权人或者优先股股东受偿的原则。自著名的深石公司案件之后，该原则在英美法上广泛使用，我国台湾地区"公司法"也有明文规定。最高人民法院于2003年11月4日公布的《关于审理公司纠纷案件若干问题的规定》（一）（征求意见稿）第52条规定："控制公司滥用从属公司人格的，控制公司对从属公司的债权不享有抵销权；从属公司破产清算时，控制公司不享有别除权或者优先权，其债权分配顺序次于从属公司的其他债权人。"但是因为争议较大，尤其是与债权平等原则冲突，最后并未写入司法解释正式文本。值得注意的是，《破产法解释（二）》第46条规定："债务人的股东主张以下列债务与债务人对其负有的债务抵销，债务人管理人提出异议的，人民法院应予支持：（一）债务人股东因欠缴债务人的出资或者抽逃出资对债务人所负的债务；（二）债务人股东滥用股东权利或者关联关系损害公司利益对债务人所负的债务。"这一规定可以看作是对深石原则的有限度的承认。

6. 赵某、杜某和石某的请求及理由是否成立？他们应当如何主张自己的权利？

【答案】 赵某和杜某、石某的请求不成立。赵某是实际出资人或实际股东，杜某和石某是股东。基于公司资本维持原则，股东不得要求退股，故其不得要求返还出资。

　　大雅公司抽逃出资，赵某和杜某、石某有权要求大雅公司返还抽逃出资的本息。白某协助大雅公司抽逃出资，赵某和杜某、石某有权要求白某与大雅公司承担连带责任。

【解析】 本题涉及答题技巧问题，题目首先问三个主体的请求是否成立，接着问他们应该如何主张自己的权利。毫无疑问，他们的请求不能成立，否则后一个问将变得没有意义。具体到公司法规则上来，基于案情和第2题的分析，赵某、杜某和石某均为美森公司股东，根据资本维持原则，股东不得抽回出资，所以他们要求返还出资的主张当然不能成立。

　　案情交待，大雅公司指示白某将原出资的资产中价值较大的部分逐渐转入另一子公司美阳公司。如何对这一行为进行定性？由于案情强调了"将原出资的资产中价值较大的部分"，本书认为，将其定性为大股东大雅公司抽逃出资、白某协助抽逃出资更为准确。《公司法解释（三）》第14条第一款规定："股东抽逃出资，公司或者其他股东请求其向公司返还出资本息、协助抽逃出资的其他股东、董事、高级管理人员或者实际控制人对此承担连带责任的，人民法院应予支持。"因此，赵某和杜某、石某有权要求大雅公司将转移的财产及其利息返还给美森公司，白某对此承担连带责任。

大雅公司转移美森公司资产的行为，不仅直接损害了美森公司的利益，也间接损害了美森公司股东的利益（股权价值减损）。美森公司股东能否直接要求大雅公司赔偿此类间接损失？本书认为，基于公司独立财产的原理，美森公司股东不得主张此类间接损失的赔偿。同理，美森公司股东也不得向白某主张此类间接损失的赔偿。

四、（2015/4，四）

案情：鸿捷有限公司成立于2008年3月，从事生物医药研发。公司注册资本为5000万元，股东为甲、乙、丙、丁，持股比例分别为37%、30%、19%、14%；甲为董事长，乙为总经理。公司成立后，经营状况一直不错。

2013年8月初，为进一步拓展市场、加强经营管理，公司拟引进战略投资者骐黄公司，并通过股东大会形成如下决议（简称：《1号股东会决议》）：第一，公司增资1000万元；第二，其中860万元，由骐黄公司认购；第三，余下的140万元，由丁认购，从而使丁在公司增资后的持股比例仍保持不变，而其他各股东均放弃对新股的优先认缴权；第四，缴纳新股出资的最后期限，为2013年8月31日。各股东均在决议文件上签字。

之后，丁因无充足资金，无法在规定期限内完成所认缴出资的缴纳；骐黄公司虽然与鸿捷公司签订了新股出资认缴协议，但之后就鸿捷公司的经营理念问题，与甲、乙、丙等人发生分歧，也一直未实际缴纳出资。因此，公司增资计划的实施，一直没有进展。但这对公司经营并未造成很大影响，至2013年底，公司账上已累积4000万元的未分配利润。

2014年初，丁自他人处获得一笔资金，遂要求继续实施公司的增资计划，并自行将140万元打入公司账户，同时还主张对骐黄公司未实际缴资的860万元新股的优先认购权，但这一主张遭到其他股东的一致反对。

鉴于丁继续实施增资的强烈要求，并考虑到难以成功引进外部战略投资者，公司在2014年1月8日再次召开股东大会，讨论如下议案：第一，公司仍增资1000万元；第二，不再引进外部战略投资人，由公司各股东按照原有持股比例认缴新股；第三，各股东新增出资的缴纳期限为20年；第四，丁已转入公司账户的140万元资金，由公司退还给丁。就此议案所形成的股东会决议（简称：《2号股东会决议》），甲、乙、丙均同意并签字，丁虽签字，但就第二、第三与第四项内容，均注明反对意见。

之后在甲、乙的主导下，鸿捷公司经股东大会修订了公司章程、股东名册等，并于2014年1月20日办理完毕相应的公司注册资本的工商变更登记。

2014年底，受经济下行形势影响，加之新产品研发失败，鸿捷公司经营陷入困境。至2015年5月，公司已拖欠嵩悠公司设备款债务1000万元，公司账户中的资金已不足以偿付。

问题与解答：

1. 《1号股东会决议》的法律效力如何？为什么？

【答案】《1号股东会决议》为合法有效的股东会决议。内容不违反现行法律、行政法规。程序上符合股东会决议的程序。

【解析】股东会决议是股东之间意思表示的一致，属于民法上的决议行为。该 1 号股东会的增资决议的主体适格、意思表示真实、内容合法、并经过代表 2/3 以上表决权的股东同意，程序合法。该意思表示有效，该股东会决议有效。

2. 就骐黄公司未实际缴纳出资的行为，鸿捷公司可否向其主张违约责任？为什么？

【答案】首先应确定骐黄公司与鸿捷公司间签订的新股出资认缴协议的效力，自本案所交代的案情来看，属于合法有效的协议或合同，这是讨论违约责任的前提。其次，依《合同法》第 107 条，违约责任的承担方式有继续履行、采取补救措施与赔偿损失三种，但在本案中，如果强制要求骐黄公司继续履行也就是强制其履行缴纳出资的义务，则在结果上会导致强制骐黄公司加入公司组织，从而有违参与或加入公司组织之自由原则，故而鸿捷公司不能主张继续履行的违约责任。至于能否主张骐黄公司的赔偿损失责任，则视骐黄公司主观上是否存在过错，而这在本案中，骐黄公司并不存在明显的过错，因此鸿捷公司也很难主张该请求权。

【解析】骐黄公司与鸿捷公司订立的新股出资认缴协议的主体、意思表示、内容和程序都合法，该协议有效。但是，对于违反该新股出资认缴协议的法律后果，学术上存在争议。由于参与或加入公司组织之自由原则之约束，不得主张骐黄公司继续履行该协议，这与《合同法》第 110 条规定的"法律上不能履行"的合同不适用继续履行规则一致。但是，毕竟骐黄公司有违约行为存在，而我国《合同法》上的违约责任总体而言是严格责任，不以违约一方的过错为要件。因此，我们认为骐黄公司应当承担损害赔偿责任。

本题给考生的启示是，司法考试不仅日益深入地考查理论问题，而且不回避有争议的理论问题。这一趋势，在最近几年商法案例题中有明确的体现，应当引起大家的重视。

3. 丁可否主张 860 万元新股的优先认购权？为什么？

【答案】不可以。丁主张新股优先认购权的依据，为《公司法》第 34 条，即"公司新增资本时，股东有权优先按照实缴的出资比例认缴出资"；不过该条所规定的原股东之优先认购权，主要针对的，是增资之股东大会决议就新股分配未另行规定的情形；而且行使优先认购权还须遵守另一个限制，即原股东只能按其持股比例或实缴出资比例，主张对新增资本的相应部分行使优先认购权。该增资计划并未侵害或妨害丁在公司中的股东地位，也未妨害其股权内容即未影响其表决权重，因此就余下的 860 万元的新股，丁无任何主张优先认购权的依据。

【解析】法律没有赋予公司股东在公司增资时对所有新增出资的优先认购权，只是赋予了股东按其实缴的出资比例优先认购新增出资的优先认购权。这主要是保护原股东对公司的控制权不受影响，原股东可按原持股比例同比增资。所以丁对 860 万新股不享有优先认购权，仅仅在其实缴的出资比例范围内对新增出资享有优先认购权。

4. 《2 号股东会决议》的法律效力如何？其与《1 号股东会决议》的关系如何？为什么？

【答案】《2 号股东会决议》是合法有效的决议。内容不违法，也未损害异议股东丁的合法利益，程序上，丁的持股比例仅为 14%，达不到否决增资决议的 1/3 的比例要求。这两个决议均在解决与实施公司增资 1000 万元的计划，由于《1 号股东会决议》难以继续实施，因此《2 号股东会决议》是对《1 号股东会决议》的替代或者废除，后者随之失效。

【解析】《2 号股东会决议》的主体适格、意思表示真实、内容合法、该增资决议经过代表 2/3 以上表决权的股东同意，程序合法，有效。丁的持股比例仅仅为 14%，不影响该增资决议的效力。《2 号股东会决议》有效。从本案事实来看，公司作出《2 号股东会决议》的原因是因为《1 号股东会决议》无法继续履行，此时需要进行意思表示的解释，从《2 号股东会决议》内容中"丁已转入公司账户的 140 万元资金，由公司退还给丁"来看，可以看作是对《1 号股东会决议》的合意解除，《1 号股东会决议》被合意解除后，适用不当得利返还规则处理。可类推适用《合同法》第 93 条规定的合意解除合同的规定。《2 号股东会决议》的意思表示实质上是合意解除 1 号股东会决议后，重新做出的新的增资决议。

5. 鸿捷公司增加注册资本的程序中，何时产生注册资本增加的法律效力？为什么？

【答案】只有在公司登记机关办理完毕新的注册资本的变更登记后，才能产生新的注册资本亦即新增注册资本的法律效力。公司的注册资本也只有经过工商登记，才能产生注册资本的法定效力；进而在公司通过修改章程而增加注册资本时，也同样只有在登记完毕后，才能产生注册资本增加的法定效力。

【解析】公司增资包括内部程序和外部程序，内部需要经过股东会特别多数决（代表 2/3 以上表决权的股东同意），修改公司章程，外部需要在公司登记机关办理增资登记。依据《公司注册资本登记管理规定》第 2 条的规定，有限责任公司的注册资本为在公司登记机关依法登记的全体股东认缴的出资额，公司登记机关依法登记是公司注册资本增资的生效要件，未经登记，无法确定为公司的注册资本，也无法形成对债权人的信赖保护。

6. 就鸿捷公司不能清偿的 1000 万元设备款债务，嵩悠公司能否向其各个股东主张补充赔偿责任？为什么？

【答案】不能。在注册资本认缴登记制下，股东向债权人承担补充赔偿责任的前提是，股东出资义务已经到期，或者出现了可以适用"加速到期"的特殊事由。本案中，鸿捷公司各个股东的缴资期限远未到期，也不存在可以适用"加速到期"的特殊事由，故债权人嵩悠公司不得向各个股东主张补充赔偿责任。

【解析】本题涉及加速到期问题。关于这一问题，理论上一直存在争议，实践中也有不同做法。对此，《九民纪要》规定，债权人以公司不能清偿到期债务为由，请求未届出资期限的股东在未出资范围内对公司不能清偿的债务承担补充赔偿责任的，法院一般不予支持。但是，下列情形除外：（1）公司作为被执行人的案件，法院穷尽执行措施无财产可供执行，已具备破产原因，但不申请破产的；（2）在公司债务产生后，公司股东（大）会决议或以其他方式延长股东出资期限的。虽然《九民纪要》并非正式的法律渊源，也没有出现在考试大纲所列举的法规目录中，但是它具有事实上的约束力，并且这一规定较好地权衡了股东和债权人的利益，符合《公司法》所规定的注册资本认缴登记制原理，可以作为答题的依据。另外还要注意，根据《公司法》和《破产法》的规定，当公司进入解散清算程序或者法院受理公司破产申请的，也适用加速到期。

五、（2014/4，五）

案情：2012 年 4 月，陈明设立一家有限责任公司，从事绿色食品开发，注册资本为 200 万元。公司成立半年后，为增加产品开发力度，陈明拟新增资本 100 万元，并为此分别与张巡、李贝洽谈，该二人均有意愿认缴全部新增资本，加入陈明的公司。陈明遂先后与张巡、李贝二人就投资事项分别签订了书面协议。张巡在签约后第二天，即将款项转入陈明的个人账户，但陈明一直以各种理由拖延办理公司变更登记等手续。2012 年 11 月 5 日，陈明最终完成公司章程、股东名册以及公司变更登记手续，公司注册资本变更为 300 万元，陈明任公司董事长，而股东仅为陈明与李贝，张巡的名字则未出现在公司登记的任何文件中。

李贝虽名为股东，但实际上是受刘宝之托，代其持股，李贝向公司缴纳的 100 万元出资，实际上来源于刘宝。2013 年 3 月，在陈明同意的情况下，李贝将其名下股权转让给善意不知情的潘龙，并在公司登记中办理了相应的股东变更。

2014 年 6 月，因产品开发屡次失败，公司陷入资不抵债且经营无望的困境，遂向法院申请破产。法院受理后，法院所指定的管理人查明：第一，陈明尚有 50 万元的出资未实际缴付；第二，陈明的妻子葛梅梅本是家庭妇女，但自 2014 年 1 月起，却一直以公司财务经理的名义，每月自公司领取奖金 4 万元。

问题与解答：

1. 在法院受理公司破产申请前，张巡是否可向公司以及陈明主张权利，主张何种权利？为什么？

【答案】张巡不能向公司主张任何权利。根据案情交代，即陈明是以自己名义与张巡签订协议，款项也是转入陈明个人账户，且张巡并未登记为公司股东，故在张巡与公司之间：第一，张巡并未因此成为公司股东；第二，张巡与公司之间不存在法律关系。因此张巡不能向公司主张任何权利。

鉴于投资协议仅存在于张巡与陈明个人之间，张巡只能向陈明主张违约责任，请求返还所给付的投资款以及相应的损害赔偿。

【解析】本题在《公司法》理论上不存在任何难度，甚至根据生活常识也能得出正确答案。题目难度来自命题人的设问云山雾罩，布下重重谜团，引导考生走入思维误区。本来，公司增资是公司与潜在股东之间的关系，而本题中的公司董事长陈明是以个人名义与投资人张巡签约，且张巡将款项打入陈明的个人账户，尽管张巡以为自己在向公司投资，事实上张巡与公司之间没有任何关系。所以，张巡不能追究公司的任何责任，只能追究陈明的违约责任。在张巡与陈明之间，因为投资协议根本无法履行，所以张巡也不能要求陈明履行投资协议，为张巡谋得股东地位，而只能要求陈明承担损害赔偿责任。同时，陈明构成根本违约，张巡可以解除合同，要求陈明返还其所交付的投资款项，并在解除合同之后要求陈明赔偿损失。

2. 在法院受理公司破产申请后，张巡是否可向管理人主张权利，主张何种权利？为什么？

【答案】根据问题 1 的结论，张巡与公司之间不存在法律关系，故而在公司进入破产程序后，张巡也不得将其对陈明的债权，视为对公司的债权，向管理人进行破产债权的申报。

【解析】本题的难度依然在于命题人布下的思维陷阱，整个题目与《企业破产法》根本没有任何关系，命题人却一心将考生向《企业破产法》、《公司法》上面引导，让人误以为张巡的权利在法院受理公司破产前后会有所不同。其中，"张巡是否可向管理人主张权利，主张何种权利？"，这样的表述太容易让人误解张巡对破产管理人可以主张某种权利。事实上，张巡对公司根本不享有任何债权，当然不能也不需要向公司申报破产债权。假如本题没有引入《企业破产法》的表述，题目难度将大大降低，考生也可以免受误导。

3. 李贝能否以自己并非真正股东为由，主张对潘龙的股权转让行为无效？为什么？

【答案】依《公司法解释（三）》第24条第3款，李贝虽为名义股东，但在对公司的关系上为真正的股东，其对股权的处分应为有权处分；退一步说，即使就李贝的股东身份在学理上存在争议，但在《公司法解释（三）》第25条第1款股权善意取得的规定下，李贝的处分行为也已成为有权处分行为，因此为保护善意相对人起见，李贝不得主张该处分行为无效。

【解析】本题涉及《公司法》上的深层理论与争议问题，即究竟何为股东？特别是在股份代持的情形下，究竟隐名股东是股东，还是显名股东是股东？《公司法解释（三）》显示了权威部门对此问题的含混立场与纠结态度。就《公司法》理论而言，股东代表着投资人与公司之间的法律关系，股东资格需要股东出资证明书、股东名册、工商登记进行确认，所以对于公司与其他股东而言，名义股东乃是"真正"的股东，而隐名股东只是背后的实际出资人，并不享有股东资格。股份代持协议是实际出资人与名义股东之间的协议，与公司并无直接关系，协议本身也不具有《公司法》上的效力而只是具有《合同法》上的效果。如果实际出资人想要浮出水面，成为真正的股东，必须与名义股东办理股权转让手续。而关于有限责任公司的股权转让，《公司法》第71条第2款规定，股东向股东以外的人转让股权，应当经其他股东过半数同意。股东应就其股权转让事项书面通知其他股东征求同意，其他股东自接到书面通知之日起满30日未答复的，视为同意转让。其他股东半数以上不同意转让的，不同意的股东应当购买该转让的股权；不购买的，视为同意转让。所以，名义股东将股权转让给实际出资人，需要经过其他股东过半数同意，而且其他股东享有《公司法》第71条第3款规定的优先购买权。可见，实际出资人想要获得公司股东身份，绝非易事。而且，《公司法解释（三）》第24条第3款规定，实际出资人未经公司其他股东半数以上同意，请求公司变更股东、签发出资证明书、记载于股东名册、记载于公司章程并办理公司登记机关登记的，人民法院不予支持。以此而论，公司的实际出资人显然不是公司的股东，名义股东才是享有股东资格的真正股东，享有《公司法》规定的各项股东权利。所以，名义股东将股权转让给他人属于有权处分而不是无权处分。故在本题中，李贝不能"以自己并非真正股东为由，主张对潘龙的股权转让行为无效"，因为李贝在《公司法》上是真正的股东，而日常生活中所谓的"真正的股东"刘宝根本不是股东。

问题在于在股份代持的情况下，名义股东往往只是个幌子，背后的实际出资人才是"真正的"股东，《公司法》不能对实际出资人视而不见，而必须有所规范，约束其行为，保护其利益。正是在此思路下，产生了《公司法解释（三）》第25条。该条第1款规定，名义股东将登记于其名下的股权转让、质押或者以其他方式处分，实际出资人以其对于股权享有实际权利为由，请求认定处分股权行为无效的，人民法院可以参照《物权法》第106条的规定处理。而《物权法》第106条第1款规定，无处分权人将不动产或者动产转让给受让人的，所有权人有权追回；除法律另有规定外，符合下列情形的，受让人取得该不动产或者动产的所有权：……可见，善意取得制度适用的前提是无处分，如果认为名义股东将股权转让给他人属于有权处分，则不存在善意取得的问题。所以，在《公司法解释（三）》第25条的语境之下，最高人民法院似乎又认为名义股东不是真正的股东，其将股权转让给他人属于无权处分，需要适用善意取得的规则。

综上，在名义股东是否享有股东权这样一个最基本的问题上，最高人民法院是模棱两可的，民商学界是争议不休的。司法部在客观题之中已经多次涉及此项敏感问题，本次则在主观题中直接提出该问题。因为存在争议，司法部答案自身也给出了两种说法。这恰好验证了前面提到的趋势：司法考试不回避有争议的理论问题。但是，《买卖合同解释》第3条事实上已经废除了《合同法》第51条关于无权处分合同效力的规定，司法部给出的答案并不准确。《买卖合同解释》第3条第1款规定，当事人一方以出卖人在缔约时对标的物没有所有权或者处分权为由主张合同无效的，人民法院不予支持。《买卖合同解释》第45条第1款规定，法律或者行政法规对债权转让、股权转让等权利转让合同有规定的，依照其规定；没有规定的，人民法院可以根据合同法第124条和第174条的规定，参照适用买卖合同的有关规定。据此，股权转让通常是一种特殊的买卖合同，可以参照适用《买卖合同解释》第3条，从而转让股权时的无权处分根本不影响股权转让合同的效力。所以，即便在理论上认为李贝将股权转让给潘龙属于无权处分，此项股权转让合同照样有效。《买卖合同解释》第3条第2款规定，出卖人因未取得所有权或者处分权致使标的物所有权不能转移，买受人要求出卖人承担违约责任或者要求解除合同并主张损害赔偿的，人民法院应予支持。据此，如果李贝不能将股权转让给潘龙，需要向潘龙承担违约责任。

4. 刘宝可主张哪些法律救济？为什么？

【答案】鉴于刘宝仅与李贝之间存在法律关系，即委托持股关系，因此刘宝也就只能根据该合同关系，向李贝主张违约责任，对公司不享有任何权利主张。

【解析】《公司法解释（三）》第25条第1款规定，名义股东处分股权造成实际出资人损失，实际出资人请求名义股东承担赔偿责任的，人民法院应予支持。本题中，李贝违反与刘宝之间的股权代持协议，擅自将刘宝的股权转让给他人，构成违约，应当承担相应的民事赔偿责任。需要注意的是，既然在理论上认为李贝是公司股东，李贝在《公司法》上即有权将股份转让给潘龙，陈明作为公司董事长，配合李贝办理股东变更手续即不存在违法之处，并未侵害刘宝的股权，所以公司并不需要向刘宝承担侵权责任。值得一提的是，本题表述中的"哪些法律救济"再次误导了考生，让人误以为刘宝享有多样的救济权利，事实上刘宝只有追究李贝的违约责任这样一种权利。命题人应当问"刘宝可主张何种法律救济？"或者"刘宝可主张什么法律救济？"

5. 陈明能否以超过诉讼时效为由，拒绝50万元出资的缴付？为什么？

【答案】股东的出资义务，不适用诉讼时效 [《公司法解释（三）》第19条第1款]，因此管理人在向陈明主张50万元出资义务的履行时，其不得以超过诉讼时效为由来予以抗辩 [《企业破产法》第35条、《企业破产法解释（二）》第20条第1款]。

【解析】《公司法解释（三）》第19条规定，公司股东未履行或者未全面履行出资义务或者抽逃出资，公司或者其他股东请求其向公司全面履行出资义务或者返还出资，被告股东以诉讼时效为由进行抗辩的，人民法院不予支持。公司债权人的债权未过诉讼时效期间，其依照本规定第13条第2款、第14条第2款的规定请求未履行或者未全面履行出资义务或者抽逃出资的股东承担赔偿责任，被告股东以出资义务或者返还出资义务超过诉讼时效期间为由进行抗辩的，人民法院不予支持。据此，股东不能以出资义务经过诉讼时效为由拒绝补缴相应出资。

需要说明的是，股东出资义务不适用诉讼时效被我国各种法律规范与司法解释反复强调。《企业破产法》第35条规定，人民法院受理破产申请后，债务人的出资人尚未完全履行出资义务的，管理人应当要求该出资人缴纳所认缴的出资，而不受出资期限的限制。《企业破产法解释（二）》第20条第1款规定，管理人代表债务人提起诉讼，主张出资人向债务人依法缴付未履行的出资或者返还抽逃的出资本息，出资人以认缴出资尚未届至公司章程规定的缴纳期限或者违反出资义务已经超过诉讼时效为由抗辩的，人民法院不予支持。此外，在民法上，最高人民法院《诉讼时效规定》第1条规定，当事人可以对债权请求权提出诉讼时效抗辩，但对下列债权请求权提出诉讼时效抗辩的，人民法院不予支持：……(3) 基于投资关系产生的缴付出资请求权；……

6. 就葛梅梅所领取的奖金，管理人应如何处理？为什么？

【答案】根据《企业破产法》第36条，债务人的董事、监事、高级管理人员利用职权从企业获取的非正常收入，管理人负有追回义务；再根据《企业破产法解释（二）》第24条第1款，董事、监事、高级管理人员所获取的绩效奖金属于非正常收入范围，故而管理人应向葛梅梅请求返还所获取的收入，且可以通过起诉方式来予以追回。

【解析】《企业破产法》第36条规定，债务人的董事、监事和高级管理人员利用职权从企业获取的非正常收入和侵占的企业财产，管理人应当追回。《企业破产法解释（二）》第24条第1款进一步规定，债务人有企业破产法第2条第1款规定的情形时，债务人的董事、监事和高级管理人员利用职权获取的以下收入，人民法院应当认定为企业破产法第36条规定的非正常收入：（一）绩效奖金；（二）普遍拖欠职工工资情况下获取的工资性收入；（三）其他非正常收入。而根据《企业破产法》第2条第1款规定，企业法人不能清偿到期债务，并且资产不足以清偿全部债务或者明显缺乏清偿能力的，依照本法规定清理债务。所以，只有当公司资不抵债时，公司高管从公司获得的奖金之类才属于非正常收入，从而应当被追回。本题中，公司于2014年6月陷入资不抵债且经营无望的困境，而葛梅梅自2014年1月起开始从公司领取高额奖金收入。2014年1月，公司是否已经资不抵债？从题目所给信息来看，不得而知，所以无法判断葛梅梅自2014年1月至2014年6月间所领取的高额奖金是否属于非正常收入。所以，严格说来，司法部的标准答案并非尽善尽美。如果不能将葛梅梅的高额奖金认定为非正常收入，可以考虑将其解释为公司对他人的无偿赠与，从而由管理人享有撤销权。就此，《企业破产法》第31条规定，人民法院受理破产申请前1年内，涉及债务人财产的下列行为，管理人有权请求人民法院予以撤销：（一）无偿转让财产的；（二）以明显不合理的价格进行交易的；（三）对没有财产担保的债务提供财产担保的；（四）对未到期的债务提前清偿的；（五）放弃债权的。本题中，葛梅梅在公司并未实际担任职位，公司发放奖金给葛梅梅，属于无偿转让公司财产，管理人可以将其撤销。

六、（2013/4，五）

案情： 2012年5月，兴平家装有限公司（下称兴平公司）与甲、乙、丙、丁四个自然人，共同出资设立大昌建材加工有限公司（下称大昌公司）。在大昌公司筹建阶段，兴平公司董事长马玮被指定为设立负责人，全面负责设立事务，马玮又委托甲协助处理公司设立事务。

2012年5月25日，甲以设立中公司的名义与戊签订房屋租赁合同，以戊的房屋作为大昌公司将来的登记住所。

2012年6月5日，大昌公司登记成立，马玮为公司董事长，甲任公司总经理。公司注册资本1000万元，其中，兴平公司以一栋厂房出资；甲的出资是一套设备（未经评估验资，甲申报其价值为150万元）与现金100万元。

2013年2月，在马玮知情的情况下，甲伪造丙、丁的签名，将丙、丁的全部股权转让至乙的名下，并办理了登记变更手续。乙随后于 2013 年 5 月，在马玮、甲均无异议的情况下，将登记在其名下的全部股权作价 300 万元，转让给不知情的吴耕，也办理了登记变更等手续。

现查明：第一，兴平公司所出资的厂房，其所有权原属于马玮父亲；2011 年 5 月，马玮在其父去世后，以伪造遗嘱的方式取得所有权，并于同年 8 月，以该厂房投资设立兴平公司，马玮占股 80%。而马父遗产的真正继承人，是马玮的弟弟马祎。第二，甲的 100 万元现金出资，系由其朋友满钺代垫，且在 2012 年 6 月 10 日，甲将该 100 万元自公司账户转到自己账户，随即按约还给满钺。第三，甲出资的设备，在 2012 年 6 月初，时值 130 万元；在 2013 年 1 月，时值 80 万元。

问题与解答：

1. 甲以设立中公司的名义与戊签订的房屋租赁合同，其效力如何？为什么？

【答案】有效，设立中的公司可以实施法律行为。

【解析】公司在设立以前并不具有独立法人资格，是一种权利能力受限的社团，但是其可以实施一些为了公司设立必要的法律行为。根据《公司法解释（三）》第 3 条第 1 款："发起人以设立中公司名义对外签订合同，公司成立后合同相对人请求公司承担合同责任的，人民法院应予支持。"因此，甲以设立中公司的名义与戊签订房屋租赁合同有效，公司应当承担合同责任。

2. 在 2013 年 1 月，丙、丁能否主张甲设备出资的实际出资额仅为 80 万元，进而要求甲承担相应的补足出资责任？为什么？

【答案】不可以。确定甲是否已履行出资义务，应以设备交付并移转所有权至公司时为准，故应以 2012 年 6 月初值 130 万元，作为确定甲承担相应的补足出资责任的标准。

【解析】根据《公司法解释（三）》第 9 条："出资人以非货币财产出资，未依法评估作价，公司、其他股东或者公司债权人请求认定出资人未履行出资义务的，人民法院应当委托具有合法资格的评估机构对该财产评估作价。评估确定的价额显著低于公司章程所定价额的，人民法院应当认定出资人未依法全面履行出资义务。"《公司法解释（三）》第 15 条："出资人以符合法定条件的非货币财产出资后，因市场变化或者其他客观因素导致出资财产贬值，公司、其他股东或者公司债权人请求该出资人承担补足出资责任的，人民法院不予支持。但是，当事人另有约定的除外。"可知，甲作为出资的设备在 2012 年 6 月初值 130 万元，丙、丁不能因为市场变化等原因主张甲的实际出资额为 80 万。《公司法》第 30 条："有限责任公司成立后，发现作为设立公司出资的非货币财产的实际价额显著低于公司章程所定价额的，应当由交付该出资的股东补足其差额；公司设立时的其他股东承担连带责任。"甲应当承担出资不足责任，但是应以 130 万为基础而不是 80 万为基础承补足责任。

3. 在甲不能补足其 100 万元现金出资时，满钺是否要承担相应的责任？为什么？

【答案】根据 2014 年修订前的《公司法解释（三）》第 15 条，满钺应承担相应的连带责任。

【解析】本题考查 2014 年修订前的《公司法解释（三）》第 15 条，该条规定："第三人代垫资金协助发起人设立公司，双方明确约定在公司验资后或者在公司成立后将该发起人的出资抽回以偿还该第三人，发起人依照前述约定抽回出资偿还第三人后又不能补足出资，相关权利人请求第三人连带承担发起人因抽回出资而产生的相应责任的，人民法院应予支持。"但是，2014 年修订后的《公司法解释（三）》删除了本条，因此根据现行法，本题无明确法律依据。

4. 马祎能否要求大昌公司返还厂房？为什么？

【答案】可以。首先，因继承无效，马玮不能因继承取得厂房所有权，而其将厂房投资设立兴平公司，因马玮是兴平公司的董事长，其主观恶意视为所代表公司的恶意，因此也不能使兴平公司取得厂房所有权；其次，兴平公司将该厂房再投资于大昌公司时，马玮又是大昌公司的设立负责人与成立后的公司董事长，同样不能使大昌公司取得所有权。因此所有权仍应归属于马祎，可以向大昌公司请求返还。

【解析】《继承法》第 22 条："无行为能力人或者限制行为能力人所立的遗嘱无效。遗嘱必须表示遗嘱人的真实意思，受胁迫、欺骗所立的遗嘱无效。伪造的遗嘱无效。遗嘱被篡改的，篡改的内容无效。"《公司法解释（三）》第 7 条第 1 款："出资人以不享有处分权的财产出资，当事人之间对于出资行为效力产生争议的，人民法院可以参照物权法第 106 条的规定予以认定。"本题中，马某系兴平公司董事长，对外代表公司，马某以没有产权的厂房出资具备主观恶意，代表兴平公司具备主观恶意，故兴平公司不能取得厂房所有权，兴平公司将厂房再投资大昌公司时，大昌公司也因同样的原因不能取得所有权。

5. 乙能否取得丙、丁的股权？为什么？

【答案】不能。乙与丙、丁间根本就不存在股权转让行为，丙、丁的签字系由甲伪造，且乙在主观上不可能是善意，故不构成善意取得。

【解析】需要注意的是，甲伪造丙、丁的签名，将丙、丁的全部股权转让至乙的名下，并不意味着在乙和丙、丁之间存在股权转让合同。根据民法理论，此种情况下股权转让合同不成立，并不涉及有权处分或者无权处分问题，也不涉及合同效力问题。由于股权转让合同不成立，乙当然不可能取得股权。

6. 吴耕能否取得乙转让的全部股权？为什么？

【答案】可以。乙自己原持有的股权，为合法有效，故可以有效地转让给吴耕。至于乙所受让的丙、丁的股权，虽然无效，但乙已将该股份登记于自己名下，且吴耕为善意，并已办理了变更登记手续，因此参照《公司法解释（三）》第 25 条，吴耕可以主张股权的善意取得。

【解析】《公司法》第 71 条："有限责任公司的股东之间可以相互转让其全部或者部分股权。股东向股东以外的人转让股权，应当经其他股东过半数同意。股东应就其股权转让事项书面通知其他股东征求同意，其他股东自接到书面通知之日起满 30 日未答复的，视为同意转让。其他股东半数以上不同意转让的，不同意的股东应当购买该转让的股权；不购买的，视为同意转让。经股东同意转让的股权，在同等条件下，其他股东有优先购买权。两个以上股东主张行使优先购买权的，协商确定各自的购买比例；协商不成的，按照转让时各自的出资比例行使优先购买权。公司章程对股权转让另有规定的，从其规定。"本题中，乙合法持有大昌公司股权，经马某和甲无异议的情况下转让给吴某，而马某是兴平公司法定代表人表明兴平公司同意该转让行为，故吴某可以取得乙合法持有的股权。

《公司法解释（三）》第 25 条："名义股东将登记于其名下的股权转让、质押或者以其他方式处分，实际出资人以其对于股权享有实际权利为由，请求认定处分股权行为无效的，人民法院可以参照物权法第 106 条的规定处理。名义股东处分股权造成实际出资人损失，实际出资人请求名义股东承担赔偿责任的，人民法院应予支持。"本题中，由于乙已经办理了股权变更登记，虽然没有取得股权的所有权但是成为了股权的名义股东，吴某对于该事实并不知情且其支付了合理对价，故吴某可以取得登记于乙名下的全部股权。

七、（2012/4，四）

案情： 2009 年 1 月，甲、乙、丙、丁、戊共同投资设立鑫荣新材料有限公司（以下简称鑫荣公司），从事保温隔热高新建材的研发与生产。该公司注册资本 2000 万元，各股东认缴的出资比例分别为 44%、32%、13%、6%、5%。其中，丙将其对大都房地产开发有限公司所持股权折价成 260 万元作为出资方式，经验资后办理了股权转让手续。甲任鑫荣公司董事长与法定代表人，乙任公司总经理。

鑫荣公司成立后业绩不佳，股东之间的分歧日益加剧。当年 12 月 18 日，该公司召开股东会，在乙的策动下，乙、丙、丁、戊一致同意，限制甲对外签约合同金额在 100 万元以下，如超出 100 万元，甲须事先取得股东会同意。甲拒绝在决议上签字。此后公司再也没有召开股东会。

2010 年 12 月，甲认为产品研发要想取得实质进展，必须引进隆泰公司的一项新技术。甲未与其他股东商量，即以鑫荣公司法定代表人的身份，与隆泰公司签订了金额为 200 万元的技术转让合同。

2011 年 5 月，乙为资助其女赴美留学，向朋友张三借款 50 万元，以其对鑫荣公司的股权作为担保，并办理了股权质权登记手续。

2011 年 9 月，大都房地产公司资金链断裂，难以继续支撑，不得不向法院提出破产申请。经审查，该公司尚有资产 3000 万元，但负债已高达 3 亿元，各股东包括丙的股权价值几乎为零。

2012 年 1 月，鉴于鑫荣公司经营状况不佳及大股东与管理层间的矛盾，小股东丁与戊欲退出公司，以避免更大损失。

问题与解答：

1. 2009 年 12 月 18 日股东大会决议的效力如何？为什么？

【答案】 有效，股东会有权在表决过半数同意后就董事长的职权作出限制。

【解析】《公司法》第 22 条第 1 款："公司股东会或者股东大会、董事会的决议内容违反法律、行政法规的无效。"《公司法》第 43 条第 1 款："股东会的议事方式和表决程序，除本法有规定的外，由公司章程规定。"该股东会决议没有违反法律、行政法规的规定，只是就董事长的职权行使作出限制，且表决权过半数的股东已在决议上签字。故有效。

2. 甲以鑫荣公司名义与隆泰公司签订的技术转让合同效力如何？为什么？

【答案】 合同有效，尽管公司章程对董事长的职权作出了限制，但根据《合同法》第 50 条的规定，行为有效。

【解析】《合同法》第 50 条："法人或者其他组织的法定代表人、负责人超越权限订立的合同，除相对人知道或者应当知道其超越权限的以外，该代表行为有效。"公司对董事长的职权行使有限制，甲超越该限制但是隆泰公司对此并不知情，因此公司对外签订的合同依然是有效的。

3. 乙为张三设定的股权质押效力如何？为什么？

【答案】 股权质押有效，张三享有质权。因为已经按照规定办理了股权质押登记。

【解析】根据《物权法》第226条第1款：“以基金份额、股权出质的，当事人应当订立书面合同。以基金份额、证券登记结算机构登记的股权出质的，质权自证券登记结算机构办理出质登记时设立；以其他股权出质的，质权自工商行政管理部门办理出质登记时设立。”乙办理了股权质权登记手续。故该质权有效。

4. 大都房地产公司陷入破产，丙是否仍然对鑫荣公司享有股权？为什么？

【答案】丙仍然享有股权。因为丙已经办理了股权转让手续，且丙以其对大都房地产公司的股权出资时，大都房地产公司并未陷入破产，也不存在虚假出资。

【解析】根据《公司法解释（三）》第11条第1款：“出资人以其他公司股权出资，符合下列条件的，人民法院应当认定出资人已履行出资义务：（一）出资的股权由出资人合法持有并依法可以转让；（二）出资的股权无权利瑕疵或者权利负担；（三）出资人已履行关于股权转让的法定手续；（四）出资的股权已依法进行了价值评估。”丙将对大都房地产公司的股权作为出资符合上述条件，不存在虚假出资的状况，其出资行为有效。鑫荣公司取代丙成为大都房地产公司的股东后，即使大都房地产出现破产状况都不能否认丙的出资行为。

5. 丁与戊可以通过何种途径保护自己的权益？

【答案】丁、戊可以通过向其他股东或第三人转让股权的途径退出公司，或联合提起诉讼，请求法院强制解散公司的途径保护自己的权益。

【解析】《公司法》第71条第1款、第2款：“有限责任公司的股东之间可以相互转让其全部或者部分股权。股东向股东以外的人转让股权，应当经其他股东过半数同意。股东应就其股权转让事项书面通知其他股东征求同意，其他股东自接到书面通知之日起满30日未答复的，视为同意转让。其他股东半数以上不同意转让的，不同意的股东应当购买该转让的股权；不购买的，视为同意转让。”故丁、戊可以通过向其他股东或第三人转让股权的途径退出公司。《公司法》第182条：“公司经营管理发生严重困难，继续存续会使股东利益受到重大损失，通过其他途径不能解决的，持有公司全部股东表决权10%以上的股东，可以请求人民法院解散公司。”丁和戊的股权比例合计达11%，故可以请求法院解散公司。《公司法》第74条第1款：“有下列情形之一的，对股东会该项决议投反对票的股东可以请求公司按照合理的价格收购其股权：（一）公司连续5年不向股东分配利润，而公司该5年连续盈利，并且符合本法规定的分配利润条件的；（二）公司合并、分立、转让主要财产的；（三）公司章程规定的营业期限届满或者章程规定的其他解散事由出现，股东会会议通过决议修改章程使公司存续的。”本题中，不存在请求公司收购股权而退出公司的情形。故丁和戊只能通过转让股权或者请求法院解散公司的方式退出。

八、（2010/4，六）

案情： 2007年2月，甲、乙、丙、丁、戊五人共同出资设立北陵贸易有限责任公司（简称北陵公司）。公司章程规定：公司注册资本500万元；持股比例各20%；甲、乙各以100万元现金出资，丙以私有房屋出资，丁以专利权出资，戊以设备出资，各折价100万元；甲任董事长兼总经理，负责公司经营管理；公司前五年若有利润，甲得28%，其他四位股东各得18%，从第六年开始平均分配利润。

至2010年9月，丙的房屋仍未过户登记到公司名下，但事实上一直由公司占有和使用。

公司成立后一个月，丁提出急需资金，向公司借款 100 万元，公司为此召开临时股东会议，作出决议如下：同意借给丁 100 万元，借期 6 个月，每月利息 1 万元。丁向公司出具了借条。虽至今丁一直未归还借款，但每月均付给公司利息 1 万元。

千山公司总经理王五系甲好友，千山公司向建设银行借款 1000 万元，借期一年，王五请求北陵公司提供担保。甲说："公司章程规定我只有 300 万元的担保决定权，超过了要上股东会才行。"王五说："你放心，我保证 1 年到期就归还银行，到时候与你公司无关，只是按银行要求做个手续。"甲碍于情面，自己决定以公司名义给千山公司的贷款银行出具了一份担保函。

戊不幸于 2008 年 5 月地震中遇难，其 13 岁的儿子幸存下来。

北陵公司欲向农业银行借款 200 万元，以设备作为担保，银行同意，双方签订了借款合同和抵押合同，但未办理抵押登记。

2010 年 5 月，乙提出欲将其股份全部转让给甲，甲愿意受让。

2010 年 7 月，当地发生洪水灾害，此时北陵公司的净资产为 120 万元，但尚欠万水公司债务 150 万元一直未还。北陵公司决定向当地的一家慈善机构捐款 100 万元，与其签订了捐赠合同，但尚未交付。

问题与解答：

1. 北陵公司章程规定的关于公司前五年利润分配的内容是否有效？为什么？

【答案】有效。公司法允许有限公司章程对利润作出不按出资比例的分配方法。

【解析】首先，公司章程是实现公司自治的主要载体，兼具法定性和任意性色彩，这是公司法的理论问题。其次，就利润分配问题而言，《公司法》第 34 条规定："股东按照实缴的出资比例分取红利；公司新增资本时，股东有权优先按照实缴的出资比例认缴出资。但是，全体股东约定不按照出资比例分取红利或者不按照出资比例优先认缴出资的除外。"也就是说，全体股东可以通过公司章程、股东会决议等方式，约定不按实缴出资比例分配公司利润。本题中，有限公司设立时的章程，是全体股东一致同意的结果，当然有权约定利润分配问题。

2. 丙作为出资的房屋未过户到公司名下，对公司的设立产生怎样的后果？在房屋已经由公司占有和使用的情况下，丙是否需要承担违约责任？

【答案】不影响公司的有效设立。丙应当承担违约责任。

【解析】我国公司法实行注册资本认缴登记制，也就是说，股东应当按照章程规定履行出资义务，否则应当向公司继续缴资、向其他已经按期足额缴纳出资的股东承担违约责任，但是不影响股东资格的取得，也不影响公司的成立。对于不动产出资而言，股东应当将出资的不动产交付给公司，并且办理所有权变更登记手续，方可认定为完全履行了出资义务。本题中，可以认为丙已经实际交付出资房屋给公司，但是未办理过户登记手续，所以仍然应当承担未完全履行出资义务的责任，但是不影响其股东资格的取得，也不影响该公司的设立。

3. 丁向公司借款 100 万元的行为是否构成抽逃注册资金？为什么？

【答案】不构成。经过股东会决议，签订了借款合同，形成丁对公司的债务。

【解析】所谓抽逃出资，是指股东违法将其出资财产全部或者部分抽走的行为，包括虚增利润分配、虚构债权债务、利用关联交易等手段，但是股东与公司之间正常的经济交往，如买卖、租赁、借款等行为，不构成抽逃出资。本题中，丁与公司之间建立了合法的借款合同关系，不构成抽逃出资行为。

4. 北陵公司于2010年8月请求丁归还借款，其请求权是否已经超过诉讼时效？为什么？

【答案】　未超过。因为丁作为债务人一直在履行债务。

【解析】　本题为民法考点，民法与商法的密切关系在司法考试中体现得淋漓尽致。案情交待，虽至今丁一直未归还借款，但每月均付给公司利息1万元。丁作为债务人，一直在履行债务，可以视为诉讼时效的中断，所以，截至2010年8月，虽然离借款期满已经超过3年，但是债权人的债权并未超过诉讼时效。

5. 北陵公司是否有权请求法院确认其向建设银行出具的担保函无效？为什么？

【答案】　无权。因保证合同是甲与银行之间的合同。

【解析】　通说认为，公司越权担保行为可以参照一般的公司越权行为规则处理。《合同法》第50条规定："法人或者其他组织的法定代表人、负责人超越权限订立的合同，除相对人知道或者应当知道其超越权限的以外，该代表行为有效。"虽然千山公司对甲的越权行为知情，但是相对人银行是善意的，因此该越权担保行为有效。

6. 戊13岁的儿子能否继承戊的股东资格而成为公司的股东？为什么？

【答案】　能够。因为公司法并未要求股东为完全行为能力人。

【解析】　首先，《公司法》并未规定股东必须为完全民事行为能力人，也就是说，无民事行为能力人和限制民事行为能力人都可以成为公司的股东。其次，《公司法》第75条规定："自然人股东死亡后，其合法继承人可以继承股东资格；但是，公司章程另有规定的除外。"因此，在章程没有特别限制的情形之下，戊13岁的儿子可以继承戊的股东资格。

7. 如北陵公司不能偿还农业银行的200万元借款，银行能否行使抵押权？为什么？

【答案】　能够。设备抵押可以不办理登记。

【解析】　本题同样为民法考点。在我国《物权法》上，不动产抵押权的设立采用登记要件主义，动产（包括特殊动产）抵押权的设立采用登记对抗主义。所以，虽然该机器设备的抵押没有办理登记，但是抵押权已经设立，只是不具有对抗善意第三人的效力。

8. 乙向甲转让股份时，其他股东是否享有优先受让权？为什么？

【答案】　不享有。因为不是对外转让。

【解析】　基于有限公司的人合性，股东向股东以外的人转让股权的，其他股东享有同等条件下的优先购买权。但是，股东之间转让股权，并不会破坏有限公司的人合性，因此公司法并未规定其他股东享有优先购买权。当然，如果章程另有约定，则应从其约定。

9. 北陵公司与当地慈善机构的捐赠合同是否有效？为什么？万水公司可否请求法院撤销北陵公司的上述行为？为什么？

【答案】　有效。万水公司可以请求法院撤销北陵公司的捐赠行为，因其不履行债务而无偿转让财产，损害了万水公司的利益，符合《合同法》关于债的保全撤销权的条件。

【解析】　这是民法考点。首先，孤立地看，北陵公司的捐赠合同，并无法定的无效情形，因此有效。其次，就北陵公司与其债权人万水公司之间的关系而言，北陵公司无偿处分财产并且损害债权人利益，债权人可以根据《合同法》的规定行使撤销权。

中华人民共和国公司法节选

第一章 总 则

第三条 公司是企业法人，有独立的法人财产，享有法人财产权。公司以其全部财产对公司的债务承担责任。

有限责任公司的股东以其认缴的出资额为限对公司承担责任；股份有限公司的股东以其认购的股份为限对公司承担责任。

第七条 依法设立的公司，由公司登记机关发给公司营业执照。公司营业执照签发日期为公司成立日期。

公司营业执照应当载明公司的名称、住所、注册资本、经营范围、法定代表人姓名等事项。

公司营业执照记载的事项发生变更的，公司应当依法办理变更登记，由公司登记机关换发营业执照。

第九条 有限责任公司变更为股份有限公司，应当符合本法规定的股份有限公司的条件。股份有限公司变更为有限责任公司，应当符合本法规定的有限责任公司的条件。

有限责任公司变更为股份有限公司的，或者股份有限公司变更为有限责任公司的，公司变更前的债权、债务由变更后的公司承继。

第十条 公司以其主要办事机构所在地为住所。

第十一条 设立公司必须依法制定公司章程。公司章程对公司、股东、董事、监事、高级管理人员具有约束力。

第十二条 公司的经营范围由公司章程规定，并依法登记。公司可以修改公司章程，改变经营范围，但是应当办理变更登记。

公司的经营范围中属于法律、行政法规规定须经批准的项目，应当依法经过批准。

第十三条 公司法定代表人依照公司章程的规定，由董事长、执行董事或者经理担任，并依法登记。公司法定代表人变更，应当办理变更登记。

第十四条 公司可以设立分公司。设立分公司，应当向公司登记机关申请登记，领取营业执照。分公司不具有法人资格，其民事责任由公司承担。

公司可以设立子公司，子公司具有法人资格，依法独立承担民事责任。

第十六条 公司向其他企业投资或者为他人提供担保，依照公司章程的规定，由董事会或者股东会、股东大会决议；公司章程对投资或者担保的总额及单项投资或者担保的数额有限额规定的，不得超过规定的限额。

公司为公司股东或者实际控制人提供担保的，必须经股东会或者股东大会决议。

前款规定的股东或者受前款规定的实际控制人支配的股东，不得参加前款规定事项的表决。该项表决由出席会议的其他股东所持表决权的过半数通过。

第二十条 公司股东应当遵守法律、行政法规和公司章程，依法行使股东权利，不得滥用股东权利损害公司或者其他股东的利益；不得滥用公司法人独立地位和股东有限责任损害公司债权人的利益。

公司股东滥用股东权利给公司或者其他股东造成损失的，应当依法承担赔偿责任。

公司股东滥用公司法人独立地位和股东有限责任，逃避债务，严重损害公司债权人利益的，应当对公司债务承担连带责任。

第二十一条 公司的控股股东、实际控制人、董事、监事、高级管理人员不得利用其关联关系损害公司利益。

违反前款规定，给公司造成损失的，应当承担赔偿责任。

第二十二条 公司股东会或者股东大会、董事会的决议内容违反法律、行政法规的无效。

股东会或者股东大会、董事会的会议召集程序、表决方式违反法律、行政法规或者公司章程，或者决议内容违反公司章程的，股东可以自决议作出之日起六十日内，请求人民法院撤销。

股东依照前款规定提起诉讼的，人民法院可以应公司的请求，要求股东提供相应担保。

公司根据股东会或者股东大会、董事会决议已办理变更登记的，人民法院宣告该决议无效或者撤销该决议后，公司应当向公司登记机关申请撤销变更登记。

第二章 有限责任公司的设立和组织机构

第一节 设 立

第二十三条 设立有限责任公司，应当具备下列条件：

（一）股东符合法定人数；

（二）有符合公司章程规定的全体股东认缴的出资额；

（三）股东共同制定公司章程；

（四）有公司名称，建立符合有限责任公司要求的组织机构；

（五）有公司住所。

第二十四条 有限责任公司由五十个以下股东出资设立。

第二十五条 有限责任公司章程应当载明下列事项：

（一）公司名称和住所；

（二）公司经营范围；

（三）公司注册资本；

（四）股东的姓名或者名称；

（五）股东的出资方式、出资额和出资时间；

（六）公司的机构及其产生办法、职权、议事规则；

（七）公司法定代表人；

（八）股东会会议认为需要规定的其他事项。

股东应当在公司章程上签名、盖章。

第二十六条　有限责任公司的注册资本为在公司登记机关登记的全体股东认缴的出资额。

法律、行政法规以及国务院决定对有限责任公司注册资本实缴、注册资本最低限额另有规定的，从其规定。

第二十七条　股东可以用货币出资，也可以用实物、知识产权、土地使用权等可以用货币估价并可以依法转让的非货币财产作价出资；但是，法律、行政法规规定不得作为出资的财产除外。

对作为出资的非货币财产应当评估作价，核实财产，不得高估或者低估作价。法律、行政法规对评估作价有规定的，从其规定。

第二十八条　股东应当按期足额缴纳公司章程中规定的各自所认缴的出资额。股东以货币出资的，应当将货币出资足额存入有限责任公司在银行开设的账户；以非货币财产出资的，应当依法办理其财产权的转移手续。

股东不按照前款规定缴纳出资的，除应当向公司足额缴纳外，还应当向已按期足额缴纳出资的股东承担违约责任。

第二十九条　股东认足公司章程规定的出资后，由全体股东指定的代表或者共同委托的代理人向公司登记机关报送公司登记申请书、公司章程等文件，申请设立登记。

第三十条　有限责任公司成立后，发现作为设立公司出资的非货币财产的实际价额显著低于公司章程所定价额的，应当由交付该出资的股东补足其差额；公司设立时的其他股东承担连带责任。

第三十一条　有限责任公司成立后，应当向股东签发出资证明书。

出资证明书应当载明下列事项：

（一）公司名称；

（二）公司成立日期；

（三）公司注册资本；

（四）股东的姓名或者名称、缴纳的出资额和出资日期；

（五）出资证明书的编号和核发日期。

出资证明书由公司盖章。

第三十二条　有限责任公司应当置备股东名册，记载下列事项：

（一）股东的姓名或者名称及住所；

（二）股东的出资额；

（三）出资证明书编号。

记载于股东名册的股东，可以依股东名册主张行使股东权利。

公司应当将股东的姓名或者名称向公司登记机关登记；登记事项发生变更的，应当办理变更登记。未经登记或者变更登记的，不得对抗第三人。

第三十三条 股东有权查阅、复制公司章程、股东会会议记录、董事会会议决议、监事会会议决议和财务会计报告。

股东可以要求查阅公司会计账簿。股东要求查阅公司会计账簿的，应当向公司提出书面请求，说明目的。公司有合理根据认为股东查阅会计账簿有不正当目的，可能损害公司合法利益的，可以拒绝提供查阅，并应当自股东提出书面请求之日起十五日内书面答复股东并说明理由。公司拒绝提供查阅的，股东可以请求人民法院要求公司提供查阅。

第三十四条 股东按照实缴的出资比例分取红利；公司新增资本时，股东有权优先按照实缴的出资比例认缴出资。但是，全体股东约定不按照出资比例分取红利或者不按照出资比例优先认缴出资的除外。

第三十五条 公司成立后，股东不得抽逃出资。

第二节 组织机构

第三十六条 有限责任公司股东会由全体股东组成。股东会是公司的权力机构，依照本法行使职权。

第三十七条 股东会行使下列职权：

（一）决定公司的经营方针和投资计划；

（二）选举和更换非由职工代表担任的董事、监事，决定有关董事、监事的报酬事项；

（三）审议批准董事会的报告；

（四）审议批准监事会或者监事的报告；

（五）审议批准公司的年度财务预算方案、决算方案；

（六）审议批准公司的利润分配方案和弥补亏损方案；

（七）对公司增加或者减少注册资本作出决议；

（八）对发行公司债券作出决议；

（九）对公司合并、分立、解散、清算或者变更公司形式作出决议；

（十）修改公司章程；

（十一）公司章程规定的其他职权。

对前款所列事项股东以书面形式一致表示同意的，可以不召开股东会会议，直接作出决定，并由全体股东在决定文件上签名、盖章。

第三十八条 首次股东会会议由出资最多的股东召集和主持，依照本法规定行使职权。

第三十九条 股东会会议分为定期会议和临时会议。

定期会议应当依照公司章程的规定按时召开。代表十分之一以上表决权的股东，三分之一以上的董事，监事会或者不设监事会的公司的监事提议召开临时会议的，应当召开临时会议。

第四十条 有限责任公司设立董事会的，股东会会议由董事会召集，董事长主持；董事长不能履行职务或者不履行职务的，由副董事长主持；副董事长不能履行职务或者不履行职务的，由半数以上董事共同推举一名董事主持。

有限责任公司不设董事会的，股东会会议由执行董事召集和主持。

董事会或者执行董事不能履行或者不履行召集股东会会议职责的，由监事会或者不设监事会的公司的监事召集和主持；监事会或者监事不召集和主持的，代表十分之一以上表决权的股东可以自行召集和主持。

第四十一条 召开股东会会议，应当于会议召开十五日前通知全体股东；但是，公司章程另有规定或者全体股东另有约定的除外。

股东会应当对所议事项的决定作成会议记录，出席会议的股东应当在会议记录上签名。

第四十二条 股东会会议由股东按照出资比例行使表决权；但是，公司章程另有规定的除外。

第四十三条 股东会的议事方式和表决程序，除本法有规定的外，由公司章程规定。

股东会会议作出修改公司章程、增加或者减少注册资本的决议，以及公司合并、分立、解散或者变更公司形式的决议，必须经代表三分之二以上表决权的股东通过。

第四十四条 有限责任公司设董事会，其成员为三人至十三人；但是，本法第五十条另有规定的除外。

两个以上的国有企业或者两个以上的其他国有投资主体投资设立的有限责任公司，其董事会成员中应当有公司职工代表；其他有限责任公司董事会成员中可以有公司职工代表。董事会中的职工代表由公司职工通过职工代表大会、职工大会或者其他形式民主选举产生。

董事会设董事长一人，可以设副董事长。董事长、副董事长的产生办法由公司章程规定。

第四十五条 董事任期由公司章程规定，但每届任期不得超过三年。董事任期届满，连选可以连任。

董事任期届满未及时改选，或者董事在任期内辞职导致董事会成员低于法定人数的，在改选出的董事就任前，原董事仍应当依照法律、行政法规和公司章程的规定，履行董事职务。

第四十六条 董事会对股东会负责，行使下列职权：

（一）召集股东会会议，并向股东会报告工作；

（二）执行股东会的决议；

（三）决定公司的经营计划和投资方案；

（四）制订公司的年度财务预算方案、决算方案；

（五）制订公司的利润分配方案和弥补亏损方案；

（六）制订公司增加或者减少注册资本以及发行公司债券的方案；

（七）制订公司合并、分立、解散或者变更公司形式的方案；

（八）决定公司内部管理机构的设置；

（九）决定聘任或者解聘公司经理及其报酬事项，并根据经理的提名决定聘任或者解聘公司副经理、财务负责人及其报酬事项；

（十）制定公司的基本管理制度；

（十一）公司章程规定的其他职权。

第四十七条 董事会会议由董事长召集和主持；董事长不能履行职务或者不履行职务的，由副董事长召集和主持；副董事长不能履行职务或者不履行职务的，由半数以上董事共同推举一名董事召集和主持。

第四十八条 董事会的议事方式和表决程序，除本法有规定的外，由公司章程规定。

董事会应当对所议事项的决定作成会议记录，出席会议的董事应当在会议记录上签名。

董事会决议的表决，实行一人一票。

第四十九条　有限责任公司可以设经理，由董事会决定聘任或者解聘。经理对董事会负责，行使下列职权：

（一）主持公司的生产经营管理工作，组织实施董事会决议；

（二）组织实施公司年度经营计划和投资方案；

（三）拟订公司内部管理机构设置方案；

（四）拟订公司的基本管理制度；

（五）制定公司的具体规章；

（六）提请聘任或者解聘公司副经理、财务负责人；

（七）决定聘任或者解聘除应由董事会决定聘任或者解聘以外的负责管理人员；

（八）董事会授予的其他职权。

公司章程对经理职权另有规定的，从其规定。

经理列席董事会会议。

第五十条　股东人数较少或者规模较小的有限责任公司，可以设一名执行董事，不设董事会。执行董事可以兼任公司经理。

执行董事的职权由公司章程规定。

第五十一条　有限责任公司设监事会，其成员不得少于三人。股东人数较少或者规模较小的有限责任公司，可以设一至二名监事，不设监事会。

监事会应当包括股东代表和适当比例的公司职工代表，其中职工代表的比例不得低于三分之一，具体比例由公司章程规定。监事会中的职工代表由公司职工通过职工代表大会、职工大会或者其他形式民主选举产生。

监事会设主席一人，由全体监事过半数选举产生。监事会主席召集和主持监事会会议；监事会主席不能履行职务或者不履行职务的，由半数以上监事共同推举一名监事召集和主持监事会会议。

董事、高级管理人员不得兼任监事。

第五十二条　监事的任期每届为三年。监事任期届满，连选可以连任。

监事任期届满未及时改选，或者监事在任期内辞职导致监事会成员低于法定人数的，在改选出的监事就任前，原监事仍应当依照法律、行政法规和公司章程的规定，履行监事职务。

第五十三条　监事会、不设监事会的公司的监事行使下列职权：

（一）检查公司财务；

（二）对董事、高级管理人员执行公司职务的行为进行监督，对违反法律、行政法规、公司章程或者股东会决议的董事、高级管理人员提出罢免的建议；

（三）当董事、高级管理人员的行为损害公司的利益时，要求董事、高级管理人员予以纠正；

（四）提议召开临时股东会会议，在董事会不履行本法规定的召集和主持股东会会议职责时召集和主持股东会会议；

（五）向股东会会议提出提案；

（六）依照本法第一百五十一条的规定，对董事、高级管理人员提起诉讼；

（七）公司章程规定的其他职权。

第五十四条 监事可以列席董事会会议，并对董事会决议事项提出质询或者建议。

监事会、不设监事会的公司的监事发现公司经营情况异常，可以进行调查；必要时，可以聘请会计师事务所等协助其工作，费用由公司承担。

第五十五条 监事会每年度至少召开一次会议，监事可以提议召开临时监事会会议。

监事会的议事方式和表决程序，除本法有规定的外，由公司章程规定。

监事会决议应当经半数以上监事通过。

监事会应当对所议事项的决定作成会议记录，出席会议的监事应当在会议记录上签名。

第五十六条 监事会、不设监事会的公司的监事行使职权所必需的费用，由公司承担。

第三节 一人有限责任公司的特别规定

第五十七条 一人有限责任公司的设立和组织机构，适用本节规定；本节没有规定的，适用本章第一节、第二节的规定。

本法所称一人有限责任公司，是指只有一个自然人股东或者一个法人股东的有限责任公司。

第五十八条 一个自然人只能投资设立一个一人有限责任公司。该一人有限责任公司不能投资设立新的一人有限责任公司。

第五十九条 一人有限责任公司应当在公司登记中注明自然人独资或者法人独资，并在公司营业执照中载明。

第六十条 一人有限责任公司章程由股东制定。

第六十一条 一人有限责任公司不设股东会。股东作出本法第三十七条第一款所列决定时，应当采用书面形式，并由股东签名后置备于公司。

第六十二条 一人有限责任公司应当在每一会计年度终了时编制财务会计报告，并经会计师事务所审计。

第六十三条 一人有限责任公司的股东不能证明公司财产独立于股东自己的财产的，应当对公司债务承担连带责任。

第三章 有限责任公司的股权转让

第七十一条 有限责任公司的股东之间可以相互转让其全部或者部分股权。

股东向股东以外的人转让股权，应当经其他股东过半数同意。股东应就其股权转让事项书面通知其他股东征求同意，其他股东自接到书面通知之日起满三十日未答复的，视为同意转让。其他股东半数以上不同意转让的，不同意的股东应当购买该转让的股权；不购买的，视为同意转让。

经股东同意转让的股权，在同等条件下，其他股东有优先购买权。两个以上股东主张行使优先购买权的，协商确定各自的购买比例；协商不成的，按照转让时各自的出资比例行使优先购买权。

公司章程对股权转让另有规定的，从其规定。

第七十二条 人民法院依照法律规定的强制执行程序转让股东的股权时，应当通知公司及全体股东，其他股东在同等条件下有优先购买权。其他股东自人民法院通知之日起满二十日不行使优先购买权的，视为放弃优先购买权。

第七十三条　依照本法第七十一条、第七十二条转让股权后，公司应当注销原股东的出资证明书，向新股东签发出资证明书，并相应修改公司章程和股东名册中有关股东及其出资额的记载。对公司章程的该项修改不需再由股东会表决。

第七十四条　有下列情形之一的，对股东会该项决议投反对票的股东可以请求公司按照合理的价格收购其股权：

（一）公司连续五年不向股东分配利润，而公司该五年连续盈利，并且符合本法规定的分配利润条件的；

（二）公司合并、分立、转让主要财产的；

（三）公司章程规定的营业期限届满或者章程规定的其他解散事由出现，股东会会议通过决议修改章程使公司存续的。

自股东会会议决议通过之日起六十日内，股东与公司不能达成股权收购协议的，股东可以自股东会会议决议通过之日起九十日内向人民法院提起诉讼。

第七十五条　自然人股东死亡后，其合法继承人可以继承股东资格；但是，公司章程另有规定的除外。

第六章　公司董事、监事、高级管理人员的资格和义务

第一百四十六条　有下列情形之一的，不得担任公司的董事、监事、高级管理人员：

（一）无民事行为能力或者限制民事行为能力；

（二）因贪污、贿赂、侵占财产、挪用财产或者破坏社会主义市场经济秩序，被判处刑罚，执行期满未逾五年，或者因犯罪被剥夺政治权利，执行期满未逾五年；

（三）担任破产清算的公司、企业的董事或者厂长、经理，对该公司、企业的破产负有个人责任的，自该公司、企业破产清算完结之日起未逾三年；

（四）担任因违法被吊销营业执照、责令关闭的公司、企业的法定代表人，并负有个人责任的，自该公司、企业被吊销营业执照之日起未逾三年；

（五）个人所负数额较大的债务到期未清偿。

公司违反前款规定选举、委派董事、监事或者聘任高级管理人员的，该选举、委派或者聘任无效。

董事、监事、高级管理人员在任职期间出现本条第一款所列情形的，公司应当解除其职务。

第一百四十七条　董事、监事、高级管理人员应当遵守法律、行政法规和公司章程，对公司负有忠实义务和勤勉义务。

董事、监事、高级管理人员不得利用职权收受贿赂或者其他非法收入，不得侵占公司的财产。

第一百四十八条　董事、高级管理人员不得有下列行为：

（一）挪用公司资金；

（二）将公司资金以其个人名义或者以其他个人名义开立账户存储；

（三）违反公司章程的规定，未经股东会、股东大会或者董事会同意，将公司资金借贷给他人或者以公司财产为他人提供担保；

（四）违反公司章程的规定或者未经股东会、股东大会同意，与本公司订立合同或者进行交易；

（五）未经股东会或者股东大会同意，利用职务便利为自己或者他人谋取属于公司的商业机会，自营或者为他人经营与所任职公司同类的业务；

（六）接受他人与公司交易的佣金归为己有；

（七）擅自披露公司秘密；

（八）违反对公司忠实义务的其他行为。

董事、高级管理人员违反前款规定所得的收入应当归公司所有。

第一百四十九条　董事、监事、高级管理人员执行公司职务时违反法律、行政法规或者公司章程的规定，给公司造成损失的，应当承担赔偿责任。

第一百五十条　股东会或者股东大会要求董事、监事、高级管理人员列席会议的，董事、监事、高级管理人员应当列席并接受股东的质询。

董事、高级管理人员应当如实向监事会或者不设监事会的有限责任公司的监事提供有关情况和资料，不得妨碍监事会或者监事行使职权。

第一百五十一条　董事、高级管理人员有本法第一百四十九条规定的情形的，有限责任公司的股东、股份有限公司连续一百八十日以上单独或者合计持有公司百分之一以上股份的股东，可以书面请求监事会或者不设监事会的有限责任公司的监事向人民法院提起诉讼；监事有本法第一百四十九条规定的情形的，前述股东可以书面请求董事会或者不设董事会的有限责任公司的执行董事向人民法院提起诉讼。

监事会、不设监事会的有限责任公司的监事，或者董事会、执行董事收到前款规定的股东书面请求后拒绝提起诉讼，或者自收到请求之日起三十日内未提起诉讼，或者情况紧急、不立即提起诉讼将会使公司利益受到难以弥补的损害的，前款规定的股东有权为了公司的利益以自己的名义直接向人民法院提起诉讼。

他人侵犯公司合法权益，给公司造成损失的，本条第一款规定的股东可以依照前两款的规定向人民法院提起诉讼。

第一百五十二条　董事、高级管理人员违反法律、行政法规或者公司章程的规定，损害股东利益的，股东可以向人民法院提起诉讼。

第八章　公司财务、会计

第一百六十六条　公司分配当年税后利润时，应当提取利润的百分之十列入公司法定公积金。公司法定公积金累计额为公司注册资本的百分之五十以上的，可以不再提取。

公司的法定公积金不足以弥补以前年度亏损的，在依照前款规定提取法定公积金之前，应当先用当年利润弥补亏损。

公司从税后利润中提取法定公积金后，经股东会或者股东大会决议，还可以从税后利润中提取任意公积金。

公司弥补亏损和提取公积金后所余税后利润，有限责任公司依照本法第三十四条的规定分配；股份有限公司按照股东持有的股份比例分配，但股份有限公司章程规定不按持股比例分配的除外。

股东会、股东大会或者董事会违反前款规定，在公司弥补亏损和提取法定公积金之前向股东分配利润的，股东必须将违反规定分配的利润退还公司。

公司持有的本公司股份不得分配利润。

第一百六十七条　股份有限公司以超过股票票面金额的发行价格发行股份所得的溢价款以及国务院财政部门规定列入资本公积金的其他收入，应当列为公司资本公积金。

第一百六十八条　公司的公积金用于弥补公司的亏损、扩大公司生产经营或者转为增加公司资本。但是，资本公积金不得用于弥补公司的亏损。

法定公积金转为资本时，所留存的该项公积金不得少于转增前公司注册资本的百分之二十五。

第九章　公司合并、分立、增资、减资

第一百七十二条　公司合并可以采取吸收合并或者新设合并。

一个公司吸收其他公司为吸收合并，被吸收的公司解散。两个以上公司合并设立一个新的公司为新设合并，合并各方解散。

第一百七十三条　公司合并，应当由合并各方签订合并协议，并编制资产负债表及财产清单。公司应当自作出合并决议之日起十日内通知债权人，并于三十日内在报纸上公告。债权人自接到通知书之日起三十日内，未接到通知书的自公告之日起四十五日内，可以要求公司清偿债务或者提供相应的担保。

第一百七十四条　公司合并时，合并各方的债权、债务，应当由合并后存续的公司或者新设的公司承继。

第一百七十五条　公司分立，其财产作相应的分割。

公司分立，应当编制资产负债表及财产清单。公司应当自作出分立决议之日起十日内通知债权人，并于三十日内在报纸上公告。

第一百七十六条　公司分立前的债务由分立后的公司承担连带责任。但是，公司在分立前与债权人就债务清偿达成的书面协议另有约定的除外。

第一百七十七条　公司需要减少注册资本时，必须编制资产负债表及财产清单。

公司应当自作出减少注册资本决议之日起十日内通知债权人，并于三十日内在报纸上公告。债权人自接到通知书之日起三十日内，未接到通知书的自公告之日起四十五日内，有权要求公司清偿债务或者提供相应的担保。

第一百七十八条　有限责任公司增加注册资本时，股东认缴新增资本的出资，依照本法设立有限责任公司缴纳出资的有关规定执行。

股份有限公司为增加注册资本发行新股时，股东认购新股，依照本法设立股份有限公司缴纳股款的有关规定执行。

第一百七十九条　公司合并或者分立，登记事项发生变更的，应当依法向公司登记机关办理变更登记；公司解散的，应当依法办理公司注销登记；设立新公司的，应当依法办理公司设立登记。

公司增加或者减少注册资本，应当依法向公司登记机关办理变更登记。

第十章　公司解散和清算

第一百八十条　公司因下列原因解散：

（一）公司章程规定的营业期限届满或者公司章程规定的其他解散事由出现；

（二）股东会或者股东大会决议解散；

（三）因公司合并或者分立需要解散；

（四）依法被吊销营业执照、责令关闭或者被撤销；

（五）人民法院依照本法第一百八十二条的规定予以解散。

第一百八十一条 公司有本法第一百八十条第（一）项情形的，可以通过修改公司章程而存续。

依照前款规定修改公司章程，有限责任公司须经持有三分之二以上表决权的股东通过，股份有限公司须经出席股东大会会议的股东所持表决权的三分之二以上通过。

第一百八十二条 公司经营管理发生严重困难，继续存续会使股东利益受到重大损失，通过其他途径不能解决的，持有公司全部股东表决权百分之十以上的股东，可以请求人民法院解散公司。

第一百八十三条 公司因本法第一百八十条第（一）项、第（二）项、第（四）项、第（五）项规定而解散的，应当在解散事由出现之日起十五日内成立清算组，开始清算。有限责任公司的清算组由股东组成，股份有限公司的清算组由董事或者股东大会确定的人员组成。逾期不成立清算组进行清算的，债权人可以申请人民法院指定有关人员组成清算组进行清算。人民法院应当受理该申请，并及时组织清算组进行清算。

第一百八十四条 清算组在清算期间行使下列职权：

（一）清理公司财产，分别编制资产负债表和财产清单；

（二）通知、公告债权人；

（三）处理与清算有关的公司未了结的业务；

（四）清缴所欠税款以及清算过程中产生的税款；

（五）清理债权、债务；

（六）处理公司清偿债务后的剩余财产；

（七）代表公司参与民事诉讼活动。

第一百八十五条 清算组应当自成立之日起十日内通知债权人，并于六十日内在报纸上公告。债权人应当自接到通知书之日起三十日内，未接到通知书的自公告之日起四十五日内，向清算组申报其债权。

债权人申报债权，应当说明债权的有关事项，并提供证明材料。清算组应当对债权进行登记。

在申报债权期间，清算组不得对债权人进行清偿。

第一百八十六条 清算组在清理公司财产、编制资产负债表和财产清单后，应当制定清算方案，并报股东会、股东大会或者人民法院确认。

公司财产在分别支付清算费用、职工的工资、社会保险费用和法定补偿金，缴纳所欠税款，清偿公司债务后的剩余财产，有限责任公司按照股东的出资比例分配，股份有限公司按照股东持有的股份比例分配。

清算期间，公司存续，但不得开展与清算无关的经营活动。公司财产在未依照前款规定清偿前，不得分配给股东。

第一百八十七条 清算组在清理公司财产、编制资产负债表和财产清单后，发现公司财产不足清偿债务的，应当依法向人民法院申请宣告破产。

公司经人民法院裁定宣告破产后，清算组应当将清算事务移交给人民法院。

第一百八十八条　公司清算结束后，清算组应当制作清算报告，报股东会、股东大会或者人民法院确认，并报送公司登记机关，申请注销公司登记，公告公司终止。

第一百八十九条　清算组成员应当忠于职守，依法履行清算义务。

清算组成员不得利用职权收受贿赂或者其他非法收入，不得侵占公司财产。

清算组成员因故意或者重大过失给公司或者债权人造成损失的，应当承担赔偿责任。

第一百九十条　公司被依法宣告破产的，依照有关企业破产的法律实施破产清算。

第十三章　附　则

第二百一十六条　本法下列用语的含义：

（一）高级管理人员，是指公司的经理、副经理、财务负责人，上市公司董事会秘书和公司章程规定的其他人员。

（二）控股股东，是指其出资额占有限责任公司资本总额百分之五十以上或者其持有的股份占股份有限公司股本总额百分之五十以上的股东；出资额或者持有股份的比例虽然不足百分之五十，但依其出资额或者持有的股份所享有的表决权已足以对股东会、股东大会的决议产生重大影响的股东。

（三）实际控制人，是指虽不是公司的股东，但通过投资关系、协议或者其他安排，能够实际支配公司行为的人。

（四）关联关系，是指公司控股股东、实际控制人、董事、监事、高级管理人员与其直接或者间接控制的企业之间的关系，以及可能导致公司利益转移的其他关系。但是，国家控股的企业之间不仅因为同受国家控股而具有关联关系。

最高人民法院关于适用《中华人民共和国公司法》若干问题的规定（一）节选

第三条　原告以公司法第二十二条第二款、第七十四条第二款规定事由，向人民法院提起诉讼时，超过公司法规定期限的，人民法院不予受理。

第四条　公司法第一百五十一条规定的一百八十日以上连续持股期间，应为股东向人民法院提起诉讼时，已期满的持股时间；规定的合计持有公司百分之一以上股份，是指两个以上股东持股份额的合计。

最高人民法院关于适用《中华人民共和国公司法》若干问题的规定（二）

第一条　单独或者合计持有公司全部股东表决权百分之十以上的股东，以下列事由之一提起解散公司诉讼，并符合公司法第一百八十二条规定的，人民法院应予受理：

（一）公司持续两年以上无法召开股东会或者股东大会，公司经营管理发生严重困难的；

（二）股东表决时无法达到法定或者公司章程规定的比例，持续两年以上不能做出有效的股东会或者股东大会决议，公司经营管理发生严重困难的；

（三）公司董事长期冲突，且无法通过股东会或者股东大会解决，公司经营管理发生严重困难的；

（四）经营管理发生其他严重困难，公司继续存续会使股东利益受到重大损失的情形。

股东以知情权、利润分配请求权等权益受到损害，或者公司亏损、财产不足以偿还全部债务，以及公司被吊销企业法人营业执照未进行清算等为由，提起解散公司诉讼的，人民法院不予受理。

第二条　股东提起解散公司诉讼，同时又申请人民法院对公司进行清算的，人民法院对其提出的清算申请不予受理。人民法院可以告知原告，在人民法院判决解散公司后，依据公司法第一百八十三条和本规定第七条的规定，自行组织清算或者另行申请人民法院对公司进行清算。

第三条　股东提起解散公司诉讼时，向人民法院申请财产保全或者证据保全的，在股东提供担保且不影响公司正常经营的情形下，人民法院可予以保全。

第四条　股东提起解散公司诉讼应当以公司为被告。

原告以其他股东为被告一并提起诉讼的，人民法院应当告知原告将其他股东变更为第三人；原告坚持不予变更的，人民法院应当驳回原告对其他股东的起诉。

原告提起解散公司诉讼应当告知其他股东，或者由人民法院通知其参加诉讼。其他股东或者有关利害关系人申请以共同原告或者第三人身份参加诉讼的，人民法院应予准许。

第五条　人民法院审理解散公司诉讼案件，应当注重调解。当事人协商同意由公司或者股东收购股份，或者以减资等方式使公司存续，且不违反法律、行政法规强制性规定的，人民法院应予支持。当事人不能协商一致使公司存续的，人民法院应当及时判决。

经人民法院调解公司收购原告股份的，公司应当自调解书生效之日起六个月内将股份转让或者注销。股份转让或者注销之前，原告不得以公司收购其股份为由对抗公司债权人。

第六条　人民法院关于解散公司诉讼作出的判决，对公司全体股东具有法律约束力。

人民法院判决驳回解散公司诉讼请求后，提起该诉讼的股东或者其他股东又以同一事实和理由提起解散公司诉讼的，人民法院不予受理。

第七条　公司应当依照公司法第一百八十三条的规定，在解散事由出现之日起十五日内成立清算组，开始自行清算。

有下列情形之一，债权人申请人民法院指定清算组进行清算的，人民法院应当受理：

（一）公司解散逾期不成立清算组进行清算的；

（二）虽然成立清算组但故意拖延清算的；

（三）违法清算可能严重损害债权人或者股东利益的。

具有本条第二款所列情形，而债权人未提起清算申请，公司股东申请人民法院指定清算组对公司进行清算的，人民法院应予受理。

第八条　人民法院受理公司清算案件，应当及时指定有关人员组成清算组。

清算组成员可以从下列人员或者机构中产生：

（一）公司股东、董事、监事、高级管理人员；

（二）依法设立的律师事务所、会计师事务所、破产清算事务所等社会中介机构；

（三）依法设立的律师事务所、会计师事务所、破产清算事务所等社会中介机构中具备相关专业知识并取得执业资格的人员。

第九条 人民法院指定的清算组成员有下列情形之一的，人民法院可以根据债权人、股东的申请，或者依职权更换清算组成员：

（一）有违反法律或者行政法规的行为；

（二）丧失执业能力或者民事行为能力；

（三）有严重损害公司或者债权人利益的行为。

第十条 公司依法清算结束并办理注销登记前，有关公司的民事诉讼，应当以公司的名义进行。

公司成立清算组的，由清算组负责人代表公司参加诉讼；尚未成立清算组的，由原法定代表人代表公司参加诉讼。

第十一条 公司清算时，清算组应当按照公司法第一百八十五条的规定，将公司解散清算事宜书面通知全体已知债权人，并根据公司规模和营业地域范围在全国或者公司注册登记地省级有影响的报纸上进行公告。

清算组未按照前款规定履行通知和公告义务，导致债权人未及时申报债权而未获清偿，债权人主张清算组成员对因此造成的损失承担赔偿责任的，人民法院应依法予以支持。

第十二条 公司清算时，债权人对清算组核定的债权有异议的，可以要求清算组重新核定。清算组不予重新核定，或者债权人对重新核定的债权仍有异议，债权人以公司为被告向人民法院提起诉讼请求确认的，人民法院应予受理。

第十三条 债权人在规定的期限内未申报债权，在公司清算程序终结前补充申报的，清算组应予登记。

公司清算程序终结，是指清算报告经股东会、股东大会或者人民法院确认完毕。

第十四条 债权人补充申报的债权，可以在公司尚未分配财产中依法清偿。公司尚未分配财产不能全额清偿，债权人主张股东以其在剩余财产分配中已经取得的财产予以清偿的，人民法院应予支持；但债权人因重大过错未在规定期限内申报债权的除外。

债权人或者清算组，以公司尚未分配财产和股东在剩余财产分配中已经取得的财产，不能全额清偿补充申报的债权为由，向人民法院提出破产清算申请的，人民法院不予受理。

第十五条 公司自行清算的，清算方案应当报股东会或者股东大会决议确认；人民法院组织清算的，清算方案应当报人民法院确认。未经确认的清算方案，清算组不得执行。

执行未经确认的清算方案给公司或者债权人造成损失，公司、股东或者债权人主张清算组成员承担赔偿责任的，人民法院应依法予以支持。

第十六条 人民法院组织清算的，清算组应当自成立之日起六个月内清算完毕。

因特殊情况无法在六个月内完成清算的，清算组应当向人民法院申请延长。

第十七条 人民法院指定的清算组在清理公司财产、编制资产负债表和财产清单时，发现公司财产不足清偿债务的，可以与债权人协商制作有关债务清偿方案。

债务清偿方案经全体债权人确认且不损害其他利害关系人利益的，人民法院可依清算组的申请裁定予以认可。清算组依据该清偿方案清偿债务后，应当向人民法院申请裁定终结清算程序。

债权人对债务清偿方案不予确认或者人民法院不予认可的，清算组应当依法向人民法院申请宣告破产。

第十八条 有限责任公司的股东、股份有限公司的董事和控股股东未在法定期限内成立清算组开始清算，导致公司财产贬值、流失、毁损或者灭失，债权人主张其在造成损失范围内对公司债务承担赔偿责任的，人民法院应依法予以支持。

有限责任公司的股东、股份有限公司的董事和控股股东因怠于履行义务，导致公司主要财产、账册、重要文件等灭失，无法进行清算，债权人主张其对公司债务承担连带清偿责任的，人民法院应依法予以支持。

上述情形系实际控制人原因造成，债权人主张实际控制人对公司债务承担相应民事责任的，人民法院应依法予以支持。

第十九条 有限责任公司的股东、股份有限公司的董事和控股股东，以及公司的实际控制人在公司解散后，恶意处置公司财产给债权人造成损失，或者未经依法清算，以虚假的清算报告骗取公司登记机关办理法人注销登记，债权人主张其对公司债务承担相应赔偿责任的，人民法院应依法予以支持。

第二十条 公司解散应当在依法清算完毕后，申请办理注销登记。公司未经清算即办理注销登记，导致公司无法进行清算，债权人主张有限责任公司的股东、股份有限公司的董事和控股股东，以及公司的实际控制人对公司债务承担清偿责任的，人民法院应依法予以支持。

公司未经依法清算即办理注销登记，股东或者第三人在公司登记机关办理注销登记时承诺对公司债务承担责任，债权人主张其对公司债务承担相应民事责任的，人民法院应依法予以支持。

第二十一条 有限责任公司的股东、股份有限公司的董事和控股股东，以及公司的实际控制人为二人以上的，其中一人或者数人按照本规定第十八条和第二十条第一款的规定承担民事责任后，主张其他人员按照过错大小分担责任的，人民法院应依法予以支持。

第二十二条 公司解散时，股东尚未缴纳的出资均应作为清算财产。股东尚未缴纳的出资，包括到期应缴未缴的出资，以及依照公司法第二十六条和第八十条的规定分期缴纳尚未届满缴纳期限的出资。

公司财产不足以清偿债务时，债权人主张未缴出资股东，以及公司设立时的其他股东或者发起人在未缴出资范围内对公司债务承担连带清偿责任的，人民法院应依法予以支持。

第二十三条 清算组成员从事清算事务时，违反法律、行政法规或者公司章程给公司或者债权人造成损失，公司或者债权人主张其承担赔偿责任的，人民法院应依法予以支持。

有限责任公司的股东、股份有限公司连续一百八十日以上单独或者合计持有公司百分之一以上股份的股东，依据公司法第一百五十一条第三款的规定，以清算组成员有前款所述行为为由向人民法院提起诉讼的，人民法院应予受理。

公司已经清算完毕注销，上述股东参照公司法第一百五十一条第三款的规定，直接以清算组成员为被告、其他股东为第三人向人民法院提起诉讼的，人民法院应予受理。

第二十四条 解散公司诉讼案件和公司清算案件由公司住所地人民法院管辖。公司住所地是指公司主要办事机构所在地。公司办事机构所在地不明确的，由其注册地人民法院管辖。

基层人民法院管辖县、县级市或者区的公司登记机关核准登记公司的解散诉讼案件和公司清算案件；中级人民法院管辖地区、地级市以上的公司登记机关核准登记公司的解散诉讼案件和公司清算案件。

最高人民法院关于适用《中华人民共和国公司法》若干问题的规定（三）

第一条 为设立公司而签署公司章程、向公司认购出资或者股份并履行公司设立职责的人，应当认定为公司的发起人，包括有限责任公司设立时的股东。

第二条 发起人为设立公司以自己名义对外签订合同，合同相对人请求该发起人承担合同责任的，人民法院应予支持。

公司成立后对前款规定的合同予以确认，或者已经实际享有合同权利或者履行合同义务，合同相对人请求公司承担合同责任的，人民法院应予支持。

第三条 发起人以设立中公司名义对外签订合同，公司成立后合同相对人请求公司承担合同责任的，人民法院应予支持。

公司成立后有证据证明发起人利用设立中公司的名义为自己的利益与相对人签订合同，公司以此为由主张不承担合同责任的，人民法院应予支持，但相对人为善意的除外。

第四条 公司因故未成立，债权人请求全体或者部分发起人对设立公司行为所产生的费用和债务承担连带清偿责任的，人民法院应予支持。

部分发起人依照前款规定承担责任后，请求其他发起人分担的，人民法院应当判令其他发起人按照约定的责任承担比例分担责任；没有约定责任承担比例的，按照约定的出资比例分担责任；没有约定出资比例的，按照均等份额分担责任。

因部分发起人的过错导致公司未成立，其他发起人主张其承担设立行为所产生的费用和债务的，人民法院应当根据过错情况，确定过错一方的责任范围。

第五条 发起人因履行公司设立职责造成他人损害，公司成立后受害人请求公司承担侵权赔偿责任的，人民法院应予支持；公司未成立，受害人请求全体发起人承担连带赔偿责任的，人民法院应予支持。

公司或者无过错的发起人承担赔偿责任后，可以向有过错的发起人追偿。

第六条 股份有限公司的认股人未按期缴纳所认股份的股款，经公司发起人催缴后在合理期间内仍未缴纳，公司发起人对该股份另行募集的，人民法院应当认定该募集行为有效。认股人延期缴纳股款给公司造成损失，公司请求该认股人承担赔偿责任的，人民法院应予支持。

第七条 出资人以不享有处分权的财产出资，当事人之间对于出资行为效力产生争议的，人民法院可以参照物权法第一百零六条的规定予以认定。

以贪污、受贿、侵占、挪用等违法犯罪所得的货币出资后取得股权的，对违法犯罪行为予以追究、处罚时，应当采取拍卖或者变卖的方式处置其股权。

第八条 出资人以划拨土地使用权出资，或者以设定权利负担的土地使用权出资，公司、其他股东或者公司债权人主张认定出资人未履行出资义务的，人民法院应当责令当事人在指定的合理期间内办理土地变更手续或者解除权利负担；逾期未办理或者未解除的，人民法院应当认定出资人未依法全面履行出资义务。

第九条 出资人以非货币财产出资，未依法评估作价，公司、其他股东或者公司债权人请求认定出资人未履行出资义务的，人民法院应当委托具有合法资格的评估机构对该财产评估作价。评估确定的价额显著低于公司章程所定价额的，人民法院应当认定出资人未依法全面履行出资义务。

第十条 出资人以房屋、土地使用权或者需要办理权属登记的知识产权等财产出资，已经交付公司使用但未办理权属变更手续，公司、其他股东或者公司债权人主张认定出资人未履行出资义务的，人民法院应当责令当事人在指定的合理期间内办理权属变更手续；在前述期间内办理了权属变更手续的，人民法院应当认定其已经履行了出资义务；出资人主张自其实际交付财产给公司使用时享有相应股东权利的，人民法院应予支持。

出资人以前款规定的财产出资，已经办理权属变更手续但未交付给公司使用，公司或者其他股东主张其向公司交付、并在实际交付之前不享有相应股东权利的，人民法院应予支持。

第十一条 出资人以其他公司股权出资，符合下列条件的，人民法院应当认定出资人已履行出资义务：

（一）出资的股权由出资人合法持有并依法可以转让；

（二）出资的股权无权利瑕疵或者权利负担；

（三）出资人已履行关于股权转让的法定手续；

（四）出资的股权已依法进行了价值评估。

股权出资不符合前款第（一）、（二）、（三）项的规定，公司、其他股东或者公司债权人请求认定出资人未履行出资义务的，人民法院应当责令该出资人在指定的合理期间内采取补正措施，以符合上述条件；逾期未补正的，人民法院应当认定其未依法全面履行出资义务。

股权出资不符合本条第一款第（四）项的规定，公司、其他股东或者公司债权人请求认定出资人未履行出资义务的，人民法院应当按照本规定第九条的规定处理。

第十二条 公司成立后，公司、股东或者公司债权人以相关股东的行为符合下列情形之一且损害公司权益为由，请求认定该股东抽逃出资的，人民法院应予支持：

（一）制作虚假财务会计报表虚增利润进行分配；

（二）通过虚构债权债务关系将其出资转出；

（三）利用关联交易将出资转出；

（四）其他未经法定程序将出资抽回的行为。

第十三条 股东未履行或者未全面履行出资义务，公司或者其他股东请求其向公司依法全面履行出资义务的，人民法院应予支持。

公司债权人请求未履行或者未全面履行出资义务的股东在未出资本息范围内对公司债务不能清偿的部分承担补充赔偿责任的，人民法院应予支持；未履行或者未全面履行出资义务的股东已经承担上述责任，其他债权人提出相同请求的，人民法院不予支持。

股东在公司设立时未履行或者未全面履行出资义务，依照本条第一款或者第二款提起诉讼的原告，请求公司的发起人与被告股东承担连带责任的，人民法院应予支持；公司的发起人承担责任后，可以向被告股东追偿。

股东在公司增资时未履行或者未全面履行出资义务，依照本条第一款或者第二款提起诉讼的原告，请求未尽公司法第一百四十七条第一款规定的义务而使出资未缴足的董事、高级管理人员承担相应责任的，人民法院应予支持；董事、高级管理人员承担责任后，可以向被告股东追偿。

第十四条　股东抽逃出资，公司或者其他股东请求其向公司返还出资本息、协助抽逃出资的其他股东、董事、高级管理人员或者实际控制人对此承担连带责任的，人民法院应予支持。

公司债权人请求抽逃出资的股东在抽逃出资本息范围内对公司债务不能清偿的部分承担补充赔偿责任、协助抽逃出资的其他股东、董事、高级管理人员或者实际控制人对此承担连带责任的，人民法院应予支持；抽逃出资的股东已经承担上述责任，其他债权人提出相同请求的，人民法院不予支持。

第十五条　出资人以符合法定条件的非货币财产出资后，因市场变化或者其他客观因素导致出资财产贬值，公司、其他股东或者公司债权人请求该出资人承担补足出资责任的，人民法院不予支持。但是，当事人另有约定的除外。

第十六条　股东未履行或者未全面履行出资义务或者抽逃出资，公司根据公司章程或者股东会决议对其利润分配请求权、新股优先认购权、剩余财产分配请求权等股东权利作出相应的合理限制，该股东请求认定该限制无效的，人民法院不予支持。

第十七条　有限责任公司的股东未履行出资义务或者抽逃全部出资，经公司催告缴纳或者返还，其在合理期间内仍未缴纳或者返还出资，公司以股东会决议解除该股东的股东资格，该股东请求确认该解除行为无效的，人民法院不予支持。

在前款规定的情形下，人民法院在判决时应当释明，公司应当及时办理法定减资程序或者由其他股东或者第三人缴纳相应的出资。在办理法定减资程序或者其他股东或者第三人缴纳相应的出资之前，公司债权人依照本规定第十三条或者第十四条请求相关当事人承担相应责任的，人民法院应予支持。

第十八条　有限责任公司的股东未履行或者未全面履行出资义务即转让股权，受让人对此知道或者应当知道，公司请求该股东履行出资义务、受让人对此承担连带责任的，人民法院应予支持；公司债权人依照本规定第十三条第二款向该股东提起诉讼，同时请求前述受让人对此承担连带责任的，人民法院应予支持。

受让人根据前款规定承担责任后，向该未履行或者未全面履行出资义务的股东追偿的，人民法院应予支持。但是，当事人另有约定的除外。

第十九条　公司股东未履行或者未全面履行出资义务或者抽逃出资，公司或者其他股东请求其向公司全面履行出资义务或者返还出资，被告股东以诉讼时效为由进行抗辩的，人民法院不予支持。

公司债权人的债权未过诉讼时效期间，其依照本规定第十三条第二款、第十四条第二款的规定请求未履行或者未全面履行出资义务或者抽逃出资的股东承担赔偿责任，被告股东以出资义务或者返还出资义务超过诉讼时效期间为由进行抗辩的，人民法院不予支持。

第二十条　当事人之间对是否已履行出资义务发生争议，原告提供对股东履行出资义务产生合理怀疑证据的，被告股东应当就其已履行出资义务承担举证责任。

第二十一条　当事人向人民法院起诉请求确认其股东资格的，应当以公司为被告，与案件争议股权有利害关系的人作为第三人参加诉讼。

第二十二条　当事人之间对股权归属发生争议，一方请求人民法院确认其享有股权的，应当证明以下事实之一：

（一）已经依法向公司出资或者认缴出资，且不违反法律法规强制性规定；

（二）已经受让或者以其他形式继受公司股权，且不违反法律法规强制性规定。

第二十三条　当事人依法履行出资义务或者依法继受取得股权后，公司未根据公司法第三十一条、第三十二条的规定签发出资证明书、记载于股东名册并办理公司登记机关登记，当事人请求公司履行上述义务的，人民法院应予支持。

第二十四条　有限责任公司的实际出资人与名义出资人订立合同，约定由实际出资人出资并享有投资权益，以名义出资人为名义股东，实际出资人与名义股东对该合同效力发生争议的，如无合同法第五十二条规定的情形，人民法院应当认定该合同有效。

前款规定的实际出资人与名义股东因投资权益的归属发生争议，实际出资人以其实际履行了出资义务为由向名义股东主张权利的，人民法院应予支持。名义股东以公司股东名册记载、公司登记机关登记为由否认实际出资人权利的，人民法院不予支持。

实际出资人未经公司其他股东半数以上同意，请求公司变更股东、签发出资证明书、记载于股东名册、记载于公司章程并办理公司登记机关登记的，人民法院不予支持。

第二十五条　名义股东将登记于其名下的股权转让、质押或者以其他方式处分，实际出资人以其对于股权享有实际权利为由，请求认定处分股权行为无效的，人民法院可以参照物权法第一百零六条的规定处理。

名义股东处分股权造成实际出资人损失，实际出资人请求名义股东承担赔偿责任的，人民法院应予支持。

第二十六条　公司债权人以登记于公司登记机关的股东未履行出资义务为由，请求其对公司债务不能清偿的部分在未出资本息范围内承担补充赔偿责任，股东以其仅为名义股东而非实际出资人为由进行抗辩的，人民法院不予支持。

名义股东根据前款规定承担赔偿责任后，向实际出资人追偿的，人民法院应予支持。

第二十七条　股权转让后尚未向公司登记机关办理变更登记，原股东将仍登记于其名下的股权转让、质押或者以其他方式处分，受让股东以其对于股权享有实际权利为由，请求认定处分股权行为无效的，人民法院可以参照物权法第一百零六条的规定处理。

原股东处分股权造成受让股东损失，受让股东请求原股东承担赔偿责任、对于未及时办理变更登记有过错的董事、高级管理人员或者实际控制人承担相应责任的，人民法院应予支持；受让股东对于未及时办理变更登记也有过错的，可以适当减轻上述董事、高级管理人员或者实际控制人的责任。

第二十八条　冒用他人名义出资并将该他人作为股东在公司登记机关登记的，冒名登记行为人应当承担相应责任；公司、其他股东或者公司债权人以未履行出资义务为由，请求被冒名登记为股东的承担补足出资责任或者对公司债务不能清偿部分的赔偿责任的，人民法院不予支持。

最高人民法院关于适用《中华人民共和国公司法》若干问题的规定（四）

第一条　公司股东、董事、监事等请求确认股东会或者股东大会、董事会决议无效或者不成立的，人民法院应当依法予以受理。

第二条　依据公司法第二十二条第二款请求撤销股东会或者股东大会、董事会决议的原告，应当在起诉时具有公司股东资格。

第三条　原告请求确认股东会或者股东大会、董事会决议不成立、无效或者撤销决议的案件，应当列公司为被告。对决议涉及的其他利害关系人，可以依法列为第三人。

一审法庭辩论终结前，其他有原告资格的人以相同的诉讼请求申请参加前款规定诉讼的，可以列为共同原告。

第四条　股东请求撤销股东会或者股东大会、董事会决议，符合公司法第二十二条第二款规定的，人民法院应当予以支持，但会议召集程序或者表决方式仅有轻微瑕疵，且对决议未产生实质影响的，人民法院不予支持。

第五条　股东会或者股东大会、董事会决议存在下列情形之一，当事人主张决议不成立的，人民法院应当予以支持：

（一）公司未召开会议的，但依据公司法第三十七条第二款或者公司章程规定可以不召开股东会或者股东大会而直接作出决定，并由全体股东在决定文件上签名、盖章的除外；

（二）会议未对决议事项进行表决的；

（三）出席会议的人数或者股东所持表决权不符合公司法或者公司章程规定的；

（四）会议的表决结果未达到公司法或者公司章程规定的通过比例的；

（五）导致决议不成立的其他情形。

第六条　股东会或者股东大会、董事会决议被人民法院判决确认无效或者撤销的，公司依据该决议与善意相对人形成的民事法律关系不受影响。

第七条　股东依据公司法第三十二条、第九十七条或者公司章程的规定，起诉请求查阅或者复制公司特定文件材料的，人民法院应当依法予以受理。

公司有证据证明前款规定的原告在起诉时不具有公司股东资格的，人民法院应当驳回起诉，但原告有初步证据证明在持股期间其合法权益受到损害，请求依法查阅或者复制其持股期间的公司特定文件材料的除外。

第八条　有限责任公司有证据证明股东存在下列情形之一的，人民法院应当认定股东有公司法第三十三条第二款规定的"不正当目的"：

（一）股东自营或者为他人经营与公司主营业务有实质性竞争关系业务的，但公司章程另有规定或者全体股东另有约定的除外；

（二）股东为了向他人通报有关信息查阅公司会计账簿，可能损害公司合法利益的；

（三）股东在向公司提出查阅请求之日前的三年内，曾通过查阅公司会计账簿，向他人通报有关信息损害公司合法利益的；

（四）股东有不正当目的的其他情形。

第九条　公司章程、股东之间的协议等实质性剥夺股东依据公司法第三十三条、第九十七条规定查阅或者复制公司文件材料的权利，公司以此为由拒绝股东查阅或者复制的，人民法院不予支持。

第十条　人民法院审理股东请求查阅或者复制公司特定文件材料的案件，对原告诉讼请求予以支持的，应当在判决中明确查阅或者复制公司特定文件材料的时间、地点和特定文件材料的名录。

股东依据人民法院生效判决查阅公司文件材料的，在该股东在场的情况下，可以由会计师、律师等依法或者依据执业行为规范负有保密义务的中介机构执业人员辅助进行。

第十一条 股东行使知情权后泄露公司商业秘密导致公司合法利益受到损害，公司请求该股东赔偿相关损失的，人民法院应当予以支持。

根据本规定第十条辅助股东查阅公司文件材料的会计师、律师等泄露公司商业秘密导致公司合法利益受到损害，公司请求其赔偿相关损失的，人民法院应当予以支持。

第十二条 公司董事、高级管理人员等未依法履行职责，导致公司未依法制作或者保存公司法第三十三条、第九十七条规定的公司文件材料，给股东造成损失，股东依法请求负有相应责任的公司董事、高级管理人员承担民事赔偿责任的，人民法院应当予以支持。

第十三条 股东请求公司分配利润案件，应当列公司为被告。

一审法庭辩论终结前，其他股东基于同一分配方案请求分配利润并申请参加诉讼的，应当列为共同原告。

第十四条 股东提交载明具体分配方案的股东会或者股东大会的有效决议，请求公司分配利润，公司拒绝分配利润且其关于无法执行决议的抗辩理由不成立的，人民法院应当判决公司按照决议载明的具体分配方案向股东分配利润。

第十五条 股东未提交载明具体分配方案的股东会或者股东大会决议，请求公司分配利润的，人民法院应当驳回其诉讼请求，但违反法律规定滥用股东权利导致公司不分配利润，给其他股东造成损失的除外。

第十六条 有限责任公司的自然人股东因继承发生变化时，其他股东主张依据公司法第七十一条第三款规定行使优先购买权的，人民法院不予支持，但公司章程另有规定或者全体股东另有约定的除外。

第十七条 有限责任公司的股东向股东以外的人转让股权，应就其股权转让事项以书面或者其他能够确认收悉的合理方式通知其他股东征求同意。其他股东半数以上不同意转让，不同意的股东不购买的，人民法院应当认定视为同意转让。

经股东同意转让的股权，其他股东主张转让股东应当向其以书面或者其他能够确认收悉的合理方式通知转让股权的同等条件的，人民法院应当予以支持。

经股东同意转让的股权，在同等条件下，转让股东以外的其他股东主张优先购买的，人民法院应当予以支持，但转让股东依据本规定第二十条放弃转让的除外。

第十八条 人民法院在判断是否符合公司法第七十一条第三款及本规定所称的"同等条件"时，应当考虑转让股权的数量、价格、支付方式及期限等因素。

第十九条 有限责任公司的股东主张优先购买转让股权的，应当在收到通知后，在公司章程规定的行使期间内提出购买请求。公司章程没有规定行使期间或者规定不明确的，以通知确定的期间为准，通知确定的期间短于三十日或者未明确行使期间的，行使期间为三十日。

第二十条 有限责任公司的转让股东，在其他股东主张优先购买后又不同意转让股权的，对其他股东优先购买的主张，人民法院不予支持，但公司章程另有规定或者全体股东另有约定的除外。其他股东主张转让股东赔偿其损失合理的，人民法院应当予以支持。

第二十一条 有限责任公司的股东向股东以外的人转让股权，未就其股权转让事项征求其他股东意见，或者以欺诈、恶意串通等手段，损害其他股东优先购买权，其他股东主张按照同等条件购买该转让股权的，人民法院应当予以支持，但其他股东自知道或者应当知道行使优先购买权的同等条件之日起三十日内没有主张，或者自股权变更登记之日起超过一年的除外。

前款规定的其他股东仅提出确认股权转让合同及股权变动效力等请求，未同时主张按照同等条件购买转让股权的，人民法院不予支持，但其他股东非因自身原因导致无法行使优先购买权，请求损害赔偿的除外。

股东以外的股权受让人，因股东行使优先购买权而不能实现合同目的的，可以依法请求转让股东承担相应民事责任。

第二十二条　通过拍卖向股东以外的人转让有限责任公司股权的，适用公司法第七十一条第二款、第三款或者第七十二条规定的"书面通知""通知""同等条件"时，根据相关法律、司法解释确定。

在依法设立的产权交易场所转让有限责任公司国有股权的，适用公司法第七十一条第二款、第三款或者第七十二条规定的"书面通知""通知""同等条件"时，可以参照产权交易场所的交易规则。

第二十三条　监事会或者不设监事会的有限责任公司的监事依据公司法第一百五十一条第一款规定对董事、高级管理人员提起诉讼的，应当列公司为原告，依法由监事会主席或者不设监事会的有限责任公司的监事代表公司进行诉讼。

董事会或者不设董事会的有限责任公司的执行董事依据公司法第一百五十一条第一款规定对监事提起诉讼的，或者依据公司法第一百五十一条第三款规定对他人提起诉讼的，应当列公司为原告，依法由董事长或者执行董事代表公司进行诉讼。

第二十四条　符合公司法第一百五十一条第一款规定条件的股东，依据公司法第一百五十一条第二款、第三款规定，直接对董事、监事、高级管理人员或者他人提起诉讼的，应当列公司为第三人参加诉讼。

一审法庭辩论终结前，符合公司法第一百五十一条第一款规定条件的其他股东，以相同的诉讼请求申请参加诉讼的，应当列为共同原告。

第二十五条　股东依据公司法第一百五十一条第二款、第三款规定直接提起诉讼的案件，胜诉利益归属于公司。股东请求被告直接向其承担民事责任的，人民法院不予支持。

第二十六条　股东依据公司法第一百五十一条第二款、第三款规定直接提起诉讼的案件，其诉讼请求部分或者全部得到人民法院支持的，公司应当承担股东因参加诉讼支付的合理费用。

第二十七条　本规定自 2017 年 9 月 1 日起施行。

本规定施行后尚未终审的案件，适用本规定；本规定施行前已经终审的案件，或者适用审判监督程序再审的案件，不适用本规定。

最高人民法院关于适用《中华人民共和国公司法》若干问题的规定（五）

第一条　关联交易损害公司利益，原告公司依据公司法第二十一条规定请求控股股东、实际控制人、董事、监事、高级管理人员赔偿所造成的损失，被告仅以该交易已经履行了信息披露、经股东会或者股东大会同意等法律、行政法规或者公司章程规定的程序为由抗辩的，人民法院不予支持。

公司没有提起诉讼的，符合公司法第一百五十一条第一款规定条件的股东，可以依据公司法第一百五十一条第二款、第三款规定向人民法院提起诉讼。

第二条 关联交易合同存在无效或者可撤销情形，公司没有起诉合同相对方的，符合公司法第一百五十一条第一款规定条件的股东，可以依据公司法第一百五十一条第二款、第三款规定向人民法院提起诉讼。

第三条 董事任期届满前被股东会或者股东大会有效决议解除职务，其主张解除不发生法律效力的，人民法院不予支持。

董事职务被解除后，因补偿与公司发生纠纷提起诉讼的，人民法院应当依据法律、行政法规、公司章程的规定或者合同的约定，综合考虑解除的原因、剩余任期、董事薪酬等因素，确定是否补偿以及补偿的合理数额。

第四条 分配利润的股东会或者股东大会决议作出后，公司应当在决议载明的时间内完成利润分配。决议没有载明时间的，以公司章程规定的为准。决议、章程中均未规定时间或者时间超过一年的，公司应当自决议作出之日起一年内完成利润分配。

决议中载明的利润分配完成时间超过公司章程规定时间的，股东可以依据公司法第二十二条第二款规定请求人民法院撤销决议中关于该时间的规定。

第五条 人民法院审理涉及有限责任公司股东重大分歧案件时，应当注重调解。当事人协商一致以下列方式解决分歧，且不违反法律、行政法规的强制性规定的，人民法院应予支持：

（一）公司回购部分股东股份；

（二）其他股东受让部分股东股份；

（三）他人受让部分股东股份；

（四）公司减资；

（五）公司分立；

（六）其他能够解决分歧，恢复公司正常经营，避免公司解散的方式。

第六条 本规定自 2019 年 4 月 29 日起施行。

本规定施行后尚未终审的案件，适用本规定；本规定施行前已经终审的案件，或者适用审判监督程序再审的案件，不适用本规定。

本院以前发布的司法解释与本规定不一致的，以本规定为准。

《全国法院民商事审判工作会议纪要》（即九民纪要） 节选

二、关于公司纠纷案件的审理

会议认为，审理好公司纠纷案件，对于保护交易安全和投资安全，激发经济活力，增强投资创业信心，具有重要意义。要依法协调好公司债权人、股东、公司等各种利益主体之间的关系，处理好公司外部与内部的关系，解决好公司自治与司法介入的关系。

（一）关于"对赌协议"的效力及履行

实践中俗称的"对赌协议"，又称估值调整协议，是指投资方与融资方在达成股权性融资协议时，为解决交易双方对目标公司未来发展的不确定性、信息不对称以及代理成本而设计的包含了股权回购、金钱补偿等对未来目标公司的估值进行调整的协议。从订立"对赌协议"的主体来看，有投资方与目标公司的股东或者实际控制人"对赌"、投资方与目标公司"对赌"、投资方与目标公司的股东、目标公司"对赌"等形式。人民法院在审理"对赌协议"纠纷案件时，不仅应当适用合同法的相关规定，还应当适用公司法的相关规定；既要坚持鼓励投资方对实体企业特别是科技创新企业投资原则，从而在一定程度上缓解企业融资难问题，又要贯彻资本维持原则和保护债权人合法权益原则，依法平衡投资方、公司债权人、公司之间的利益。对于投资方与目标公司的股东或者实际控制人订立的"对赌协议"，如无其他无效事由，认定有效并支持实际履行，实践中并无争议。但投资方与目标公司订立的"对赌协议"是否有效以及能否实际履行，存在争议。对此，应当把握如下处理规则：

5.【与目标公司"对赌"】投资方与目标公司订立的"对赌协议"在不存在法定无效事由的情况下，目标公司仅以存在股权回购或者金钱补偿约定为由，主张"对赌协议"无效的，人民法院不予支持，但投资方主张实际履行的，人民法院应当审查是否符合公司法关于"股东不得抽逃出资"及股份回购的强制性规定，判决是否支持其诉讼请求。

投资方请求目标公司回购股权的，人民法院应当依据《公司法》第35条关于"股东不得抽逃出资"或者第142条关于股份回购的强制性规定进行审查。经审查，目标公司未完成减资程序的，人民法院应当驳回其诉讼请求。

投资方请求目标公司承担金钱补偿义务的，人民法院应当依据《公司法》第35条关于"股东不得抽逃出资"和第166条关于利润分配的强制性规定进行审查。经审查，目标公司没有利润或者虽有利润但不足以补偿投资方的，人民法院应当驳回或者部分支持其诉讼请求。今后目标公司有利润时，投资方还可以依据该事实另行提起诉讼。

（二）关于股东出资加速到期及表决权

6.【股东出资应否加速到期】在注册资本认缴制下，股东依法享有期限利益。债权人以公司不能清偿到期债务为由，请求未届出资期限的股东在未出资范围内对公司不能清偿的债务承担补充赔偿责任的，人民法院不予支持。但是，下列情形除外：

（1）公司作为被执行人的案件，人民法院穷尽执行措施无财产可供执行，已具备破产原因，但不申请破产的；

（2）在公司债务产生后，公司股东（大）会决议或以其他方式延长股东出资期限的。

7.【表决权能否受限】股东认缴的出资未届履行期限，对未缴纳部分的出资是否享有以及如何行使表决权等问题，应当根据公司章程来确定。公司章程没有规定的，应当按照认缴出资的比例确定。如果股东（大）会作出不按认缴出资比例而按实际出资比例或者其他标准确定表决权的决议，股东请求确认决议无效的，人民法院应当审查该决议是否符合修改公司章程所要求的表决程序，即必须经代表三分之二以上表决权的股东通过。符合的，人民法院不予支持；反之，则依法予以支持。

（三）关于股权转让

8.【有限责任公司的股权变动】当事人之间转让有限责任公司股权，受让人以其姓名或者名称已记载于股东名册为由主张其已经取得股权的，人民法院依法予以支持，但法律、行政法规规定应当办理批准手续生效的股权转让除外。未向公司登记机关办理股权变更登记的，不得对抗善意相对人。

9.【侵犯优先购买权的股权转让合同的效力】审判实践中，部分人民法院对公司法司法解释（四）第 21 条规定的理解存在偏差，往往以保护其他股东的优先购买权为由认定股权转让合同无效。准确理解该条规定，既要注意保护其他股东的优先购买权，也要注意保护股东以外的股权受让人的合法权益，正确认定有限责任公司的股东与股东以外的股权受让人订立的股权转让合同的效力。一方面，其他股东依法享有优先购买权，在其主张按照股权转让合同约定的同等条件购买股权的情况下，应当支持其诉讼请求，除非出现该条第 1 款规定的情形。另一方面，为保护股东以外的股权受让人的合法权益，股权转让合同如无其他影响合同效力的事由，应当认定有效。其他股东行使优先购买权的，虽然股东以外的股权受让人关于继续履行股权转让合同的请求不能得到支持，但不影响其依约请求转让股东承担相应的违约责任。

（四）关于公司人格否认

公司人格独立和股东有限责任是公司法的基本原则。否认公司独立人格，由滥用公司法人独立地位和股东有限责任的股东对公司债务承担连带责任，是股东有限责任的例外情形，旨在矫正有限责任制度在特定法律事实发生时对债权人保护的失衡现象。在审判实践中，要准确把握《公司法》第 20 条第 3 款规定的精神。一是只有在股东实施了滥用公司法人独立地位及股东有限责任的行为，且该行为严重损害了公司债权人利益的情况下，才能适用。损害债权人利益，主要是指股东滥用权利使公司财产不足以清偿公司债权人的债权。二是只有实施了滥用法人独立地位和股东有限责任行为的股东才对公司债务承担连带清偿责任，而其他股东不应承担此责任。三是公司人格否认不是全面、彻底、永久地否定公司的法人资格，而只是在具体案件中依据特定的法律事实、法律关系，突破股东对公司债务不承担责任的一般规则，例外地判令其承担连带责任。人民法院在个案中否认公司人格的判决的既判力仅仅约束该诉讼的各方当事人，不当然适用于涉及该公司的其他诉讼，不影响公司独立法人资格的存续。如果其他债权人提起公司人格否认诉讼，已生效判决认定的事实可以作为证据使用。四是《公司法》第 20 条第 3 款规定的滥用行为，实践中常见的情形有人格混同、过度支配与控制、资本显著不足等。在审理案件时，需要根据查明的案件事实进行综合判断，既审慎适用，又当用则用。实践中存在标准把握不严而滥用这一例外制度的现象，同时也存在因法律规定较为原则、抽象，适用难度大，而不善于适用、不敢于适用的现象，均应当引起高度重视。

10.【人格混同】认定公司人格与股东人格是否存在混同，最根本的判断标准是公司是否具有独立意思和独立财产，最主要的表现是公司的财产与股东的财产是否混同且无法区分。在认定是否构成人格混同时，应当综合考虑以下因素：

（1）股东无偿使用公司资金或者财产，不作财务记载的；

（2）股东用公司的资金偿还股东的债务，或者将公司的资金供关联公司无偿使用，不作财务记载的；

（3）公司账簿与股东账簿不分，致使公司财产与股东财产无法区分的；

（4）股东自身收益与公司盈利不加区分，致使双方利益不清的；

（5）公司的财产记载于股东名下，由股东占有、使用的；

（6）人格混同的其他情形。

在出现人格混同的情况下，往往同时出现以下混同：公司业务和股东业务混同；公司员工与股东员工混同，特别是财务人员混同；公司住所与股东住所混同。人民法院在审理案件时，关键要审查是否构成人格混同，而不要求同时具备其他方面的混同，其他方面的混同往往只是人格混同的补强。

11.【过度支配与控制】公司控制股东对公司过度支配与控制，操纵公司的决策过程，使公司完全丧失独立性，沦为控制股东的工具或躯壳，严重损害公司债权人利益，应当否认公司人格，由滥用控制权的股东对公司债务承担连带责任。实践中常见的情形包括：

（1）母子公司之间或者子公司之间进行利益输送的；

（2）母子公司或者子公司之间进行交易，收益归一方，损失却由另一方承担的；

（3）先从原公司抽走资金，然后再成立经营目的相同或者类似的公司，逃避原公司债务的；

（4）先解散公司，再以原公司场所、设备、人员及相同或者相似的经营目的另设公司，逃避原公司债务的；

（5）过度支配与控制的其他情形。

控制股东或实际控制人控制多个子公司或者关联公司，滥用控制权使多个子公司或者关联公司财产边界不清、财务混同，利益相互输送，丧失人格独立性，沦为控制股东逃避债务、非法经营，甚至违法犯罪工具的，可以综合案件事实，否认子公司或者关联公司法人人格，判令承担连带责任。

12.【资本显著不足】资本显著不足指的是，公司设立后在经营过程中，股东实际投入公司的资本数额与公司经营所隐含的风险相比明显不匹配。股东利用较少资本从事力所不及的经营，表明其没有从事公司经营的诚意，实质是恶意利用公司独立人格和股东有限责任把投资风险转嫁给债权人。由于资本显著不足的判断标准有很大的模糊性，特别是要与公司采取"以小博大"的正常经营方式相区分，因此在适用时要十分谨慎，应当与其他因素结合起来综合判断。

13.【诉讼地位】人民法院在审理公司人格否认纠纷案件时，应当根据不同情形确定当事人的诉讼地位：

（1）债权人对债务人公司享有的债权已经由生效裁判确认，其另行提起公司人格否认诉讼，请求股东对公司债务承担连带责任的，列股东为被告，公司为第三人；

（2）债权人对债务人公司享有的债权提起诉讼的同时，一并提起公司人格否认诉讼，请求股东对公司债务承担连带责任的，列公司和股东为共同被告；

（3）债权人对债务人公司享有的债权尚未经生效裁判确认，直接提起公司人格否认诉讼，请求公司股东对公司债务承担连带责任的，人民法院应当向债权人释明，告知其追加公司为共同被告。债权人拒绝追加的，人民法院应当裁定驳回起诉。

（五）关于有限责任公司清算义务人的责任

关于有限责任公司股东清算责任的认定，一些案件的处理结果不适当地扩大了股东的清算责任。特别是实践中出现了一些职业债权人，从其他债权人处大批量超低价收购僵尸企业的"陈年旧账"后，对批量僵尸企业提起强制清算之诉，在获得人民法院对公司主要财产、账册、重要文件等灭失的认定后，根据公司法司法解释（二）第18条第2款的规定，请求有限责任公司的股东对公司债务承担连带清偿责任。有的人民法院没有准确把握上述规定的适用条件，判决没有"怠于履行义务"的小股东或者虽"怠于履行义务"但与公司主要财产、账册、重要文件等灭失没有因果关系的小股东对公司债务承担远远超过其出资数额的责任，导致出现利益明显失衡的现象。需要明确的是，上述司法解释关于有限责任公司股东清算责任的规定，其性质是因股东怠于履行清算义务致使公司无法清算所应当承担的侵权责任。在认定有限责任公司股东是否应当对债权人承担侵权赔偿责任时，应当注意以下问题：

14.【怠于履行清算义务的认定】公司法司法解释（二）第 18 条第 2 款规定的"怠于履行义务"，是指有限责任公司的股东在法定清算事由出现后，在能够履行清算义务的情况下，故意拖延、拒绝履行清算义务，或者因过失导致无法进行清算的消极行为。股东举证证明其已经为履行清算义务采取了积极措施，或者小股东举证证明其既不是公司董事会或者监事会成员，也没有选派人员担任该机关成员，且从未参与公司经营管理，以不构成"怠于履行义务"为由，主张其不应当对公司债务承担连带清偿责任的，人民法院依法予以支持。

15.【因果关系抗辩】有限责任公司的股东举证证明其"怠于履行义务"的消极不作为与"公司主要财产、账册、重要文件等灭失，无法进行清算"的结果之间没有因果关系，主张其不应对公司债务承担连带清偿责任的，人民法院依法予以支持。

16.【诉讼时效期间】公司债权人请求股东对公司债务承担连带清偿责任，股东以公司债权人对公司的债权已经超过诉讼时效期间为由抗辩，经查证属实的，人民法院依法予以支持。

公司债权人以公司法司法解释（二）第 18 条第 2 款为依据，请求有限责任公司的股东对公司债务承担连带清偿责任的，诉讼时效期间自公司债权人知道或者应当知道公司无法进行清算之日起计算。

（六）关于公司为他人提供担保

关于公司为他人提供担保的合同效力问题，审判实践中裁判尺度不统一，严重影响了司法公信力，有必要予以规范。对此，应当把握以下几点：

17.【违反《公司法》第 16 条构成越权代表】为防止法定代表人随意代表公司为他人提供担保给公司造成损失，损害中小股东利益，《公司法》第 16 条对法定代表人的代表权进行了限制。根据该条规定，担保行为不是法定代表人所能单独决定的事项，而必须以公司股东（大）会、董事会等公司机关的决议作为授权的基础和来源。法定代表人未经授权擅自为他人提供担保的，构成越权代表，人民法院应当根据《合同法》第 50 条关于法定代表人越权代表的规定，区分订立合同时债权人是否善意分别认定合同效力：债权人善意的，合同有效；反之，合同无效。

18.【善意的认定】前条所称的善意，是指债权人不知道或者不应当知道法定代表人超越权限订立担保合同。《公司法》第 16 条对关联担保和非关联担保的决议机关作出了区别规定，相应地，在善意的判断标准上也应当有所区别。一种情形是，为公司股东或者实际控制人提供关联担保，《公司法》第 16 条明确规定必须由股东（大）会决议，未经股东（大）会决议，构成越权代表。在此情况下，债权人主张担保合同有效，应当提供证据证明其在订立合同时对股东（大）会决议进行了审查，决议的表决程序符合《公司法》第 16 条的规定，即在排除被担保股东表决权的情况下，该项表决由出席会议的其他股东所持表决权的过半数通过，签字人员也符合公司章程的规定。另一种情形是，公司为公司股东或者实际控制人以外的人提供非关联担保，根据《公司法》第 16 条的规定，此时由公司章程规定是由董事会决议还是股东（大）会决议。无论章程是否对决议机关作出规定，也无论章程规定决议机关为董事会还是股东（大）会，根据《民法总则》第 61 条第 3 款关于"法人章程或者法人权力机构对法定代表人代表权的限制，不得对抗善意相对人"的规定，只要债权人能够证明其在订立担保合同时对董事会决议或者股东（大）会决议进行了审查，同意决议的人数及签字人员符合公司章程的规定，就应当认定其构成善意，但公司能够证明债权人明知公司章程对决议机关有明确规定的除外。

债权人对公司机关决议内容的审查一般限于形式审查，只要求尽到必要的注意义务即可，标准不宜太过严苛。公司以机关决议系法定代表人伪造或者变造、决议程序违法、签章（名）不实、担保金额超过法定限额等事由抗辩债权人非善意的，人民法院一般不予支持。但是，公司有证据证明债权人明知决议系伪造或者变造的除外。

19. 【无须机关决议的例外情况】存在下列情形的，即便债权人知道或者应当知道没有公司机关决议，也应当认定担保合同符合公司的真实意思表示，合同有效：

（1）公司是以为他人提供担保为主营业务的担保公司，或者是开展保函业务的银行或者非银行金融机构；

（2）公司为其直接或者间接控制的公司开展经营活动向债权人提供担保；

（3）公司与主债务人之间存在相互担保等商业合作关系；

（4）担保合同系由单独或者共同持有公司三分之二以上有表决权的股东签字同意。

20. 【越权担保的民事责任】依据前述3条规定，担保合同有效，债权人请求公司承担担保责任的，人民法院依法予以支持；担保合同无效，债权人请求公司承担担保责任的，人民法院不予支持，但可以按照担保法及有关司法解释关于担保无效的规定处理。公司举证证明债权人明知法定代表人超越权限或者机关决议系伪造或者变造，债权人请求公司承担合同无效后的民事责任的，人民法院不予支持。

21. 【权利救济】法定代表人的越权担保行为给公司造成损失，公司请求法定代表人承担赔偿责任的，人民法院依法予以支持。公司没有提起诉讼，股东依据《公司法》第151条的规定请求法定代表人承担赔偿责任的，人民法院依法予以支持。

22. 【上市公司为他人提供担保】债权人根据上市公司公开披露的关于担保事项已经董事会或者股东大会决议通过的信息订立的担保合同，人民法院应当认定有效。

23. 【债务加入准用担保规则】法定代表人以公司名义与债务人约定加入债务并通知债权人或者向债权人表示愿意加入债务，该约定的效力问题，参照本纪要关于公司为他人提供担保的有关规则处理。

（七）关于股东代表诉讼

24. 【何时成为股东不影响起诉】股东提起股东代表诉讼，被告以行为发生时原告尚未成为公司股东为由抗辩该股东不是适格原告的，人民法院不予支持。

25. 【正确适用前置程序】根据《公司法》第151条的规定，股东提起代表诉讼的前置程序之一是，股东必须先书面请求公司有关机关向人民法院提起诉讼。一般情况下，股东没有履行该前置程序的，应当驳回起诉。但是，该项前置程序针对的是公司治理的一般情况，即在股东向公司有关机关提出书面申请之时，存在公司有关机关提起诉讼的可能性。如果查明的相关事实表明，根本不存在该种可能性的，人民法院不应当以原告未履行前置程序为由驳回起诉。

26. 【股东代表诉讼的反诉】股东依据《公司法》第151条第3款的规定提起股东代表诉讼后，被告以原告股东恶意起诉侵犯其合法权益为由提起反诉的，人民法院应予受理。被告以公司在案涉纠纷中应当承担侵权或者违约等责任为由对公司提出的反诉，因不符合反诉的要件，人民法院应当裁定不予受理；已经受理的，裁定驳回起诉。

27.【股东代表诉讼的调解】公司是股东代表诉讼的最终受益人，为避免因原告股东与被告通过调解损害公司利益，人民法院应当审查调解协议是否为公司的意思。只有在调解协议经公司股东（大）会、董事会决议通过后，人民法院才能出具调解书予以确认。至于具体决议机关，取决于公司章程的规定。公司章程没有规定的，人民法院应当认定公司股东（大）会为决议机关。

（八）其他问题

28.【实际出资人显名的条件】实际出资人能够提供证据证明有限责任公司过半数的其他股东知道其实际出资的事实，且对其实际行使股东权利未曾提出异议的，对实际出资人提出的登记为公司股东的请求，人民法院依法予以支持。公司以实际出资人的请求不符合公司法司法解释（三）第24条的规定为由抗辩的，人民法院不予支持。

29.【请求召开股东（大）会不可诉】公司召开股东（大）会本质上属于公司内部治理范围。股东请求判令公司召开股东（大）会的，人民法院应当告知其按照《公司法》第40条或者第101条规定的程序自行召开。股东坚持起诉的，人民法院应当裁定不予受理；已经受理的，裁定驳回起诉。

中华人民共和国企业破产法节选

目　录

第十一章　法律责任
第十二章　附　则

第一章　总　则

第二条　企业法人不能清偿到期债务，并且资产不足以清偿全部债务或者明显缺乏清偿能力的，依照本法规定清理债务。

企业法人有前款规定情形，或者有明显丧失清偿能力可能的，可以依照本法规定进行重整。

第三条　破产案件由债务人住所地人民法院管辖。

第二章　申请和受理

第一节　申　请

第七条　债务人有本法第二条规定的情形，可以向人民法院提出重整、和解或者破产清算申请。

债务人不能清偿到期债务，债权人可以向人民法院提出对债务人进行重整或者破产清算的申请。

企业法人已解散但未清算或者未清算完毕，资产不足以清偿债务的，依法负有清算责任的人应当向人民法院申请破产清算。

第九条　人民法院受理破产申请前，申请人可以请求撤回申请。

第二节　受　理

第十六条　人民法院受理破产申请后，债务人对个别债权人的债务清偿无效。

第十七条　人民法院受理破产申请后，债务人的债务人或者财产持有人应当向管理人清偿债务或者交付财产。

债务人的债务人或者财产持有人故意违反前款规定向债务人清偿债务或者交付财产，使债权人受到损失的，不免除其清偿债务或者交付财产的义务。

第十八条　人民法院受理破产申请后，管理人对破产申请受理前成立而债务人和对方当事人均未履行完毕的合同有权决定解除或者继续履行，并通知对方当事人。管理人自破产申请受理之日起二个月内未通知对方当事人，或者自收到对方当事人催告之日起三十日内未答复的，视为解除合同。

管理人决定继续履行合同的，对方当事人应当履行；但是，对方当事人有权要求管理人提供担保。管理人不提供担保的，视为解除合同。

第十九条　人民法院受理破产申请后，有关债务人财产的保全措施应当解除，执行程序应当中止。

第二十条　人民法院受理破产申请后，已经开始而尚未终结的有关债务人的民事诉讼或者仲裁应当中止；在管理人接管债务人的财产后，该诉讼或者仲裁继续进行。

第二十一条 人民法院受理破产申请后，有关债务人的民事诉讼，只能向受理破产申请的人民法院提起。

第三章 管理人

第二十二条 管理人由人民法院指定。

债权人会议认为管理人不能依法、公正执行职务或者有其他不能胜任职务情形的，可以申请人民法院予以更换。

指定管理人和确定管理人报酬的办法，由最高人民法院规定。

第二十三条 管理人依照本法规定执行职务，向人民法院报告工作，并接受债权人会议和债权人委员会的监督。

管理人应当列席债权人会议，向债权人会议报告职务执行情况，并回答询问。

第二十六条 在第一次债权人会议召开之前，管理人决定继续或者停止债务人的营业或者有本法第六十九条规定行为之一的，应当经人民法院许可。

第二十七条 管理人应当勤勉尽责，忠实执行职务。

第二十八条 管理人经人民法院许可，可以聘用必要的工作人员。

管理人的报酬由人民法院确定。债权人会议对管理人的报酬有异议的，有权向人民法院提出。

第二十九条 管理人没有正当理由不得辞去职务。管理人辞去职务应当经人民法院许可。

第四章 债务人财产

第三十条 破产申请受理时属于债务人的全部财产，以及破产申请受理后至破产程序终结前债务人取得的财产，为债务人财产。

第三十一条 人民法院受理破产申请前一年内，涉及债务人财产的下列行为，管理人有权请求人民法院予以撤销：

（一）无偿转让财产的；

（二）以明显不合理的价格进行交易的；

（三）对没有财产担保的债务提供财产担保的；

（四）对未到期的债务提前清偿的；

（五）放弃债权的。

第三十二条 人民法院受理破产申请前六个月内，债务人有本法第二条第一款规定的情形，仍对个别债权人进行清偿的，管理人有权请求人民法院予以撤销。但是，个别清偿使债务人财产受益的除外。

第三十三条 涉及债务人财产的下列行为无效：

（一）为逃避债务而隐匿、转移财产的；

（二）虚构债务或者承认不真实的债务的。

第三十四条 因本法第三十一条、第三十二条或者第三十三条规定的行为而取得的债务人的财产，管理人有权追回。

第三十五条　人民法院受理破产申请后，债务人的出资人尚未完全履行出资义务的，管理人应当要求该出资人缴纳所认缴的出资，而不受出资期限的限制。

第三十六条　债务人的董事、监事和高级管理人员利用职权从企业获取的非正常收入和侵占的企业财产，管理人应当追回。

第三十七条　人民法院受理破产申请后，管理人可以通过清偿债务或者提供为债权人接受的担保，取回质物、留置物。

前款规定的债务清偿或者替代担保，在质物或者留置物的价值低于被担保的债权额时，以该质物或者留置物当时的市场价值为限。

第三十八条　人民法院受理破产申请后，债务人占有的不属于债务人的财产，该财产的权利人可以通过管理人取回。但是，本法另有规定的除外。

第三十九条　人民法院受理破产申请时，出卖人已将买卖标的物向作为买受人的债务人发运，债务人尚未收到且未付清全部价款的，出卖人可以取回在运途中的标的物。但是，管理人可以支付全部价款，请求出卖人交付标的物。

第四十条　债权人在破产申请受理前对债务人负有债务的，可以向管理人主张抵销。但是，有下列情形之一的，不得抵销：

（一）债务人的债务人在破产申请受理后取得他人对债务人的债权的；

（二）债权人已知债务人有不能清偿到期债务或者破产申请的事实，对债务人负担债务的；但是，债权人因为法律规定或者有破产申请一年前所发生的原因而负担债务的除外；

（三）债务人的债务人已知债务人有不能清偿到期债务或者破产申请的事实，对债务人取得债权的；但是，债务人的债务人因为法律规定或者有破产申请一年前所发生的原因而取得债权的除外。

第五章　破产费用和共益债务

第四十一条　人民法院受理破产申请后发生的下列费用，为破产费用：

（一）破产案件的诉讼费用；

（二）管理、变价和分配债务人财产的费用；

（三）管理人执行职务的费用、报酬和聘用工作人员的费用。

第四十二条　人民法院受理破产申请后发生的下列债务，为共益债务：

（一）因管理人或者债务人请求对方当事人履行双方均未履行完毕的合同所产生的债务；

（二）债务人财产受无因管理所产生的债务；

（三）因债务人不当得利所产生的债务；

（四）为债务人继续营业而应支付的劳动报酬和社会保险费用以及由此产生的其他债务；

（五）管理人或者相关人员执行职务致人损害所产生的债务；

（六）债务人财产致人损害所产生的债务。

第四十三条　破产费用和共益债务由债务人财产随时清偿。

债务人财产不足以清偿所有破产费用和共益债务的，先行清偿破产费用。

债务人财产不足以清偿所有破产费用或者共益债务的，按照比例清偿。

债务人财产不足以清偿破产费用的，管理人应当提请人民法院终结破产程序。人民法院应当自收到请求之日起十五日内裁定终结破产程序，并予以公告。

第六章　债权申报

第四十六条　未到期的债权，在破产申请受理时视为到期。

附利息的债权自破产申请受理时起停止计息。

第四十七条　附条件、附期限的债权和诉讼、仲裁未决的债权，债权人可以申报。

第五十条　连带债权人可以由其中一人代表全体连带债权人申报债权，也可以共同申报债权。

第五十一条　债务人的保证人或者其他连带债务人已经代替债务人清偿债务的，以其对债务人的求偿权申报债权。

债务人的保证人或者其他连带债务人尚未代替债务人清偿债务的，以其对债务人的将来求偿权申报债权。但是，债权人已经向管理人申报全部债权的除外。

第五十二条　连带债务人数人被裁定适用本法规定的程序的，其债权人有权就全部债权分别在各破产案件中申报债权。

第五十三条　管理人或者债务人依照本法规定解除合同的，对方当事人以因合同解除所产生的损害赔偿请求权申报债权。

第五十四条　债务人是委托合同的委托人，被裁定适用本法规定的程序，受托人不知该事实，继续处理委托事务的，受托人以由此产生的请求权申报债权。

第五十五条　债务人是票据的出票人，被裁定适用本法规定的程序，该票据的付款人继续付款或者承兑的，付款人以由此产生的请求权申报债权。

第七章　债权人会议

第一节　一般规定

第五十九条　依法申报债权的债权人为债权人会议的成员，有权参加债权人会议，享有表决权。

债权尚未确定的债权人，除人民法院能够为其行使表决权而临时确定债权额的外，不得行使表决权。

对债务人的特定财产享有担保权的债权人，未放弃优先受偿权利的，对于本法第六十一条第一款第七项、第十项规定的事项不享有表决权。

债权人可以委托代理人出席债权人会议，行使表决权。代理人出席债权人会议，应当向人民法院或者债权人会议主席提交债权人的授权委托书。

第六十二条　第一次债权人会议由人民法院召集，自债权申报期限届满之日起十五日内召开。

以后的债权人会议，在人民法院认为必要时，或者管理人、债权人委员会、占债权总额四分之一以上的债权人向债权人会议主席提议时召开。

第六十三条　召开债权人会议，管理人应当提前十五日通知已知的债权人。

第六十四条　债权人会议的决议，由出席会议的有表决权的债权人过半数通过，并且其所代表的债权额占无财产担保债权总额的二分之一以上。但是，本法另有规定的除外。

债权人认为债权人会议的决议违反法律规定，损害其利益的，可以自债权人会议作出决议之日起十五日内，请求人民法院裁定撤销该决议，责令债权人会议依法重新作出决议。

债权人会议的决议，对于全体债权人均有约束力。

第二节　债权人委员会

第六十七条　债权人会议可以决定设立债权人委员会。债权人委员会由债权人会议选任的债权人代表和一名债务人的职工代表或者工会代表组成。债权人委员会成员不得超过九人。

债权人委员会成员应当经人民法院书面决定认可。

第六十九条　管理人实施下列行为，应当及时报告债权人委员会：

（一）涉及土地、房屋等不动产权益的转让；

（二）探矿权、采矿权、知识产权等财产权的转让；

（三）全部库存或者营业的转让；

（四）借款；

（五）设定财产担保；

（六）债权和有价证券的转让；

（七）履行债务人和对方当事人均未履行完毕的合同；

（八）放弃权利；

（九）担保物的取回；

（十）对债权人利益有重大影响的其他财产处分行为。

未设立债权人委员会的，管理人实施前款规定的行为应当及时报告人民法院。

第八章　重　整

第一节　重整申请和重整期间

第七十条　债务人或者债权人可以依照本法规定，直接向人民法院申请对债务人进行重整。

债权人申请对债务人进行破产清算的，在人民法院受理破产申请后、宣告债务人破产前，债务人或者出资额占债务人注册资本十分之一以上的出资人，可以向人民法院申请重整。

第七十一条　人民法院经审查认为重整申请符合本法规定的，应当裁定债务人重整，并予以公告。

第七十二条　自人民法院裁定债务人重整之日起至重整程序终止，为重整期间。

第七十三条　在重整期间，经债务人申请，人民法院批准，债务人可以在管理人的监督下自行管理财产和营业事务。

有前款规定情形的，依照本法规定已接管债务人财产和营业事务的管理人应当向债务人移交财产和营业事务，本法规定的管理人的职权由债务人行使。

第七十四条 管理人负责管理财产和营业事务的，可以聘任债务人的经营管理人员负责营业事务。

第七十五条 在重整期间，对债务人的特定财产享有的担保权暂停行使。但是，担保物有损坏或者价值明显减少的可能，足以危害担保权人权利的，担保权人可以向人民法院请求恢复行使担保权。

在重整期间，债务人或者管理人为继续营业而借款的，可以为该借款设定担保。

第七十六条 债务人合法占有的他人财产，该财产的权利人在重整期间要求取回的，应当符合事先约定的条件。

第七十七条 在重整期间，债务人的出资人不得请求投资收益分配。

在重整期间，债务人的董事、监事、高级管理人员不得向第三人转让其持有的债务人的股权。但是，经人民法院同意的除外。

第七十八条 在重整期间，有下列情形之一的，经管理人或者利害关系人请求，人民法院应当裁定终止重整程序，并宣告债务人破产：

（一）债务人的经营状况和财产状况继续恶化，缺乏挽救的可能性；

（二）债务人有欺诈、恶意减少债务人财产或者其他显著不利于债权人的行为；

（三）由于债务人的行为致使管理人无法执行职务。

第三节　重整计划的执行

第八十九条 重整计划由债务人负责执行。

人民法院裁定批准重整计划后，已接管财产和营业事务的管理人应当向债务人移交财产和营业事务。

第九十条 自人民法院裁定批准重整计划之日起，在重整计划规定的监督期内，由管理人监督重整计划的执行。

在监督期内，债务人应当向管理人报告重整计划执行情况和债务人财务状况。

第九十二条 经人民法院裁定批准的重整计划，对债务人和全体债权人均有约束力。

债权人未依照本法规定申报债权的，在重整计划执行期间不得行使权利；在重整计划执行完毕后，可以按照重整计划规定的同类债权的清偿条件行使权利。

债权人对债务人的保证人和其他连带债务人所享有的权利，不受重整计划的影响。

第九十三条 债务人不能执行或者不执行重整计划的，人民法院经管理人或者利害关系人请求，应当裁定终止重整计划的执行，并宣告债务人破产。

人民法院裁定终止重整计划执行的，债权人在重整计划中作出的债权调整的承诺失去效力。债权人因执行重整计划所受的清偿仍然有效，债权未受清偿的部分作为破产债权。

前款规定的债权人，只有在其他同顺位债权人同自己所受的清偿达到同一比例时，才能继续接受分配。

有本条第一款规定情形的，为重整计划的执行提供的担保继续有效。

第九十四条 按照重整计划减免的债务，自重整计划执行完毕时起，债务人不再承担清偿责任。

第九章　和　解

第九十五条　债务人可以依照本法规定，直接向人民法院申请和解；也可以在人民法院受理破产申请后、宣告债务人破产前，向人民法院申请和解。

债务人申请和解，应当提出和解协议草案。

第九十六条　人民法院经审查认为和解申请符合本法规定的，应当裁定和解，予以公告，并召集债权人会议讨论和解协议草案。

对债务人的特定财产享有担保权的权利人，自人民法院裁定和解之日起可以行使权利。

第九十七条　债权人会议通过和解协议的决议，由出席会议的有表决权的债权人过半数同意，并且其所代表的债权额占无财产担保债权总额的三分之二以上。

第九十八条　债权人会议通过和解协议的，由人民法院裁定认可，终止和解程序，并予以公告。管理人应当向债务人移交财产和营业事务，并向人民法院提交执行职务的报告。

第九十九条　和解协议草案经债权人会议表决未获得通过，或者已经债权人会议通过的和解协议未获得人民法院认可的，人民法院应当裁定终止和解程序，并宣告债务人破产。

第一百条　经人民法院裁定认可的和解协议，对债务人和全体和解债权人均有约束力。

和解债权人是指人民法院受理破产申请时对债务人享有无财产担保债权的人。

和解债权人未依照本法规定申报债权的，在和解协议执行期间不得行使权利；在和解协议执行完毕后，可以按照和解协议规定的清偿条件行使权利。

第一百零一条　和解债权人对债务人的保证人和其他连带债务人所享有的权利，不受和解协议的影响。

第一百零二条　债务人应当按照和解协议规定的条件清偿债务。

第一百零三条　因债务人的欺诈或者其他违法行为而成立的和解协议，人民法院应当裁定无效，并宣告债务人破产。

有前款规定情形的，和解债权人因执行和解协议所受的清偿，在其他债权人所受清偿同等比例的范围内，不予返还。

第一百零四条　债务人不能执行或者不执行和解协议的，人民法院经和解债权人请求，应当裁定终止和解协议的执行，并宣告债务人破产。

人民法院裁定终止和解协议执行的，和解债权人在和解协议中作出的债权调整的承诺失去效力。和解债权人因执行和解协议所受的清偿仍然有效，和解债权未受清偿的部分作为破产债权。

前款规定的债权人，只有在其他债权人同自己所受的清偿达到同一比例时，才能继续接受分配。

有本条第一款规定情形的，为和解协议的执行提供的担保继续有效。

第一百零五条　人民法院受理破产申请后，债务人与全体债权人就债权债务的处理自行达成协议的，可以请求人民法院裁定认可，并终结破产程序。

第一百零六条　按照和解协议减免的债务，自和解协议执行完毕时起，债务人不再承担清偿责任。

第十章　破产清算

第一节　破产宣告

第一百零九条　对破产人的特定财产享有担保权的权利人，对该特定财产享有优先受偿的权利。

第一百一十条　享有本法第一百零九条规定权利的债权人行使优先受偿权利未能完全受偿的，其未受偿的债权作为普通债权；放弃优先受偿权利的，其债权作为普通债权。

第二节　变价和分配

第一百一十三条　破产财产在优先清偿破产费用和共益债务后，依照下列顺序清偿：

（一）破产人所欠职工的工资和医疗、伤残补助、抚恤费用，所欠的应当划入职工个人账户的基本养老保险、基本医疗保险费用，以及法律、行政法规规定应当支付给职工的补偿金；

（二）破产人欠缴的除前项规定以外的社会保险费用和破产人所欠税款；

（三）普通破产债权。

破产财产不足以清偿同一顺序的清偿要求的，按照比例分配。

破产企业的董事、监事和高级管理人员的工资按照该企业职工的平均工资计算。

第一百一十七条　对于附生效条件或者解除条件的债权，管理人应当将其分配额提存。

管理人依照前款规定提存的分配额，在最后分配公告日，生效条件未成就或者解除条件成就的，应当分配给其他债权人；在最后分配公告日，生效条件成就或者解除条件未成就的，应当交付给债权人。

第一百一十八条　债权人未受领的破产财产分配额，管理人应当提存。债权人自最后分配公告之日起满二个月仍不领取的，视为放弃受领分配的权利，管理人或者人民法院应当将提存的分配额分配给其他债权人。

第一百一十九条　破产财产分配时，对于诉讼或者仲裁未决的债权，管理人应当将其分配额提存。自破产程序终结之日起满二年仍不能受领分配的，人民法院应当将提存的分配额分配给其他债权人。

最高人民法院关于适用《中华人民共和国企业破产法》若干问题的规定（一）节选

第一条　债务人不能清偿到期债务并且具有下列情形之一的，人民法院应当认定其具备破产原因：

（一）资产不足以清偿全部债务；

（二）明显缺乏清偿能力。相关当事人以对债务人的债务负有连带责任的人未丧失清偿能力为由，主张债务人不具备破产原因的，人民法院应不予支持。

第二条　下列情形同时存在的，人民法院应当认定债务人不能清偿到期债务：

（一）债权债务关系依法成立；

（二）债务履行期限已经届满；

（三）债务人未完全清偿债务。

第三条　债务人的资产负债表，或者审计报告、资产评估报告等显示其全部资产不足以偿付全部负债的，人民法院应当认定债务人资产不足以清偿全部债务，但有相反证据足以证明债务人资产能够偿付全部负债的除外。

第四条　债务人账面资产虽大于负债，但存在下列情形之一的，人民法院应当认定其明显缺乏清偿能力：（一）因资金严重不足或者财产不能变现等原因，无法清偿债务；（二）法定代表人下落不明且无其他人员负责管理财产，无法清偿债务；（三）经人民法院强制执行，无法清偿债务；（四）长期亏损且经营扭亏困难，无法清偿债务；（五）导致债务人丧失清偿能力的其他情形。

第五条　企业法人已解散但未清算或者未在合理期限内清算完毕，债权人申请债务人破产清算的，除债务人在法定异议期限内举证证明其未出现破产原因外，人民法院应当受理。

第八条　破产案件的诉讼费用，应根据企业破产法第四十三条的规定，从债务人财产中拨付。相关当事人以申请人未预先交纳诉讼费用为由，对破产申请提出异议的，人民法院不予支持。

最高人民法院关于适用《中华人民共和国企业破产法》若干问题的规定（二）　节选

第一条　除债务人所有的货币、实物外，债务人依法享有的可以用货币估价并可以依法转让的债权、股权、知识产权、用益物权等财产和财产权益，人民法院均应认定为债务人财产。

第二条　下列财产不应认定为债务人财产：

（一）债务人基于仓储、保管、承揽、代销、借用、寄存、租赁等合同或者其他法律关系占有、使用的他人财产；

（二）债务人在所有权保留买卖中尚未取得所有权的财产；

（三）所有权专属于国家且不得转让的财产；

（四）其他依照法律、行政法规不属于债务人的财产。

第三条　债务人已依法设定担保物权的特定财产，人民法院应当认定为债务人财产。

对债务人的特定财产在担保物权消灭或者实现担保物权后的剩余部分，在破产程序中可用以清偿破产费用、共益债务和其他破产债权。

第四条　债务人对按份享有所有权的共有财产的相关份额，或者共同享有所有权的共有财产的相应财产权利，以及依法分割共有财产所得部分，人民法院均应认定为债务人财产。

人民法院宣告债务人破产清算，属于共有财产分割的法定事由。人民法院裁定债务人重整或者和解的，共有财产的分割应当依据物权法第九十九条的规定进行；基于重整或者和解的需要必须分割共有财产，管理人请求分割的，人民法院应予准许。

因分割共有财产导致其他共有人损害产生的债务，其他共有人请求作为共益债务清偿的，人民法院应予支持。

第五条　破产申请受理后，有关债务人财产的执行程序未依照企业破产法第十九条的规定中止的，采取执行措施的相关单位应当依法予以纠正。依法执行回转的财产，人民法院应当认定为债务人财产。

第九条　管理人依据企业破产法第三十一条和第三十二条的规定提起诉讼，请求撤销涉及债务人财产的相关行为并由相对人返还债务人财产的，人民法院应予支持。

管理人因过错未依法行使撤销权导致债务人财产不当减损，债权人提起诉讼主张管理人对其损失承担相应赔偿责任的，人民法院应予支持。

第十条　债务人经过行政清理程序转入破产程序的，企业破产法第三十一条和第三十二条规定的可撤销行为的起算点，为行政监管机构作出撤销决定之日。

债务人经过强制清算程序转入破产程序的，企业破产法第三十一条和第三十二条规定的可撤销行为的起算点，为人民法院裁定受理强制清算申请之日。

第十一条　人民法院根据管理人的请求撤销涉及债务人财产的以明显不合理价格进行的交易的，买卖双方应当依法返还从对方获取的财产或者价款。

因撤销该交易，对于债务人应返还受让人已支付价款所产生的债务，受让人请求作为共益债务清偿的，人民法院应予支持。

第十二条　破产申请受理前一年内债务人提前清偿的未到期债务，在破产申请受理前已经到期，管理人请求撤销该清偿行为的，人民法院不予支持。但是，该清偿行为发生在破产申请受理前六个月内且债务人有企业破产法第二条第一款规定情形的除外。

第十三条　破产申请受理后，管理人未依据企业破产法第三十一条的规定请求撤销债务人无偿转让财产、以明显不合理价格交易、放弃债权行为的，债权人依据合同法第七十四条等规定提起诉讼，请求撤销债务人上述行为并将因此追回的财产归入债务人财产的，人民法院应予受理。

相对人以债权人行使撤销权的范围超出债权人的债权抗辩的，人民法院不予支持。

第十四条　债务人对以自有财产设定担保物权的债权进行的个别清偿，管理人依据企业破产法第三十二条的规定请求撤销的，人民法院不予支持。但是，债务清偿时担保财产的价值低于债权额的除外。

第十五条　债务人经诉讼、仲裁、执行程序对债权人进行的个别清偿，管理人依据企业破产法第三十二条的规定请求撤销的，人民法院不予支持。但是，债务人与债权人恶意串通损害其他债权人利益的除外。

第十六条　债务人对债权人进行的以下个别清偿，管理人依据企业破产法第三十二条的规定请求撤销的，人民法院不予支持：

（一）债务人为维系基本生产需要而支付水费、电费等的；

（二）债务人支付劳动报酬、人身损害赔偿金的；

（三）使债务人财产受益的其他个别清偿。

第十九条　债务人对外享有债权的诉讼时效，自人民法院受理破产申请之日起中断。

债务人无正当理由未对其到期债权及时行使权利，导致其对外债权在破产申请受理前一年内超过诉讼时效期间的，人民法院受理破产申请之日起重新计算上述债权的诉讼时效期间。

第二十条　管理人代表债务人提起诉讼，主张出资人向债务人依法缴付未履行的出资或者返还抽逃的出资本息，出资人以认缴出资尚未届至公司章程规定的缴纳期限或者违反出资义务已经超过诉讼时效为由抗辩的，人民法院不予支持。

管理人依据公司法的相关规定代表债务人提起诉讼，主张公司的发起人和负有监督股东履行出资义务的董事、高级管理人员，或者协助抽逃出资的其他股东、董事、高级管理人员、实际控制人等，对股东违反出资义务或者抽逃出资承担相应责任，并将财产归入债务人财产的，人民法院应予支持。

第二十一条　破产申请受理前，债权人就债务人财产提起下列诉讼，破产申请受理时案件尚未审结的，人民法院应当中止审理：

（一）主张次债务人代替债务人直接向其偿还债务的；

（二）主张债务人的出资人、发起人和负有监督股东履行出资义务的董事、高级管理人员，或者协助抽逃出资的其他股东、董事、高级管理人员、实际控制人等直接向其承担出资不实或者抽逃出资责任的；

（三）以债务人的股东与债务人法人人格严重混同为由，主张债务人的股东直接向其偿还债务人对其所负债务的；

（四）其他就债务人财产提起的个别清偿诉讼。

债务人破产宣告后，人民法院应当依照企业破产法第四十四条的规定判决驳回债权人的诉讼请求。但是，债权人一审中变更其诉讼请求为追收的相关财产归入债务人财产的除外。

债务人破产宣告前，人民法院依据企业破产法第十二条或者第一百零八条的规定裁定驳回破产申请或者终结破产程序的，上述中止审理的案件应当依法恢复审理。

第二十二条　破产申请受理前，债权人就债务人财产向人民法院提起本规定第二十一条第一款所列诉讼，人民法院已经作出生效民事判决书或者调解书但尚未执行完毕的，破产申请受理后，相关执行行为应当依据企业破产法第十九条的规定中止，债权人应当依法向管理人申报相关债权。

第二十三条　破产申请受理后，债权人就债务人财产向人民法院提起本规定第二十一条第一款所列诉讼的，人民法院不予受理。

债权人通过债权人会议或者债权人委员会，要求管理人依法向次债务人、债务人的出资人等追收债务人财产，管理人无正当理由拒绝追收，债权人会议依据企业破产法第二十二条的规定，申请人民法院更换管理人的，人民法院应予支持。

管理人不予追收，个别债权人代表全体债权人提起相关诉讼，主张次债务人或者债务人的出资人等向债务人清偿或者返还债务人财产，或者依法申请合并破产的，人民法院应予受理。

第二十四条　债务人有企业破产法第二条第一款规定的情形时，债务人的董事、监事和高级管理人员利用职权获取的以下收入，人民法院应当认定为企业破产法第三十六条规定的非正常收入：

（一）绩效奖金；

（二）普遍拖欠职工工资情况下获取的工资性收入；

（三）其他非正常收入。

债务人的董事、监事和高级管理人员拒不向管理人返还上述债务人财产，管理人主张上述人员予以返还的，人民法院应予支持。

债务人的董事、监事和高级管理人员因返还第一款第（一）项、第（三）项非正常收入形成的债权，可以作为普通破产债权清偿。因返还第一款第（二）项非正常收入形成的债权，依据企业破产法第一百一十三条第三款的规定，按照该企业职工平均工资计算的部分作为拖欠职工工资清偿；高出该企业职工平均工资计算的部分，可以作为普通破产债权清偿。

第三十条 债务人占有的他人财产被违法转让给第三人，依据物权法第一百零六条的规定第三人已善意取得财产所有权，原权利人无法取回该财产的，人民法院应当按照以下规定处理：

（一）转让行为发生在破产申请受理前的，原权利人因财产损失形成的债权，作为普通破产债权清偿；

（二）转让行为发生在破产申请受理后的，因管理人或者相关人员执行职务导致原权利人损害产生的债务，作为共益债务清偿。

第三十一条 债务人占有的他人财产被违法转让给第三人，第三人已向债务人支付了转让价款，但依据物权法第一百零六条的规定未取得财产所有权，原权利人依法追回转让财产的，对因第三人已支付对价而产生的债务，人民法院应当按照以下规定处理：

（一）转让行为发生在破产申请受理前的，作为普通破产债权清偿；

（二）转让行为发生在破产申请受理后的，作为共益债务清偿。

第三十二条 债务人占有的他人财产毁损、灭失，因此获得的保险金、赔偿金、代偿物尚未交付给债务人，或者代偿物虽已交付给债务人但能与债务人财产予以区分的，权利人主张取回就此获得的保险金、赔偿金、代偿物的，人民法院应予支持。

保险金、赔偿金已经交付给债务人，或者代偿物已经交付给债务人且不能与债务人财产予以区分的，人民法院应当按照以下规定处理：

（一）财产毁损、灭失发生在破产申请受理前的，权利人因财产损失形成的债权，作为普通破产债权清偿；

（二）财产毁损、灭失发生在破产申请受理后的，因管理人或者相关人员执行职务导致权利人损害产生的债务，作为共益债务清偿。

债务人占有的他人财产毁损、灭失，没有获得相应的保险金、赔偿金、代偿物，或者保险金、赔偿金、代偿物不足以弥补其损失的部分，人民法院应当按照本条第二款的规定处理。

第三十三条 管理人或者相关人员在执行职务过程中，因故意或者重大过失不当转让他人财产或者造成他人财产毁损、灭失，导致他人损害产生的债务作为共益债务，由债务人财产随时清偿不足弥补损失，权利人向管理人或者相关人员主张承担补充赔偿责任的，人民法院应予支持。

上述债务作为共益债务由债务人财产随时清偿后，债权人以管理人或者相关人员执行职务不当导致债务人财产减少给其造成损失为由提起诉讼，主张管理人或者相关人员承担相应赔偿责任的，人民法院应予支持。

第三十四条　买卖合同双方当事人在合同中约定标的物所有权保留，在标的物所有权未依法转移给买受人前，一方当事人破产的，该买卖合同属于双方均未履行完毕的合同，管理人有权依据企业破产法第十八条的规定决定解除或者继续履行合同。

第三十五条　出卖人破产，其管理人决定继续履行所有权保留买卖合同的，买受人应当按照原买卖合同的约定支付价款或者履行其他义务。

买受人未依约支付价款或者履行完毕其他义务，或者将标的物出卖、出质或者作出其他不当处分，给出卖人造成损害，出卖人管理人依法主张取回标的物的，人民法院应予支持。但是，买受人已经支付标的物总价款百分之七十五以上或者第三人善意取得标的物所有权或者其他物权的除外。

因本条第二款规定未能取回标的物，出卖人管理人依法主张买受人继续支付价款、履行完毕其他义务，以及承担相应赔偿责任的，人民法院应予支持。

第三十六条　出卖人破产，其管理人决定解除所有权保留买卖合同，并依据企业破产法第十七条的规定要求买受人向其交付买卖标的物的，人民法院应予支持。

买受人以其不存在未依约支付价款或者履行完毕其他义务，或者将标的物出卖、出质或者作出其他不当处分情形抗辩的，人民法院不予支持。

买受人依法履行合同义务并依据本条第一款将买卖标的物交付出卖人管理人后，买受人已支付价款损失形成的债权作为共益债务清偿。但是，买受人违反合同约定，出卖人管理人主张上述债权作为普通破产债权清偿的，人民法院应予支持。

第三十七条　买受人破产，其管理人决定继续履行所有权保留买卖合同的，原买卖合同中约定的买受人支付价款或者履行其他义务的期限在破产申请受理时视为到期，买受人管理人应当及时向出卖人支付价款或者履行其他义务。

买受人管理人无正当理由未及时支付价款或者履行完毕其他义务，或者将标的物出卖、出质或者作出其他不当处分，给出卖人造成损害，出卖人依据合同法第一百三十四条等规定主张取回标的物的，人民法院应予支持。但是，买受人已支付标的物总价款百分之七十五以上或者第三人善意取得标的物所有权或者其他物权的除外。

因本条第二款规定未能取回标的物，出卖人依法主张买受人继续支付价款、履行完毕其他义务，以及承担相应赔偿责任的，人民法院应予支持。对因买受人未支付价款或者未履行完毕其他义务，以及买受人管理人将标的物出卖、出质或者作出其他不当处分导致出卖人损害产生的债务，出卖人主张作为共益债务清偿的，人民法院应予支持。

第三十八条　买受人破产，其管理人决定解除所有权保留买卖合同，出卖人依据企业破产法第三十八条的规定主张取回买卖标的物的，人民法院应予支持。

出卖人取回买卖标的物，买受人管理人主张出卖人返还已支付价款的，人民法院应予支持。取回的标的物价值明显减少给出卖人造成损失的，出卖人可从买受人已支付价款中优先予以抵扣后，将剩余部分返还给买受人；对买受人已支付价款不足以弥补出卖人标的物价值减损损失形成的债权，出卖人主张作为共益债务清偿的，人民法院应予支持。

第三十九条　出卖人依据企业破产法第三十九条的规定，通过通知承运人或者实际占有人中止运输、返还货物、变更到达地，或者将货物交给其他收货人等方式，对在运途中标的物主张了取回权但未能实现，或者在货物未达管理人前已向管理人主张取回在运途中标的物，在买卖标的物到达管理人后，出卖人向管理人主张取回的，管理人应予准许。

出卖人对在运途中标的物未及时行使取回权，在买卖标的物到达管理人后向管理人行使在运途中标的物取回权的，管理人不应准许。

第四十一条　债权人依据企业破产法第四十条的规定行使抵销权，应当向管理人提出抵销主张。

管理人不得主动抵销债务人与债权人的互负债务，但抵销使债务人财产受益的除外。

第四十二条　管理人收到债权人提出的主张债务抵销的通知后，经审查无异议的，抵销自管理人收到通知之日起生效。

管理人对抵销主张有异议的，应当在约定的异议期限内或者自收到主张债务抵销的通知之日起三个月内向人民法院提起诉讼。无正当理由逾期提起的，人民法院不予支持。

人民法院判决驳回管理人提起的抵销无效诉讼请求的，该抵销自管理人收到主张债务抵销的通知之日起生效。

第四十三条　债权人主张抵销，管理人以下列理由提出异议的，人民法院不予支持：

（一）破产申请受理时，债务人对债权人负有的债务尚未到期；

（二）破产申请受理时，债权人对债务人负有的债务尚未到期；

（三）双方互负债务标的物种类、品质不同。

第四十四条　破产申请受理前六个月内，债务人有企业破产法第二条第一款规定的情形，债务人与个别债权人以抵销方式对个别债权人清偿，其抵销的债权债务属于企业破产法第四十条第（二）、（三）项规定的情形之一，管理人在破产申请受理之日起三个月内向人民法院提起诉讼，主张该抵销无效的，人民法院应予支持。

第四十五条　企业破产法第四十条所列不得抵销情形的债权人，主张以其对债务人特定财产享有优先受偿权的债权，与债务人对其不享有优先受偿权的债权抵销，债务人管理人以抵销存在企业破产法第四十条规定的情形提出异议的，人民法院不予支持。但是，用以抵销的债权大于债权人享有优先受偿权财产价值的除外。

第四十六条　债务人的股东主张以下列债务与债务人对其负有的债务抵销，债务人管理人提出异议的，人民法院应予支持：

（一）债务人股东因欠缴债务人的出资或者抽逃出资对债务人所负的债务；

（二）债务人股东滥用股东权利或者关联关系损害公司利益对债务人所负的债务。

最高人民法院关于适用《中华人民共和国企业破产法》若干问题的规定（三）　节选

第一条　人民法院裁定受理破产申请的，此前债务人尚未支付的公司强制清算费用、未终结的执行程序中产生的评估费、公告费、保管费等执行费用，可以参照企业破产法关于破产费用的规定，由债务人财产随时清偿。

此前债务人尚未支付的案件受理费、执行申请费，可以作为破产债权清偿。

第二条　破产申请受理后，经债权人会议决议通过，或者第一次债权人会议召开前经人民法院许可，管理人或者自行管理的债务人可以为债务人继续营业而借款。提供借款的债权人主张参照企业破产法第四十二条第四项的规定优先于普通破产债权清偿的，人民法院应予支持，但其主张优先于此前已就债务人特定财产享有担保的债权清偿的，人民法院不予支持。

管理人或者自行管理的债务人可以为前述借款设定抵押担保，抵押物在破产申请受理前已为其他债权人设定抵押的，债权人主张按照物权法第一百九十九条规定的顺序清偿，人民法院应予支持。

第三条　破产申请受理后，债务人欠缴款项产生的滞纳金，包括债务人未履行生效法律文书应当加倍支付的迟延利息和劳动保险金的滞纳金，债权人作为破产债权申报的，人民法院不予确认。

第四条　保证人被裁定进入破产程序的，债权人有权申报其对保证人的保证债权。

主债务未到期的，保证债权在保证人破产申请受理时视为到期。一般保证的保证人主张行使先诉抗辩权的，人民法院不予支持，但债权人在一般保证人破产程序中的分配额应予提存，待一般保证人应承担的保证责任确定后再按照破产清偿比例予以分配。

保证人被确定应当承担保证责任的，保证人的管理人可以就保证人实际承担的清偿额向主债务人或其他债务人行使求偿权。

第五条　债务人、保证人均被裁定进入破产程序的，债权人有权向债务人、保证人分别申报债权。

债权人向债务人、保证人均申报全部债权的，从一方破产程序中获得清偿后，其对另一方的债权额不作调整，但债权人的受偿额不得超出其债权总额。保证人履行保证责任后不再享有求偿权。

第七条　已经生效法律文书确定的债权，管理人应当予以确认。

管理人认为债权人据以申报债权的生效法律文书确定的债权错误，或者有证据证明债权人与债务人恶意通过诉讼、仲裁或者公证机关赋予强制执行力公证文书的形式虚构债权债务的，应当依法通过审判监督程序向作出该判决、裁定、调解书的人民法院或者上一级人民法院申请撤销生效法律文书，或者向受理破产申请的人民法院申请撤销或者不予执行仲裁裁决、不予执行公证债权文书后，重新确定债权。

第十条　单个债权人有权查阅债务人财产状况报告、债权人会议决议、债权人委员会决议、管理人监督报告等参与破产程序所必需的债务人财务和经营信息资料。管理人无正当理由不予提供的，债权人可以请求人民法院作出决定；人民法院应当在五日内作出决定。

上述信息资料涉及商业秘密的，债权人应当依法承担保密义务或者签署保密协议；涉及国家秘密的应当依照相关法律规定处理。

第十五条　管理人处分企业破产法第六十九条规定的债务人重大财产的，应当事先制作财产管理或者变价方案并提交债权人会议进行表决，债权人会议表决未通过的，管理人不得处分。

管理人实施处分前，应当根据企业破产法第六十九条的规定，提前十日书面报告债权人委员会或者人民法院。债权人委员会可以依照企业破产法第六十八条第二款的规定，要求管理人对处分行为作出相应说明或者提供有关文件依据。

债权人委员会认为管理人实施的处分行为不符合债权人会议通过的财产管理或变价方案的，有权要求管理人纠正。管理人拒绝纠正的，债权人委员会可以请求人民法院作出决定。

人民法院认为管理人实施的处分行为不符合债权人会议通过的财产管理或变价方案的，应当责令管理人停止处分行为。管理人应当予以纠正，或者提交债权人会议重新表决通过后实施。

中华人民共和国保险法节选

目录

第二章　保险合同

第一节　一般规定

第十二条　人身保险的投保人在保险合同订立时，对被保险人应当具有保险利益。

财产保险的被保险人在保险事故发生时，对保险标的应当具有保险利益。

人身保险是以人的寿命和身体为保险标的的保险。

财产保险是以财产及其有关利益为保险标的的保险。

被保险人是指其财产或者人身受保险合同保障，享有保险金请求权的人。投保人可以为被保险人。

保险利益是指投保人或者被保险人对保险标的具有的法律上承认的利益。

第十三条　投保人提出保险要求，经保险人同意承保，保险合同成立。保险人应当及时向投保人签发保险单或者其他保险凭证。

保险单或者其他保险凭证应当载明当事人双方约定的合同内容。当事人也可以约定采用其他书面形式载明合同内容。

依法成立的保险合同，自成立时生效。投保人和保险人可以对合同的效力约定附条件或者附期限。

第十四条　保险合同成立后，投保人按照约定交付保险费，保险人按照约定的时间开始承担保险责任。

第十五条　除本法另有规定或者保险合同另有约定外，保险合同成立后，投保人可以解除合同，保险人不得解除合同。

第十六条　订立保险合同，保险人就保险标的或者被保险人的有关情况提出询问的，投保人应当如实告知。

投保人故意或者因重大过失未履行前款规定的如实告知义务，足以影响保险人决定是否同意承保或者提高保险费率的，保险人有权解除合同。

前款规定的合同解除权，自保险人知道有解除事由之日起，超过三十日不行使而消灭。自合同成立之日起超过二年的，保险人不得解除合同；发生保险事故的，保险人应当承担赔偿或者给付保险金的责任。

投保人故意不履行如实告知义务的，保险人对于合同解除前发生的保险事故，不承担赔偿或者给付保险金的责任，并不退还保险费。

投保人因重大过失未履行如实告知义务，对保险事故的发生有严重影响的，保险人对于合同解除前发生的保险事故，不承担赔偿或者给付保险金的责任，但应当退还保险费。

保险人在合同订立时已经知道投保人未如实告知的情况的，保险人不得解除合同；发生保险事故的，保险人应当承担赔偿或者给付保险金的责任。

保险事故是指保险合同约定的保险责任范围内的事故。

第十七条　订立保险合同，采用保险人提供的格式条款的，保险人向投保人提供的投保单应当附格式条款，保险人应当向投保人说明合同的内容。

对保险合同中免除保险人责任的条款，保险人在订立合同时应当在投保单、保险单或者其他保险凭证上作出足以引起投保人注意的提示，并对该条款的内容以书面或者口头形式向投保人作出明确说明；未作提示或者明确说明的，该条款不产生效力。

第十九条　采用保险人提供的格式条款订立的保险合同中的下列条款无效：

（一）免除保险人依法应承担的义务或者加重投保人、被保险人责任的；

（二）排除投保人、被保险人或者受益人依法享有的权利的。

第二十条　投保人和保险人可以协商变更合同内容。

变更保险合同的，应当由保险人在保险单或者其他保险凭证上批注或者附贴批单，或者由投保人和保险人订立变更的书面协议。

第二十一条　投保人、被保险人或者受益人知道保险事故发生后，应当及时通知保险人。故意或者因重大过失未及时通知，致使保险事故的性质、原因、损失程度等难以确定的，保险人对无法确定的部分，不承担赔偿或者给付保险金的责任，但保险人通过其他途径已经及时知道或者应当及时知道保险事故发生的除外。

第二十六条　人寿保险以外的其他保险的被保险人或者受益人，向保险人请求赔偿或者给付保险金的诉讼时效期间为二年，自其知道或者应当知道保险事故发生之日起计算。

人寿保险的被保险人或者受益人向保险人请求给付保险金的诉讼时效期间为五年，自其知道或者应当知道保险事故发生之日起计算。

第二十七条　未发生保险事故，被保险人或者受益人谎称发生了保险事故，向保险人提出赔偿或者给付保险金请求的，保险人有权解除合同，并不退还保险费。

投保人、被保险人故意制造保险事故的，保险人有权解除合同，不承担赔偿或者给付保险金的责任；除本法第四十三条规定外，不退还保险费。

保险事故发生后，投保人、被保险人或者受益人以伪造、变造的有关证明、资料或者其他证据，编造虚假的事故原因或者夸大损失程度的，保险人对其虚报的部分不承担赔偿或者给付保险金的责任。

投保人、被保险人或者受益人有前三款规定行为之一，致使保险人支付保险金或者支出费用的，应当退回或者赔偿。

第二十八条　保险人将其承担的保险业务，以分保形式部分转移给其他保险人的，为再保险。

应再保险接受人的要求，再保险分出人应当将其自负责任及原保险的有关情况书面告知再保险接受人。

第二十九条　再保险接受人不得向原保险的投保人要求支付保险费。

原保险的被保险人或者受益人不得向再保险接受人提出赔偿或者给付保险金的请求。

再保险分出人不得以再保险接受人未履行再保险责任为由，拒绝履行或者迟延履行其原保险责任。

第三十条　采用保险人提供的格式条款订立的保险合同，保险人与投保人、被保险人或者受益人对合同条款有争议的，应当按照通常理解予以解释。对合同条款有两种以上解释的，人民法院或者仲裁机构应当作出有利于被保险人和受益人的解释。

第二节　人身保险合同

第三十一条　投保人对下列人员具有保险利益：

（一）本人；

（二）配偶、子女、父母；

（三）前项以外与投保人有抚养、赡养或者扶养关系的家庭其他成员、近亲属；

（四）与投保人有劳动关系的劳动者。

除前款规定外，被保险人同意投保人为其订立合同的，视为投保人对被保险人具有保险利益。

订立合同时，投保人对被保险人不具有保险利益的，合同无效。

第三十二条　投保人申报的被保险人年龄不真实，并且其真实年龄不符合合同约定的年龄限制的，保险人可以解除合同，并按照合同约定退还保险单的现金价值。保险人行使合同解除权，适用本法第十六条第三款、第六款的规定。

投保人申报的被保险人年龄不真实，致使投保人支付的保险费少于应付保险费的，保险人有权更正并要求投保人补交保险费，或者在给付保险金时按照实付保险费与应付保险费的比例支付。

投保人申报的被保险人年龄不真实，致使投保人支付的保险费多于应付保险费的，保险人应当将多收的保险费退还投保人。

第三十三条　投保人不得为无民事行为能力人投保以死亡为给付保险金条件的人身保险，保险人也不得承保。

父母为其未成年子女投保的人身保险，不受前款规定限制。但是，因被保险人死亡给付的保险金总和不得超过国务院保险监督管理机构规定的限额。

第三十四条　以死亡为给付保险金条件的合同，未经被保险人同意并认可保险金额的，合同无效。

按照以死亡为给付保险金条件的合同所签发的保险单，未经被保险人书面同意，不得转让或者质押。

父母为其未成年子女投保的人身保险，不受本条第一款规定限制。

第三十五条　投保人可以按照合同约定向保险人一次支付全部保险费或者分期支付保险费。

第三十六条　合同约定分期支付保险费，投保人支付首期保险费后，除合同另有约定外，投保人自保险人催告之日起超过三十日未支付当期保险费，或者超过约定的期限六十日未支付当期保险费的，合同效力中止，或者由保险人按照合同约定的条件减少保险金额。

被保险人在前款规定期限内发生保险事故的，保险人应当按照合同约定给付保险金，但可以扣减欠交的保险费。

第三十七条　合同效力依照本法第三十六条规定中止的，经保险人与投保人协商并达成协议，在投保人补交保险费后，合同效力恢复。但是，自合同效力中止之日起满二年双方未达成协议的，保险人有权解除合同。

保险人依照前款规定解除合同的，应当按照合同约定退还保险单的现金价值。

第三十八条　保险人对人寿保险的保险费，不得用诉讼方式要求投保人支付。

第三十九条　人身保险的受益人由被保险人或者投保人指定。

投保人指定受益人时须经被保险人同意。投保人为与其有劳动关系的劳动者投保人身保险，不得指定被保险人及其近亲属以外的人为受益人。

被保险人为无民事行为能力人或者限制民事行为能力人的，可以由其监护人指定受益人。

第四十条　被保险人或者投保人可以指定一人或者数人为受益人。

受益人为数人的，被保险人或者投保人可以确定受益顺序和受益份额；未确定受益份额的，受益人按照相等份额享有受益权。

第四十一条　被保险人或者投保人可以变更受益人并书面通知保险人。保险人收到变更受益人的书面通知后，应当在保险单或者其他保险凭证上批注或者附贴批单。

投保人变更受益人时须经被保险人同意。

第四十二条　被保险人死亡后，有下列情形之一的，保险金作为被保险人的遗产，由保险人依照《中华人民共和国继承法》的规定履行给付保险金的义务：

（一）没有指定受益人，或者受益人指定不明无法确定的；

（二）受益人先于被保险人死亡，没有其他受益人的；

（三）受益人依法丧失受益权或者放弃受益权，没有其他受益人的。

受益人与被保险人在同一事件中死亡，且不能确定死亡先后顺序的，推定受益人死亡在先。

第四十三条　投保人故意造成被保险人死亡、伤残或者疾病的，保险人不承担给付保险金的责任。投保人已交足二年以上保险费的，保险人应当按照合同约定向其他权利人退还保险单的现金价值。

受益人故意造成被保险人死亡、伤残、疾病的，或者故意杀害被保险人未遂的，该受益人丧失受益权。

第四十四条　以被保险人死亡为给付保险金条件的合同，自合同成立或者合同效力恢复之日起二年内，被保险人自杀的，保险人不承担给付保险金的责任，但被保险人自杀时为无民事行为能力人的除外。

保险人依照前款规定不承担给付保险金责任的，应当按照合同约定退还保险单的现金价值。

第四十五条 因被保险人故意犯罪或者抗拒依法采取的刑事强制措施导致其伤残或者死亡的，保险人不承担给付保险金的责任。投保人已交足二年以上保险费的，保险人应当按照合同约定退还保险单的现金价值。

第四十六条 被保险人因第三者的行为而发生死亡、伤残或者疾病等保险事故的，保险人向被保险人或者受益人给付保险金后，不享有向第三者追偿的权利，但被保险人或者受益人仍有权向第三者请求赔偿。

第四十七条 投保人解除合同的，保险人应当自收到解除合同通知之日起三十日内，按照合同约定退还保险单的现金价值。

第三节　财产保险合同

第四十八条 保险事故发生时，被保险人对保险标的不具有保险利益的，不得向保险人请求赔偿保险金。

第四十九条 保险标的转让的，保险标的的受让人承继被保险人的权利和义务。

保险标的转让的，被保险人或者受让人应当及时通知保险人，但货物运输保险合同和另有约定的合同除外。

因保险标的的转让导致危险程度显著增加的，保险人自收到前款规定的通知之日起三十日内，可以按照合同约定增加保险费或者解除合同。保险人解除合同的，应当将已收取的保险费，按照合同约定扣除自保险责任开始之日起至合同解除之日止应收的部分后，退还投保人。

被保险人、受让人未履行本条第二款规定的通知义务的，因转让导致保险标的的危险程度显著增加而发生的保险事故，保险人不承担赔偿保险金的责任。

第五十条 货物运输保险合同和运输工具航程保险合同，保险责任开始后，合同当事人不得解除合同。

第五十一条 被保险人应当遵守国家有关消防、安全、生产操作、劳动保护等方面的规定，维护保险标的的安全。

保险人可以按照合同约定对保险标的的安全状况进行检查，及时向投保人、被保险人提出消除不安全因素和隐患的书面建议。

投保人、被保险人未按照约定履行其对保险标的的安全应尽责任的，保险人有权要求增加保险费或者解除合同。

保险人为维护保险标的的安全，经被保险人同意，可以采取安全预防措施。

第五十二条 在合同有效期内，保险标的的危险程度显著增加的，被保险人应当按照合同约定及时通知保险人，保险人可以按照合同约定增加保险费或者解除合同。保险人解除合同的，应当将已收取的保险费，按照合同约定扣除自保险责任开始之日起至合同解除之日止应收的部分后，退还投保人。

被保险人未履行前款规定的通知义务的，因保险标的的危险程度显著增加而发生的保险事故，保险人不承担赔偿保险金的责任。

第五十三条 有下列情形之一的，除合同另有约定外，保险人应当降低保险费，并按日计算退还相应的保险费：

（一）据以确定保险费率的有关情况发生变化，保险标的的危险程度明显减少的；

（二）保险标的的保险价值明显减少的。

第五十四条　保险责任开始前，投保人要求解除合同的，应当按照合同约定向保险人支付手续费，保险人应当退还保险费。保险责任开始后，投保人要求解除合同的，保险人应当将已收取的保险费，按照合同约定扣除自保险责任开始之日起至合同解除之日止应收的部分后，退还投保人。

第五十五条　投保人和保险人约定保险标的的保险价值并在合同中载明的，保险标的发生损失时，以约定的保险价值为赔偿计算标准。

投保人和保险人未约定保险标的的保险价值的，保险标的发生损失时，以保险事故发生时保险标的的实际价值为赔偿计算标准。

保险金额不得超过保险价值。超过保险价值的，超过部分无效，保险人应当退还相应的保险费。

保险金额低于保险价值的，除合同另有约定外，保险人按照保险金额与保险价值的比例承担赔偿保险金的责任。

第五十六条　重复保险的投保人应当将重复保险的有关情况通知各保险人。

重复保险的各保险人赔偿保险金的总和不得超过保险价值。除合同另有约定外，各保险人按照其保险金额与保险金额总和的比例承担赔偿保险金的责任。

重复保险的投保人可以就保险金额总和超过保险价值的部分，请求各保险人按比例返还保险费。

重复保险是指投保人对同一保险标的、同一保险利益、同一保险事故分别与两个以上保险人订立保险合同，且保险金额总和超过保险价值的保险。

第五十七条　保险事故发生时，被保险人应当尽力采取必要的措施，防止或者减少损失。

保险事故发生后，被保险人为防止或者减少保险标的的损失所支付的必要的、合理的费用，由保险人承担；保险人所承担的费用数额在保险标的损失赔偿金额以外另行计算，最高不超过保险金额的数额。

第五十八条　保险标的发生部分损失的，自保险人赔偿之日起三十日内，投保人可以解除合同；除合同另有约定外，保险人也可以解除合同，但应当提前十五日通知投保人。

合同解除的，保险人应当将保险标的未受损失部分的保险费，按照合同约定扣除自保险责任开始之日起至合同解除之日止应收的部分后，退还投保人。

第五十九条　保险事故发生后，保险人已支付了全部保险金额，并且保险金额等于保险价值的，受损保险标的的全部权利归于保险人；保险金额低于保险价值的，保险人按照保险金额与保险价值的比例取得受损保险标的的部分权利。

第六十条　因第三者对保险标的的损害而造成保险事故的，保险人自向被保险人赔偿保险金之日起，在赔偿金额范围内代位行使被保险人对第三者请求赔偿的权利。

前款规定的保险事故发生后，被保险人已经从第三者取得损害赔偿的，保险人赔偿保险金时，可以相应扣减被保险人从第三者已取得的赔偿金额。

保险人依照本条第一款规定行使代位请求赔偿的权利，不影响被保险人就未取得赔偿的部分向第三者请求赔偿的权利。

第六十一条　保险事故发生后，保险人未赔偿保险金之前，被保险人放弃对第三者请求赔偿的权利的，保险人不承担赔偿保险金的责任。

保险人向被保险人赔偿保险金后，被保险人未经保险人同意放弃对第三者请求赔偿的权利的，该行为无效。

被保险人故意或者因重大过失致使保险人不能行使代位请求赔偿的权利的，保险人可以扣减或者要求返还相应的保险金。

第六十二条　除被保险人的家庭成员或者其组成人员故意造成本法第六十条第一款规定的保险事故外，保险人不得对被保险人的家庭成员或者其组成人员行使代位请求赔偿的权利。

第六十三条　保险人向第三者行使代位请求赔偿的权利时，被保险人应当向保险人提供必要的文件和所知道的有关情况。

第六十四条　保险人、被保险人为查明和确定保险事故的性质、原因和保险标的的损失程度所支付的必要的、合理的费用，由保险人承担。

第六十五条　保险人对责任保险的被保险人给第三者造成的损害，可以依照法律的规定或者合同的约定，直接向该第三者赔偿保险金。

责任保险的被保险人给第三者造成损害，被保险人对第三者应负的赔偿责任确定的，根据被保险人的请求，保险人应当直接向该第三者赔偿保险金。被保险人怠于请求的，第三者有权就其应获赔偿部分直接向保险人请求赔偿保险金。

责任保险的被保险人给第三者造成损害，被保险人未向该第三者赔偿的，保险人不得向被保险人赔偿保险金。

责任保险是指以被保险人对第三者依法应负的赔偿责任为保险标的的保险。

第六十六条　责任保险的被保险人因给第三者造成损害的保险事故而被提起仲裁或者诉讼的，被保险人支付的仲裁或者诉讼费用以及其他必要的、合理的费用，除合同另有约定外，由保险人承担。

最高人民法院关于适用《中华人民共和国保险法》若干问题的解释（二）节选

第一条　财产保险中，不同投保人就同一保险标的分别投保，保险事故发生后，被保险人在其保险利益范围内依据保险合同主张保险赔偿的，人民法院应予支持。

第二条　人身保险中，因投保人对被保险人不具有保险利益导致保险合同无效，投保人主张保险人退还扣减相应手续费后的保险费的，人民法院应予支持。

第三条　投保人或者投保人的代理人订立保险合同时没有亲自签字或者盖章，而由保险人或者保险人的代理人代为签字或者盖章的，对投保人不生效。但投保人已经交纳保险费的，视为其对代签字或者盖章行为的追认。

保险人或者保险人的代理人代为填写保险单证后经投保人签字或者盖章确认的，代为填写的内容视为投保人的真实意思表示。但有证据证明保险人或者保险人的代理人存在保险法第一百一十六条、第一百三十一条相关规定情形的除外。

第四条　保险人接受了投保人提交的投保单并收取了保险费，尚未作出是否承保的意思表示，发生保险事故，被保险人或者受益人请求保险人按照保险合同承担赔偿或者给付保险金责任，符合承保条件的，人民法院应予支持；不符合承保条件的，保险人不承担保险责任，但应当退还已经收取的保险费。

保险人主张不符合承保条件的，应承担举证责任。

第五条　保险合同订立时，投保人明知的与保险标的或者被保险人有关的情况，属于保险法第十六条第一款规定的投保人"应当如实告知"的内容。

第六条　投保人的告知义务限于保险人询问的范围和内容。当事人对询问范围及内容有争议的，保险人负举证责任。

保险人以投保人违反了对投保单询问表中所列概括性条款的如实告知义务为由请求解除合同的，人民法院不予支持。但该概括性条款有具体内容的除外。

第七条　保险人在保险合同成立后知道或者应当知道投保人未履行如实告知义务，仍然收取保险费，又依照保险法第十六条第二款的规定主张解除合同的，人民法院不予支持。

第八条　保险人未行使合同解除权，直接以存在保险法第十六条第四款、第五款规定的情形为由拒绝赔偿的，人民法院不予支持。但当事人就拒绝赔偿事宜及保险合同存续另行达成一致的情况除外。

第九条　保险人提供的格式合同文本中的责任免除条款、免赔额、免赔率、比例赔付或者给付等免除或者减轻保险人责任的条款，可以认定为保险法第十七条第二款规定的"免除保险人责任的条款"。

保险人因投保人、被保险人违反法定或者约定义务，享有解除合同权利的条款，不属于保险法第十七条第二款规定的"免除保险人责任的条款"。

第十条　保险人将法律、行政法规中的禁止性规定情形作为保险合同免责条款的免责事由，保险人对该条款作出提示后，投保人、被保险人或者受益人以保险人未履行明确说明义务为由主张该条款不生效的，人民法院不予支持。

第十一条　保险合同订立时，保险人在投保单或者保险单等其他保险凭证上，对保险合同中免除保险人责任的条款，以足以引起投保人注意的文字、字体、符号或者其他明显标志作出提示的，人民法院应当认定其履行了保险法第十七条第二款规定的提示义务。

保险人对保险合同中有关免除保险人责任条款的概念、内容及其法律后果以书面或者口头形式向投保人作出常人能够理解的解释说明的，人民法院应当认定保险人履行了保险法第十七条第二款规定的明确说明义务。

第十二条　通过网络、电话等方式订立的保险合同，保险人以网页、音频、视频等形式对免除保险人责任条款予以提示和明确说明的，人民法院可以认定其履行了提示和明确说明义务。

第十三条　保险人对其履行了明确说明义务负举证责任。

投保人对保险人履行了符合本解释第十一条第二款要求的明确说明义务在相关文书上签字、盖章或者以其他形式予以确认的，应当认定保险人履行了该项义务。但另有证据证明保险人未履行明确说明义务的除外。

第十四条　保险合同中记载的内容不一致的，按照下列规则认定：

（一）投保单与保险单或者其他保险凭证不一致的，以投保单为准。但不一致的情形系经保险人说明并经投保人同意的，以投保人签收的保险单或者其他保险凭证载明的内容为准；

（二）非格式条款与格式条款不一致的，以非格式条款为准；

（三）保险凭证记载的时间不同的，以形成时间在后的为准；

（四）保险凭证存在手写和打印两种方式的，以双方签字、盖章的手写部分的内容为准。

第十六条 保险人应以自己的名义行使保险代位求偿权。

根据保险法第六十条第一款的规定，保险人代位求偿权的诉讼时效期间应自其取得代位求偿权之日起算。

第十九条 保险事故发生后，被保险人或者受益人起诉保险人，保险人以被保险人或者受益人未要求第三者承担责任为由抗辩不承担保险责任的，人民法院不予支持。

财产保险事故发生后，被保险人就其所受损失从第三者取得赔偿后的不足部分提起诉讼，请求保险人赔偿的，人民法院应予依法受理。

最高人民法院关于适用《中华人民共和国保险法》若干问题的解释（三）节选

第一条 当事人订立以死亡为给付保险金条件的合同，根据保险法第三十四条的规定，"被保险人同意并认可保险金额"可以采取书面形式、口头形式或者其他形式；可以在合同订立时作出，也可以在合同订立后追认。

有下列情形之一的，应认定为被保险人同意投保人为其订立保险合同并认可保险金额：

（一）被保险人明知他人代其签名同意而未表示异议的；

（二）被保险人同意投保人指定的受益人的；

（三）有证据足以认定被保险人同意投保人为其投保的其他情形。

第二条 被保险人以书面形式通知保险人和投保人撤销其依据保险法第三十四条第一款规定所作出的同意意思表示的，可认定为保险合同解除。

第三条 人民法院审理人身保险合同纠纷案件时，应主动审查投保人订立保险合同时是否具有保险利益，以及以死亡为给付保险金条件的合同是否经过被保险人同意并认可保险金额。

第四条 保险合同订立后，因投保人丧失对被保险人的保险利益，当事人主张保险合同无效的，人民法院不予支持。

第五条 保险合同订立时，被保险人根据保险人的要求在指定医疗服务机构进行体检，当事人主张投保人如实告知义务免除的，人民法院不予支持。

保险人知道被保险人的体检结果，仍以投保人未就相关情况履行如实告知义务为由要求解除合同的，人民法院不予支持。

第六条 未成年人父母之外的其他履行监护职责的人为未成年人订立以死亡为给付保险金条件的合同，当事人主张参照保险法第三十三条第二款、第三十四条第三款的规定认定该合同有效的，人民法院不予支持，但经未成年人父母同意的除外。

第七条 当事人以被保险人、受益人或者他人已经代为支付保险费为由，主张投保人对应的交费义务已经履行的，人民法院应予支持。

第八条　保险合同效力依照保险法第三十六条规定中止，投保人提出恢复效力申请并同意补交保险费的，除被保险人的危险程度在中止期间显著增加外，保险人拒绝恢复效力的，人民法院不予支持。

保险人在收到恢复效力申请后，三十日内未明确拒绝的，应认定为同意恢复效力。

保险合同自投保人补交保险费之日恢复效力。保险人要求投保人补交相应利息的，人民法院应予支持。

第九条　投保人指定受益人未经被保险人同意的，人民法院应认定指定行为无效。

当事人对保险合同约定的受益人存在争议，除投保人、被保险人在保险合同之外另有约定外，按照以下情形分别处理：

（一）受益人约定为"法定"或者"法定继承人"的，以继承法规定的法定继承人为受益人；

（二）受益人仅约定为身份关系，投保人与被保险人为同一主体的，根据保险事故发生时与被保险人的身份关系确定受益人；投保人与被保险人为不同主体的，根据保险合同成立时与被保险人的身份关系确定受益人；

（三）受益人的约定包括姓名和身份关系，保险事故发生时身份关系发生变化的，认定为未指定受益人。

第十条　投保人或者被保险人变更受益人，当事人主张变更行为自变更意思表示发出时生效的，人民法院应予支持。

投保人或者被保险人变更受益人未通知保险人，保险人主张变更对其不发生效力的，人民法院应予支持。

投保人变更受益人未经被保险人同意的，人民法院应认定变更行为无效。

第十一条　投保人或者被保险人在保险事故发生后变更受益人，变更后的受益人请求保险人给付保险金的，人民法院不予支持。

第十二条　投保人或者被保险人指定数人为受益人，部分受益人在保险事故发生前死亡、放弃受益权或者依法丧失受益权的，该受益人应得的受益份额按照保险合同的约定处理；保险合同没有约定或者约定不明的，该受益人应得的受益份额按照以下情形分别处理：

（一）未约定受益顺序和受益份额的，由其他受益人平均享有；

（二）未约定受益顺序但约定受益份额的，由其他受益人按照相应比例享有；

（三）约定受益顺序但未约定受益份额的，由同顺序的其他受益人平均享有；同一顺序没有其他受益人的，由后一顺序的受益人平均享有；

（四）约定受益顺序和受益份额的，由同顺序的其他受益人按照相应比例享有；同一顺序没有其他受益人的，由后一顺序的受益人按照相应比例享有。

第十三条　保险事故发生后，受益人将与本次保险事故相对应的全部或者部分保险金请求权转让给第三人，当事人主张该转让行为有效的，人民法院应予支持，但根据合同性质、当事人约定或者法律规定不得转让的除外。

第十四条　保险金根据保险法第四十二条规定作为被保险人的遗产，被保险人的继承人要求保险人给付保险金，保险人以其已向持有保险单的被保险人的其他继承人给付保险金为由抗辩的，人民法院应予支持。

第十五条　受益人与被保险人存在继承关系，在同一事件中死亡且不能确定死亡先后顺序的，人民法院应根据保险法第四十二条第二款的规定推定受益人死亡在先，并按照保险法及本解释的相关规定确定保险金归属。

第十六条　保险合同解除时，投保人与被保险人、受益人为不同主体，被保险人或者受益人要求退还保险单的现金价值的，人民法院不予支持，但保险合同另有约定的除外。

投保人故意造成被保险人死亡、伤残或者疾病，保险人依照保险法第四十三条规定退还保险单的现金价值的，其他权利人按照被保险人、被保险人继承人的顺序确定。

第十七条　投保人解除保险合同，当事人以其解除合同未经被保险人或者受益人同意为由主张解除行为无效的，人民法院不予支持，但被保险人或者受益人已向投保人支付相当于保险单现金价值的款项并通知保险人的除外。

第二十一条　保险人以被保险人自杀为由拒绝给付保险金的，由保险人承担举证责任。

受益人或者被保险人的继承人以被保险人自杀时无民事行为能力为由抗辩的，由其承担举证责任。

第二十四条　投保人为被保险人订立以死亡为给付保险金条件的保险合同，被保险人被宣告死亡后，当事人要求保险人按照保险合同约定给付保险金的，人民法院应予支持。

被保险人被宣告死亡之日在保险责任期间之外，但有证据证明下落不明之日在保险责任期间之内，当事人要求保险人按照保险合同约定给付保险金的，人民法院应予支持。

第二十五条　被保险人的损失系由承保事故或者非承保事故、免责事由造成难以确定，当事人请求保险人给付保险金的，人民法院可以按照相应比例予以支持。

最高人民法院关于适用《中华人民共和国保险法》若干问题的解释（四）节选

第一条　保险标的已交付受让人，但尚未依法办理所有权变更登记，承担保险标的的毁损灭失风险的受让人，依照保险法第四十八条、第四十九条的规定主张行使被保险人权利的，人民法院应予支持。

第二条　保险人已向投保人履行了保险法规定的提示和明确说明义务，保险标的的受让人以保险标的的转让后保险人未向其提示或者明确说明为由，主张免除保险人责任的条款不生效的，人民法院不予支持。

第三条　被保险人死亡，继承保险标的的当事人主张承继被保险人的权利和义务的，人民法院应予支持。

第五条　被保险人、受让人依法及时向保险人发出保险标的的转让通知后，保险人作出答复前，发生保险事故，被保险人或者受让人主张保险人按照保险合同承担赔偿保险金的责任的，人民法院应予支持。

第六条　保险事故发生后，被保险人依照保险法第五十七条的规定，请求保险人承担为防止或者减少保险标的的损失所支付的必要、合理费用，保险人以被保险人采取的措施未产生实际效果为由抗辩的，人民法院不予支持。

第七条　保险人依照保险法第六十条的规定，主张代位行使被保险人因第三者侵权或者违约等享有的请求赔偿的权利的，人民法院应予支持。

第八条 投保人和被保险人为不同主体，因投保人对保险标的的损害而造成保险事故，保险人依法主张代位行使被保险人对投保人请求赔偿的权利的，人民法院应予支持，但法律另有规定或者保险合同另有约定的除外。

第九条 在保险人以第三者为被告提起的代位求偿权之诉中，第三者以被保险人在保险合同订立前已放弃对其请求赔偿的权利为由进行抗辩，人民法院认定上述放弃行为合法有效，保险人就相应部分主张行使代位求偿权的，人民法院不予支持。

保险合同订立时，保险人就是否存在上述放弃情形提出询问，投保人未如实告知，导致保险人不能代位行使请求赔偿的权利，保险人请求返还相应保险金的，人民法院应予支持，但保险人知道或者应当知道上述情形仍同意承保的除外。

第十条 因第三者对保险标的的损害而造成保险事故，保险人获得代位请求赔偿的权利的情况未通知第三者或者通知到达第三者前，第三者在被保险人已经从保险人处获赔的范围内又向被保险人作出赔偿，保险人主张代位行使被保险人对第三者请求赔偿的权利的，人民法院不予支持。保险人就相应保险金主张被保险人返还的，人民法院应予支持。

保险人获得代位请求赔偿的权利的情况已经通知到第三者，第三者又向被保险人作出赔偿，保险人主张代位行使请求赔偿的权利，第三者以其已经向被保险人赔偿为由抗辩的，人民法院不予支持。

第十二条 保险人以造成保险事故的第三者为被告提起代位求偿权之诉的，以被保险人与第三者之间的法律关系确定管辖法院。

第十三条 保险人提起代位求偿权之诉时，被保险人已经向第三者提起诉讼的，人民法院可以依法合并审理。

保险人行使代位求偿权时，被保险人已经向第三者提起诉讼，保险人向受理该案的人民法院申请变更当事人，代位行使被保险人对第三者请求赔偿的权利，被保险人同意的，人民法院应予准许；被保险人不同意的，保险人可以作为共同原告参加诉讼。

第十六条 责任保险的被保险人因共同侵权依法承担连带责任，保险人以该连带责任超出被保险人应承担的责任份额为由，拒绝赔付保险金的，人民法院不予支持。保险人承担保险责任后，主张就超出被保险人责任份额的部分向其他连带责任人追偿的，人民法院应予支持。

第十七条 责任保险的被保险人对第三者所负的赔偿责任已经生效判决确认并已进入执行程序，但未获得清偿或者未获得全部清偿，第三者依法请求保险人赔偿保险金，保险人以前述生效判决已进入执行程序为由抗辩的，人民法院不予支持。

第十八条 商业责任险的被保险人向保险人请求赔偿保险金的诉讼时效期间，自被保险人对第三者应负的赔偿责任确定之日起计算。

中华人民共和国票据法节选

目 录

第一章 总 则

第四条 票据出票人制作票据，应当按照法定条件在票据上签章，并按照所记载的事项承担票据责任。

持票人行使票据权利，应当按照法定程序在票据上签章，并出示票据。

其他票据债务人在票据上签章的，按照票据所记载的事项承担票据责任。

本法所称票据权利，是指持票人向票据债务人请求支付票据金额的权利，包括付款请求权和追索权。

本法所称票据责任，是指票据债务人向持票人支付票据金额的义务。

第五条 票据当事人可以委托其代理人在票据上签章，并应当在票据上表明其代理关系。

没有代理权而以代理人名义在票据上签章的，应当由签章人承担票据责任；代理人超越代理权限的，应当就其超越权限的部分承担票据责任。

第六条 无民事行为能力人或者限制民事行为能力人在票据上签章的，其签章无效，但是不影响其他签章的效力。

第七条 票据上的签章，为签名、盖章或者签名加盖章。

法人和其他使用票据的单位在票据上的签章，为该法人或者该单位的盖章加其法定代表人或者其授权的代理人的签章。

在票据上的签名，应当为该当事人的本名。

第八条 票据金额以中文大写和数码同时记载，二者必须一致，二者不一致的，票据无效。

第九条 票据上的记载事项必须符合本法的规定。

票据金额、日期、收款人名称不得更改，更改的票据无效。

对票据上的其他记载事项，原记载人可以更改，更改时应当由原记载人签章证明。

第十条 票据的签发、取得和转让，应当遵循诚实信用的原则，具有真实的交易关系和债权债务关系。

票据的取得，必须给付对价，即应当给付票据双方当事人认可的相对应的代价。

第十一条 因税收、继承、赠与可以依法无偿取得票据的，不受给付对价的限制。但是，所享有的票据权利不得优于其前手的权利。

前手是指在票据签章人或者持票人之前签章的其他票据债务人。

第十二条 以欺诈、偷盗或者胁迫等手段取得票据的，或者明知有前列情形，出于恶意取得票据的，不得享有票据权利。

持票人因重大过失取得不符合本法规定的票据的，也不得享有票据权利。

第十三条 票据债务人不得以自己与出票人或者与持票人的前手之间的抗辩事由，对抗持票人。但是，持票人明知存在抗辩事由而取得票据的除外。

票据债务人可以对不履行约定义务的与自己有直接债权债务关系的持票人，进行抗辩。

本法所称抗辩，是指票据债务人根据本法规定对票据债权人拒绝履行义务的行为。

第十四条 票据上的记载事项应当真实，不得伪造、变造。伪造、变造票据上的签章和其他记载事项的，应当承担法律责任。

票据上有伪造、变造的签章的，不影响票据上其他真实签章的效力。

票据上其他记载事项被变造的，在变造之前签章的人，对原记载事项负责；在变造之后签章的人，对变造之后的记载事项负责；不能辨别是在票据被变造之前或者之后签章的，视同在变造之前签章。

第十五条 票据丧失，失票人可以及时通知票据的付款人挂失止付，但是，未记载付款人或者无法确定付款人及其代理付款人的票据除外。

收到挂失止付通知的付款人，应当暂停支付。

失票人应当在通知挂失止付后三日内，也可以在票据丧失后，依法向人民法院申请公示催告，或者向人民法院提起诉讼。

第十六条 持票人对票据债务人行使票据权利，或者保全票据权利，应当在票据当事人的营业场所和营业时间内进行，票据当事人无营业场所的，应当在其住所进行。

第十八条 持票人因超过票据权利时效或者因票据记载事项欠缺而丧失票据权利的，仍享有民事权利，可以请求出票人或者承兑人返还其与未支付的票据金额相当的利益。

第二章 汇 票

第二节 背 书

第二十七条 持票人可以将汇票权利转让给他人或者将一定的汇票权利授予他人行使。

出票人在汇票上记载"不得转让"字样的，汇票不得转让。

持票人行使第一款规定的权利时，应当背书并交付汇票。

背书是指在票据背面或者粘单上记载有关事项并签章的票据行为。

第三十三条 背书不得附有条件。背书时附有条件的，所附条件不具有汇票上的效力。

将汇票金额的一部分转让的背书或者将汇票金额分别转让给二人以上的背书无效。

第三十四条 背书人在汇票上记载"不得转让"字样，其后手再背书转让的，原背书人对后手的被背书人不承担保证责任。

第三十五条 背书记载"委托收款"字样的，被背书人有权代背书人行使被委托的汇票权利。但是，被背书人不得再以背书转让汇票权利。

汇票可以设定质押；质押时应当以背书记载"质押"字样。被背书人依法实现其质权时，可以行使汇票权利。

第三十六条 汇票被拒绝承兑、被拒绝付款或者超过付款提示期限的，不得背书转让；背书转让的，背书人应当承担汇票责任。

第三十七条 背书人以背书转让汇票后，即承担保证其后手所持汇票承兑和付款的责任。背书人在汇票得不到承兑或者付款时，应当向持票人清偿本法第七十条、第七十一条规定的金额和费用。

第四节 保 证

第四十五条 汇票的债务可以由保证人承担保证责任。

保证人由汇票债务人以外的他人担当。

第四十六条 保证人必须在汇票或者粘单上记载下列事项：

（一）表明"保证"的字样；

（二）保证人名称和住所；

（三）被保证人的名称；

（四）保证日期；

（五）保证人签章。

第四十七条 保证人在汇票或者粘单上未记载前条第（三）项的，已承兑的汇票，承兑人为被保证人；未承兑的汇票，出票人为被保证人。

保证人在汇票或者粘单上未记载前条第（四）项的，出票日期为保证日期。

第四十八条 保证不得附有条件；附有条件的，不影响对汇票的保证责任。

第四十九条 保证人对合法取得汇票的持票人所享有的汇票权利，承担保证责任。但是，被保证人的债务因汇票记载事项欠缺而无效的除外。

第五十条 被保证的汇票，保证人应当与被保证人对持票人承担连带责任。汇票到期后得不到付款的，持票人有权向保证人请求付款，保证人应当足额付款。

第五十一条 保证人为二人以上的，保证人之间承担连带责任。

第五十二条 保证人清偿汇票债务后，可以行使持票人对被保证人及其前手的追索权。

第六节 追索权

第六十一条 汇票到期被拒绝付款的，持票人可以对背书人、出票人以及汇票的其他债务人行使追索权。

汇票到期日前，有下列情形之一的，持票人也可以行使追索权：

（一）汇票被拒绝承兑的；

（二）承兑人或者付款人死亡、逃匿的；

（三）承兑人或者付款人被依法宣告破产的或者因违法被责令终止业务活动的。

第六十五条 持票人不能出示拒绝证明、退票理由书或者未按照规定期限提供其他合法证明的，丧失对其前手的追索权。但是，承兑人或者付款人仍应当对持票人承担责任。

第六十八条 汇票的出票人、背书人、承兑人和保证人对持票人承担连带责任。

持票人可以不按照汇票债务人的先后顺序，对其中任何一人、数人或者全体行使追索权。

持票人对汇票债务人中的一人或者数人已经进行追索的，对其他汇票债务人仍可以行使追索权。被追索人清偿债务后，与持票人享有同一权利。

第六十九条 持票人为出票人的，对其前手无追索权。持票人为背书人的，对其后手无追索权。

最高人民法院关于审理票据纠纷案件若干问题的规定节选

五、失票救济

第二十四条 票据丧失后，失票人直接向人民法院申请公示催告或者提起诉讼的，人民法院应当依法受理。

第二十六条 票据法第十五条第三款规定的可以申请公示催告的失票人，是指按照规定可以背书转让的票据在丧失票据占有以前的最后合法持票人。

第二十八条 超过付款提示期限的票据丧失以后，失票人申请公示催告的，人民法院应当依法受理。

第三十四条 依照民事诉讼法第一百九十五条第二款的规定，在公示催告期间，以公示催告的票据质押、贴现，因质押、贴现而接受该票据的持票人主张票据权利的，人民法院不予支持，但公示催告期间届满以后人民法院作出除权判决以前取得该票据的除外。

第三十七条 失票人为行使票据所有权，向非法持有票据人请求返还票据的，人民法院应当依法受理。

七、票据背书

第四十七条 因票据质权人以质押票据再行背书质押或者背书转让引起纠纷而提起诉讼的，人民法院应当认定背书行为无效。

第四十八条 依照票据法第二十七条的规定，票据的出票人在票据上记载"不得转让"字样，票据持有人背书转让的，背书行为无效。背书转让后的受让人不得享有票据权利，票据的出票人、承兑人对受让人不承担票据责任。

第五十一条 依照票据法第三十四条和第三十五条的规定，背书人在票据上记载"不得转让"、"委托收款"、"质押"字样，其后手再背书转让、委托收款或者质押的，原背书人对后手的被背书人不承担票据责任，但不影响出票人、承兑人以及原背书人之前手的票据责任。

第五十三条 依照票据法第二十七条的规定，出票人在票据上记载"不得转让"字样，其后手以此票据进行贴现、质押的，通过贴现、质押取得票据的持票人主张票据权利的，人民法院不予支持。

第五十四条 依照票据法第三十四条和第三十五条的规定，背书人在票据上记载"不得转让"字样，其后手以此票据进行贴现、质押的，原背书人对后手的被背书人不承担票据责任。

第五十五条 依照票据法第三十五条第二款的规定，以汇票设定质押时，出质人在汇票上只记载了"质押"字样未在票据上签章的，或者出质人未在汇票、粘单上记载"质押"字样而另行签订质押合同、质押条款的，不构成票据质押。

法考面授无忧班

名师授课主客一体
通关法考无忧上岸

课程价格

无忧A班：49800 限招8人

意外不过重读同等班次

无忧B班：63800 限招5人

客观题不过全退，主观题不过重读或退60%

无忧班课程优势

定制规划

报名即签订保障协议，法考通关有保障

名师授课

根据考生个人学习情况制定全程法考通关规划

学长带学

全程大咖名师授课，跟名师学习效率高

通关保障

高分学长全程带学，并提供1V1答疑服务

添加客服
领取课程规划

扫码领取
学习包课程

客观题名师私塾直播班

大咖名师传授技巧　　手把手教你过法考

课程优势

精英师资

8位业内大咖名师，亲自给学生制定学习计划、教授学习方法

体系完整

既有基础，又有提高，既能全面学习，又能重点突破

时间便利

网络直播，随时回看，时间自由，在职脱产两相宜

QQ群答疑

哪里都能找到名师的课，但是这里可以找到名师的人

名师私塾班课程设置

班次名称	课时	课程资料	课程价格
方志平民法私塾直播班	60		1280
方鹏刑法私塾直播班	60		1280
白斌理论法私塾直播班	60		1280
汪华亮商经法私塾直播班	50	名师私房内部讲义	888
陈龙刑诉私塾直播班	65		888
黄文涛行政法私塾直播班	50		888
蔡辉民诉私塾直播班	60		888
李亮三国法私塾直播班	40		688
全套价格			6980

添加客服
领取课程规划

扫码领取
学习包课程

具体课时以实际课程安排为准